Johan Galtung

Self-Reliance

Beiträge zu einer alternativen
Entwicklungsstrategie

Herausgegeben von
Mir A. Ferdowsi

Minerva-Fachserie
Rechts- und Staatswissenschaften

Aus dem Englischen übersetzt von: Ingrid Langer
Redaktion: Heike Mahler

CIP-Kurztitelaufnahme der Deutschen Bibliothek

Galtung, Johan:
Self-Reliance : Beitr. zu e. alternativen Ent=
wicklungsstrategie / Johan Galtung. Hrsg. von Mir
A. Ferdowsi. [Aus d. Engl. übers. von : Ingrid Langer].
- München : Minerva-Publikation, 1983.
   (Minerva-Fachserie Rechts- und Staatswissenschaften)
   ISBN 3-597-10371-5

© 1983 by Minerva Publikation Saur GmbH, München
Druck/Binden: WB-Druck GmbH & Co. Buchproduktions KG, Füssen
Printed in the Federal Republic of Germany

Inhalt

Editorisches Vorwort		5
Vorwort		15
I.	Überlegungen zu einer neuen Weltwirtschaftsordnung „Die alte, neue und zukünftige Ordnung"	19
II.	Self-Reliance: Begriffe, Anwendungen und Prinzipien	47
III.	Self-Reliance als Technologie	75
IV.	Self-Reliance als Politik	101
V.	Grundbedürfnisse, Menschenrechte und die Entwicklungstheorie	131
Quellenhinweise		193

Editorisches Vorwort

Die wachsende Zahlungsunfähigkeit einer Reihe von Entwicklungsländer, begleitet von stagnierender Produktion und steigenden Arbeitslosenzahlen in den Industrieländern sowie einem insgesamt schrumpfenden Welthandel, hat nicht nur für die Beziehungen zwischen den Industriestaaten und den Ländern der Dritten Welt, sondern für die Welt insgesamt ein dermaßen bedrohliches Ausmaß angenommen, daß grundlegende gesellschaftliche, politische und sozio-kulturelle Umwälzungen unvermeidbar zu sein scheinen. Den Ländern der Dritten Welt legt diese Entwicklung – oder besser gesagt „Fehlentwicklung" – die schon lange diskutierte Notwendigkeit eines „radikalen Wandels" nahe, der sich weder in einer Strategie zur „Überwindung" der Unterentwicklung erschöpft, noch in einer Strategie des „Nachholens" d. h. der Imitation des Westens. Angesichts der Vielzahl der Probleme in den IL bietet sie keine realistische Alternative. Gefordert ist vielmehr ein vieldimensionales Entwicklungskonzept, das neben sozio-ökonomischen auch politische und kulturelle Bestandteile aufweist und zudem das Potential besitzt, nicht nur mit den aktuellen Problemen der Massenarmut/Unterernährung fertig zu werden, sondern – was viel wichtiger erscheint – den Menschen der betroffenen Länder einen Weg zeigt, sich „aus eigener Kraft" aus der *Krise* zu befreien und zu entwickeln.

Denn gibt es für das aktuelle Problem der Verschuldung auch einleuchtende ökonomische Erklärungen z. B. „leichtfertige" Kreditgewährung seitens der Banken, so sind diese doch nicht die eigentliche Ursachen dieser Entwicklung. Denn, wurde bisher die „verstärkte Integration der Entwicklungsländer in die Weltwirtschaft" (1) angestrebt, insbesondere durch mehr „Handelstätigkeiten (Import/Export), gestiegene privatwirtschaftlichen Investitionen und öffentliche Hilfsgeldern, durch verbesserte Bedingungen für den Technologietransfer und einer vertieften Kooperation in vielen anderen Bereichen" (2), und von diesen Maßnahmen eine beschleunigte Lösung der akuten Nöte in der Dritten Welt erwartet, wobei die „Schwellenländer" als Industrienationen in „pubertäre Phase" angesehen wurden, deren Entwicklung bzw. Erwachsenwerdungsprozeß nur noch finanziell abgesichert zu werden braucht. Ein Blick auf die Liste jener Länder, die mit ihren Zins- und Tilgungsraten in Verzug geraten sind zeigt, daß allein die Länder Mexiko (81 Mrd. $), Brasilien (87 Mrd. $), Argentinien (36,6 Mrd. $), Venezuela (35,3 Mrd. $), Südkorea (35 Mrd. $), Indonesien 21,9 Mrd. $), Ägypten (19 Mrd. $) und Chile (18,2 Mrd. $) (3) – alle durchweg „Lieblingskinder" der Modernisierungstheorie – mit einer Gesamtsumme von 334 Mrd. $ über die Hälfte der Gesamtschulden der Dritten Welt in Höhe von 625 Mrd. $ tragen.

Allerdings handelt es sich hierbei nur um die Spitze des Eisbergs. Denn in diesem Jahr (1983) müssen von eben diesen Ländern rund 100 Mrd. $ für die Begleichung von Zinsdienstleistungen bezahlt werden, von denen derzeit niemand weiß, wie sie aufgebracht werden sollen. Hinzu kommen jene Länder, die zwar bisher durch die Aufnahme von immer neuen Krediten ihre Ratenzahlungen für die alten Schulden gerade noch begleichen können, denen jedoch bei der Verweigerung weiterer Kredite der wirtschaftliche Kollaps droht.
Die Folgen sind leicht auszumachen: Der überwiegende Teil der Exporterlöse wird für Kreditleistungen aufgewendet werden müssen (4) — wie bereits die bisherige Entwicklung zeigte: Während die Exporterlöse der Entwicklungsländer zwischen 1980 und 1982 um 40 Mrd. $ stiegen, haben die Schuldendienstleistungen im gleichen Zeitraum um etwa 37 Mrd. $ zugenommen. Allein um die Exporterlöse auf den Stand von 1980 zu halten, wären Mittel in Höhe von 85 Mrd. $ nötig (5). Diese stehen weder den Entwicklungsländern zur Verfügung, noch sind die Industrieländer imstande, sie aufzubringen. Damit scheint sich auch die mit der „Neuen Weltwirtschaftsordnung" verknüpfte Hoffnung, daß wenigstens diejenigen Länder der Dritten Welt von ihr profitieren würden, die ökonomisch schon relativ weit entwickelt sind, und die auf eine exportorientierte Industrialisierung gesetzt haben, nicht erfüllt zu haben. Im Gegenteil, wie es sich abzeichnet, sind gerade diese Länder gegenwärtig zu den Hauptschuldner geworden. Wenngleich er nicht die „richtigen" Konsequenzen daraus zieht, bezweifelt W. Brandt zurecht „daß das bestehende Instrumentarium ausreicht ... mit der Bewältigung der globalen Liquiditäts- und Schuldenprobleme fertig zu werden" (6).
Sich — gerade in Krisenzeiten — auf die Hilfe der Industrieländer zu verlassen und auf „Öffnung der Märkte der Industriestaaten für Waren der Entwicklungsländer" zu hoffen (7), würde bestenfalls dazuführen, daß sich die EL durch die klassische nationalstaatliche Außen- und Wirtschaftspolitik mißbrauchen lassen, d. h. sich für die weltwirtschaftlichen Interessen der Industriestaaten noch verstärkter instrumentalisieren lassen, ohne daß dies zu einer positiven Veränderung der für sie ungünstigen weltwirtschaftlichen Rahmenbedingungen führen würde. Abgesehen davon, daß sich gerade die Industriestaaten bisher einem konsequenten Freihandel widersetzt und ihre eigenen Volkswirtschaften durch Schutzbestimmungen geschont haben, mit der Folge, daß die bisherige Politik der „offenen Tür" nur in eine Richtung offen war, nämlich von den Industriestaaten zu den Entwicklungsländern. Dazu paßt auch, daß die Vertreter der Industriestaaten in den Verhandlungen mit der Dritten Welt stets auf absoluten Liberalismus im Handel beharrten und jeden Versuch der EL, sich vom Welthandel abzukoppeln, oder die Einbahnstraße auch in die andere Richtung zu öffnen, als „Verbrechen" wider den Geist des Freihandels anprangerten. Aber dieser Widerstand basiert nicht auf einer besonderes liberalen Überzeugung, sondern auf dem Wissen der Industriestaaten, daß ihre Stärke nur durch diese

Art „liberale" Handelspraktiken bewahrt werden kann. Denn der Wirtschaftsliberalismus ist bekanntlich ein komplexes System, das auf der Wettbewerbsfähigkeit basiert, bei dem der Stärkere siegt und der Schwächere in der Regel unterliegt. Anders ausgedrückt: „Liberalismus ist das Gesetz der Stärkeren" (8) Zumindest für die Entwicklungsländer ist daher nötig, die aus der kolonialen Vergangenheit übernommene „internationale Arbeitsteilung" zu überwinden und sich vom Mythos der vergangenen drei Jahrzehnte, nämlich „Entwicklung" als einen „Nachholprozeß" zu begreifen, zu lösen. Dies umso mehr, als bereits 1977 eine der berufensten Fürsprecher dieser Entwicklungsstrategie – der Weltbankpräsident Robert S. McNamara – auf die Unmöglichkeit eines solchen Entwicklungsweges hingewiesen hat: „Trotz aller Anstrengungen der verflossenen 25 Jahre hat sich die Kluft in den Pro-Kopf-Einkommen zwischen Entwicklungs- und Industrieländern durch den Entwicklungsprozeß nicht geschlossen ... So richtig diese Aussage ist, kann doch die Schlußfolgerung, die zu ziehen ist, nicht heißen, daß die Entwicklungsanstrengungen fehlgeschlagen sind, sondern eher, daß es von vornherein kein realistisches Ziel war, „die Kluft zu schließen" ... Dieses Ziel war einfach nicht zu erreichen. Und das gilt auch heute noch ... Selbst wenn es den Entwicklungsländern gelingen sollte, die Wachstumsrate ihres Pro-Kopf-Einkommens zu verdoppeln, während die Industrieländer ihre bisherige Wachstumsrate aufrechterhalten, wird es fast ein volles Jahrhundert dauern, bis die Kluft zwischen den absoluten Einkommen geschlossen ist. Unter den am schnellsten wachsenden Entwicklungsländern wären nur sieben imstande, die Kluft innerhalb von hundert Jahren zu schließen, und nur weitere neun könnten dieses Ziel in tausend Jahren schaffen." (9)
Ferner stellt sich die Frage, was es den Ländern der Dritten Welt überhaupt nützen würde, sich den Standard der Industriestaaten von heute zum Ziel zu setzen, um diesen schließlich im Jahre 2080 zu erreichen, während sich die IL zu dieser Zeit aber wohl bereits wieder vollkommen verändert hätten. Doch selbst wenn man der bisherigen Logik der entwicklungspolitischen Strategien folgend, die Ökonomien der Dritten Welt im Gegensatz zu den westlichen und östlichen „modernen" Ökonomien als „traditional-rückständig" begreift, wobei – wie Senghaas zu Recht bemerkt – bei einer solchen Interpretationsweise bereits „entwicklungspolitische Fehlschläge" einprogrammiert sind (10), wäre es falsch, ihnen eine Art Kleinausgabe aus der Frühphase westlicher oder östlicher Wirtschaftsgebilde zu sehen, die es nur noch zu dynamisieren gelte. Auch wenn eine solche Sichtweise zutreffen würde, wäre nicht ein Kopieren der *heutigen* Industrieländer vonnöten, sondern ein Sich-Abkoppeln von diesen, so wie diese sich damals nur durch die Erschließung ihrer eigenen Binnenmärkte und durch das Zunutzemachen der billigen Angebote an „Kolonialwaren" allmählich entwickelt haben (11).

Diese kurze Skizze dürfte verdeutlicht haben, daß es unzureichend, ja sogar verhängnisvoll ist, „Entwicklung" als einen Nachholprozeß zu begreifen bzw. in bester kapitalistischer Denktradition als ein finanzielles Problem anzusehen. Die bisherige Entwicklung legt vielmehr die Suche nach einer „alternativen" Entwicklung (12), zwingend nahe, die die Kraft besitzt, die Probleme der Dritten Welt zu lindern. Eine solche Strategie sollte in erster Linie die Beseitigung des Elends in der Dritten Welt durch die Befriedigung der Grundbedürfnisse lindern. Allerdings nicht im Sinne der von der Weltbank verfolgten Strategie zur Befriedigung der Grundbedürfnisse, da diese bekanntlich in erster Linie eine „einkommensorientierte" Strategie verfolgt, die zwar möglicherweise kurzfristig die Not lindern könnte, langfristig aber – da sie auf dem Umweg über die Erhöhung der Produktivität zu einer Erhöhung der Nahrungsmittelproduktion zu gelangen hofft und auf einem „trickle-down"-Effekt, setzt – die Armen zur „Versorgungsempfängern" degradieren würde (13). Um im Rahmen dieser Strategie zwischen 1980 und dem Jahre 2000 den Bedarf an Nahrungsmitteln, Wasserversorgung, Kanalisation, Wohnungsbau, Gesundheits- und Erziehungswesen zu decken, also nur die (materiellen) Grundbedürfnisse zu befriedigen, so ist die gewaltige Summe von 377 bis 381 Mrd. Dollar nötig (14). Gemessen an der Summe der gesamten öffentlichen Entwicklungshilfegelder der Industrienationen des Jahres 1979 (von 27 Mrd. Dollar) wird die Aussichtslosigkeit einer solchen Strategie vollends deutlich. Die bisherige Praxis legt daher den Verdacht nahe, daß „die Grundbedürfnisstrategie letztlich darauf abzielte, die armen Massen durch sozialen Reformen und Konsumbeteiligung zu pazifizieren (und) den Kapitalismus durch ‚Modernisierung' zu stabilisieren" (15). Eine langfristige und eigenständige Grundbedürfnisbefriedigung setzt letztlich die völlige Umgestaltung der Ökonomien der Dritten Welt voraus, d. h. die „trickle-down"-Effekte müßten in „trickle-up"-Effekte umgewandelt werden: Sie sollten nicht *für* die Peripherie, sondern *von* der Peripherie selbst durch den allmählichen Aufbau interner Wirtschaftskreisläufe und lokaler Märkte in Bewegung gesetzt werden. Kurz: In einem Prozeß des „learning by doing" (16).
Dies sollte allerdings nicht mit *Autarkie* gleichgesetzt werden. Es handelt sich eher um „Autonomie" bzw. um die *Fähigkeit*, sich selbst zu *versorgen*. Eine solche „dissoziative" Strategie (17) lehnt den Austausch mit produktiveren Ökonomien nicht ab, doch ist sie ausschließlich auf die Binnenmarkterschließung und eine nach innen gerichteten Entwicklungsdynamik ausgerichtet. Alles in allem handelt es sich hierbei also, wie es Senghaas formuliert hat, um „die kalkulierte Isolierung bei selektiver Nutzbarmachung des Weltmarktes" (18). Obwohl China eine solche Strategie durchgeführt hat, ist sie nicht auf jedes Land übertragbar, wie es auch kein Wirtschaftssystem geben kann, das gleichzeitig für Europa mit seiner abnehmender Bevölkerung und für den indischen Subkontinent mit seiner rapide zunehmenden Bevölkerung gültig ist. Eine solche

Strategie darf sich allerdings nicht auf Behebung der wirtschaftlichen „Deformationen" beschränken, sondern muß auch den unauflöslichen Zusammenhang zwischen Gesellschaft und Natur berücksichtigen. Ein Gedanke, der bislang erstaunlicherweise in der Auseinandersetzung um Theorien/Strategien der Entwicklung kaum die ihm zustehende Berücksichtigung gefunden hat. Dieses ist umso wichtiger als viele der Untersuchungen der letzten Jahre (19) darauf hindeuten, daß die bisherige Produktions- und Konsumtionsmuster keine globale Entwicklungsperspektive mehr darstellen können: Schon heute treten selbst dort, wo die industrielle Entwicklung noch längst nicht das Niveau der Industrienationen erreicht hat, viele Symptome einer Öko-Krise in Form von „exogen" verursachten „Desertifikationen", auf, d. h. „ökologisch nicht oder schlecht angepaßte Eingriffe oder Mißbrauch der fragilen Potentiale der Biosphäre *durch den Menschen*" (20). Es ist nicht von der Hand zuweisen, daß Weltmarktintegration, Wachstum, Modernisierung/Industrialisierung mit seiner Expansion landwirtschaftlicher und industrieller Produktion unweigerlich zur intensiven Ausnutzung der natürlichen Ressourcen führt. Eine Strategie der Self-Reliance würde hingegen den Entwicklungsprozeß unter Berücksichtigung der Belastbarkeit der globalen und nationalen Öko-Systeme bestimmen, was nicht „Wachstum *oder* Ökologie" bedeuten würde. Vielmehr geht es darum, die kurzfristige, den individuellen Profitinteressen untergeordnete Nutzung der Natur durch eine längerfristige, auch an den ökologischen Bedingungen orientierten Ausnutzung, zu ersetzen. Wie sehr dieser Aspekt im Mittelpunkt von Self-Reliance-Strategie steht, zeigt der Vorschlag Galtungs, zu den klassischen Produktionsfaktoren nunmehr auch die „Umwelt" hinzuzurechnen. Daß eine ökologie-orientierten Entwicklungskonzept in der Dritten Welt auch zu einer Veränderung bzw. Umorientierung des Entwicklungsstils in den Industriestaaten führen müßte, braucht wohl nicht sonderlich betont zu werden.
Natürlich ist aber auch die Self-Reliance-Strategie keine Zauberformel zur Lösung der Entwicklungsprobleme der Dritten Welt. Dennoch muß ihr zugestanden werden, daß sie – als Alternative zu den bisherigen Entwicklungstheorien – über das Potential verfügt auf längere Sicht aktualisierbar und umsetzbar zu sein. Denn sie ist – bemüht, die Fehler der bisherigen Theorien/ Strategien zu vermeiden und jeden konkreten Fall beschreiben zu können – eher allgemein formuliert. Diese Stärke ist jedoch zugleich die Schwäche.
Eine dieser Schwächen ist sicherlich auch der zentrale Begriff der „kulturellen Identität". Da Self-Reliance von der individuellen, regionalen und nationalen Ebene ausgeht, um die eigenen kulturellen Werte und Normen wiederzugewinnen (21), könnte eine undifferenzierte Verwendung des Begriffs „kulturelle Identität" zur Achillesferse des ganzen Ansatzes werden. Denn zum einen umfassen viele Länder der Dritten Welt infolge der willkürlichen Grenzziehung nach Abzug der europäischen Kolonialmächte Volksgruppen unterschiedlichster Sprachen,

Religionen und gesellschaftlicher Institutionen, so daß die in einem „Staat" zusammengeschlossene Bevölkerung häufig außer ihren gemeinsamen kolonialen Erfahrungen keine Tradition der Zusammengehörigkeit hat, also eher eine „Schicksalsgemeinschaft" bilden (22). Zum anderen sind viele der als „kulturelle Identität" empfundenen gemeinsamen nationalen Werte von den herrschenden Eliten oft nur Zwecks sozialer Mobilisierung eingeführt worden, d. h. es handelt sich nur um ideologische Deutungen der Vergangenheit (23). Es gilt hier also, den Begriff näher zu erläutern bzw. zu präzisieren. Eine Möglichkeit wäre sicherlich, statt „kulturelle Identität" die „Mentalitäten" als Grundlage zu nehmen, da sie wohl eher tiefer im kollektiven Gedächtnis verankert sind und daher eher als „bestimmbare Matrix oder (ein) Komplex von kognitiven, effektiven Kategorien und Strukturen" (24) begriffen werden können. Denn sie beinhalten letztlich bestimmte Einstellungen gegenüber den Kollektiven, den „anderen" und gegenüber den sozialen Tätigkeiten Arbeit, Freizeit, öffentliche Tätigkeiten, Umwelt u. ä. m. Ein solcher Begriff scheint sinnvoller zu sein, da er nicht auf ausdrücklich formulierte Meinungen oder Einstellungen reduzierbar ist, sondern sich vielmehr in einer nicht-bewußten Weise äußert, dennoch aber der sozialen Kontrolle unterworfen bleibt.

Die Präzisierung und Operationalisierung dieses Aspektes der Self-Reliance ist sicherlich schwierig. Dennoch sollte die kulturelle Vielfalt nicht zu der Annahme führen, diese würde am „ehesten durch die Durchsetzung westlicher politischer Organisationsstrukturen und Wertprinzipien, eben durch den Schutz der Grundrechte auf eine Gewaltenteilung im umfassenden Sinne ... gewährleistet" sein, nur weil diese für „die politisch-soziale Organisation der westlichen Industriestaaten konstitutiven politisch-sozialen Grundwerte, insbesondere die politischen Grundrechte" aus der Natur des Menschen begründet werden, und „damit für die Menschen aller Völker verbindlich" sind (25).

Ein weiteres, noch zu klärendes Problem des Self-Reliance-Ansatzes ist die Frage, wer eine solche Strategie in die Praxis umsetzen kann. Denn es reicht nicht zu wissen, *warum* ein Ziel angestrebt werden soll, sondern auch: *wie* es erreicht werden kann und durch *wen*. Ohne eine Klärung dieser Fragen würde diese Strategie zwar das Denken beeinflussen, aber nicht dazubeitragen in der heutigen Wirklichkeit konkrete Änderungen zu bewirken. Denn viele Eliten der Dritten Welt, die vielleicht als Träger einer solchen Strategie fungieren könnten, haben – sieht man von einigen wenigen Ausnahmen ab – diese Hoffnung nicht erfüllt. Ihre bereits auf der Belgrader Konferenz der Blockfreien 1961 artikulierte Forderung, alle Völker sollten die Probleme ihrer eigenen politischen, wirtschaftlichen, sozialen und kulturellen Systeme in Übereinstimmung mit ihrem eigenen Bedingungen, Bedürfnisse und Möglichkeiten lösen (26), ist eine unverbindliche Deklaration geblieben. Selbst die erstmalig in der „Erklärung über Blockfreiheit und wirtschaftlichen Fortschritt" der Dritten

Konferenz der Staats- und Regierungschefs der Blockfreien Länder in Lusaka (September 1970) geäußerte Absicht zu einer „kollektiven Self-Reliance" sowie ihr Plädoyer „den Geist der Self-Reliance zu pflegen und zu diesem Zweck eine entscheidende Politik zur Organisation des eigenen sozio-ökonomischen Fortschritts einzuschlagen ..." (27) blieb bislang erfolglos. Und obwohl die Erkenntnis, daß „nur die kollektive Self-Reliance ein Instrument zur Erlangung wirtschaftlicher Unabhängigkeit sei", auf der fünften Konferenz der Blockfreien in Colombo (August 1976) zur Ausarbeitung eines umfassenden „Aktionsprogramm für wirtschaftliche Zusammenarbeit" (28) führte, sind in der Praxis kaum positive Ansätze zu beobachten. Zwar stieg der Exportanteil der Entwicklungsländer (ohne OPEC) am Weltmarkt von 4,4 % (1955) auf 14,6 % (1977), im gleichen Zeitraum sank jedoch der Weltmarktanteil der Länder der Dritten Welt von 21,4 % auf 13,7 % (ebenfalls ohne OPEC) (29). Außerdem wird das Wachstum der Exporte innerhalb der Dritten Welt noch dadurch relativiert, daß ca. 85 % des Handels mit Fertigwaren auf nur 12 Schwellenländer fallen. (30)

Die Entwicklung einer privilegierten Gruppe von Entwicklungsländer hat nicht nur die Entwicklung anderer armer Länder behindert, sondern auch dazu beigetragen, daß in Afrika, Asien und Lateinamerika Länder zur regionalen Vormächte aufgestiegen sind, die innerhalb der Dritten Welt neue Herrschafts- und Abhängigkeitsverhältnisse geschaffen haben. Nur vor dem Hintergrund dieser Entwicklung läßt sich die Attraktivität einer kollektiven Self-Reliance – ohne individuelle und nationale Self-Reliance – für die Eliten der Dritten Welt erklären. Denn sie ist durchaus geeignet, zur Stärkung ihrer Macht beizutragen, ohne die internen Strukturen bzw. die Machtverhältnisse innerhalb dieser Länder zu beeinflussen oder gar zu einer Veränderung der gesamtgesellschaftlichen Verhältnisse beizutragen.

Ob die jetzige *Krise* der Beginn einer Umwälzung ist, in der die Dritte Welt zu sich selbst findet – durch lokale, regionale, nationale und vor allem und in erster Linie aber individuelle Self-Reliance – bleibt abzuwarten. Mit dem vorliegenden Buch sollte jedenfalls einen Beitrag dazu geleistet werden, auf die Notwendigkeit einer intensiveren Diskussion dieser und ähnlicher Ansätze hinzuweisen.

München, im März 1983   Mir A. Ferdowsi

Anmerkungen

1. Die Entwicklungspolitischen Grundlinien der Bundesregierung. Herausgegeben von BMZ, Bonn 1980, S. 12.
2. Senghaas, D.: Von Europa lernen. Entwicklungsgeschichtliche Betrachtungen. Frankfurt/a. M. 1982, S. 324
3. Nach einer im *Wall Street Journal* veröffentlichten Liste sieht die „Rangfolge" der Verschuldung (in Milliarden Dollar) derzeit wie folgt aus (in Klammern der Anteil privater Banken): Brasilien 87 (67,5), Mexiko 81 (68), Argentinien 36,6 (27,5), Venezuela 35,5 (29), Südkorea 35 (21,4), Polen 26 (24), Indonesien 21,9 (9,6), Ägypten 19 (5,5), Chile 18,2 (12), Philippinen 18 (11,6), Kolumbien 10,5 (6,4), Thailand 10,2 (6) und Nigeria 10 (8). Als kritisch gilt die Schuldenlage und Zahlungsfähigkeit bei insgesamt rund zwei Dutzend Ländern. Dazu gehören Rumänien (10), Peru (10), Zaire (5,5), Bolivien (3,5) und Costa Rica (3,5). Süddeutsche Zeitung vom 21.09.1982.
4. Schätzungen für 1982 haben ergeben, daß beispielsweise die lateinamerikanischen Staaten Brasilien, Argentinien, Chile, Mexiko, Kolumbien und Peru zwischen 18 und 40 % ihres Export-Erlöses für die Zinszahlungen aufwenden müssen. Siehe „Der Spiegel" Nr. 36 (6. Sept. 1982), S. 132.
5. Brandt, W. (Hg.): Hilfe in der Weltkrise. Ein Sofortprogramm. Der 2. Bericht der Nord-Süd-Kommission. Reinbek, März 1983, S. 62 f.
6. Ebda, S. 10
7. Dies ist eine der Forderungen der siebten Gipfelkonferenz der Blockfreien in Dehli (1983) im Rahmen ihres „Programms zur Stabilisierung der Position der Entwicklungsländer". Der Katalog der Sofortmaßnahmen, die jeden Komentar erübrigen, umfaßt folgende Punkte: „ Aufstockung der Finanzbasis des Internationalen Währungsfonds (IWF) auf 125 Mrd. $ in Sonderziehungsrechten (SZR); Übergabe eines Teils der SZR der Industriestaaten an die Entwicklungsländer; weitere Kreditaufnahme des IWF auf dem Kapitalmarkt und bei den Ölstaaten; Teilverkauf der Goldbestände des IWF zur Auffüllung des Treuhandfonds für Entwicklungsländer; Erhöhung der Kreditobergrenze der Weltbank auf das Dreifache; Schuldenerlaß für die 36 ärmsten Staaten; Erleichterung der Bedingungen für Sonderkredite aus dem Fonds zur Kompensation von Exporterlösschwankungen sowie Schaffung einer Energieagentur der Weltbank zur Finanzierung der Erschließung neuer Energiequellen in der Dritten Welt." Süddeutsche Zeitung vom 15. März 1983.
8. Guernier, M.: Die Dritte Welt: Drei Viertel der Welt. Bericht an den Club of Rome. München 1981, S. 58.
9. Robert S. McNamara: Address to the Board of Governors, World Bank Group, Washington, 24. Sept. 1977. Zitiert nach: Frank, Andre Gunder: Weltsystem in der Krise. In: Fröbel, F. u. a.: Krisen in der kapitalistischen Weltökonomie. Reinbek, 1981, S. 21. Siehe hierzu auch M. Guernier, der

unter Zugrundelegung von BSP-Pro-Kopf-Angaben der Weltbank vom August 1979 versucht hat die Entwicklung von BSP in den Entwicklungsländer und in den Industrieländer in den nächsten 100 Jahren zu berechnen. Seine Rechnungen liegen einen Durchschnitt von BSP-Pro-Kopf für die EL von 500 $ (1977) und für die Industrieländer von 6.980 $ (1977) zugrunde, d. h. nach seiner Berechnung existiert heute eine Differenz von 6.480 $, die auszugleichen wäre. Er unterstellt dabei für die Dritte Welt eine äußerst optimistische, ja utopische Wachstumsrate von 7 %, abzüglich 2,6 % Bevölkerungswachstum, reell 4,4 %. Für die Industrieländer nimmt er eher eine „pessimistische" Zahl von 3,5 % oder eine reelle Wachstumsrate Pro-Kopf von 2,7 % an. Dabei ergibt sich folgendes Bild:
„Das Einkommen der Dritten Welt beliefe sich nach 100 Jahren auf 500 $ x 2^6 = 32.000 $ pro Kopf und das der Industrieländer auf 6.980 $ x 2^4 = 111.680 $ pro Kopf. Der Graben hat sich demnach in 100 Jahren erweitert, trotz der geradezu utopischen Wachstumshypothesen zugunsten der Dritten Welt von 6.480 Dollar auf 79.680 Dollar pro Kopf!" Maurice Guernier: Die Dritte Welt: Drei Viertel der Welt, a. a. O., S. 157

10. Senghaas, D.: Weltwirtschaftsordnung und Entwicklungspolitik. In: Universitas, Heft 5/1979, S. 508.
11. Siehe hierzu Senghaas, D.: Von Europa lernen. a. a. O. Allerdings muß hier konzediert werden, daß die Länder der Dritten Welt im Vergleich zur damaligen Lage der westlichen Länder einen erheblich schwereren Stand haben: Sie müßten sich „mit einem verkrüpelten Binnenmarkt die teueren Angebote aus den Industrieländern" zunutzemachen. Senghaas, D. in: Universitas, a. a. O., S. 506
12. Der „Dag Hammerskjöld-Bericht 1975 über Entwicklung und internationale Zusammenarbeit" spricht in diesem Zusammenhang von einer „andersartigen" Entwicklung. Siehe hierzu „Friedensanalysen für Theorie und Praxis 3. Schwerpunkt: Unterentwicklung. Frankfurt/a. M., 1976, S. 17 ff.
13. Nuscheler, F.: „Befriedigung der Grundbedürfnisse" als neue entwicklungspolitische Lösungsformel. In: Nohlen, D./Nuscheler, F. (Hg.): Handbuch der Dritten Welt. Unterentwicklung und Entwicklung: Theorien-Strategien-Indikatoren. Bd. 1. Hamburg 1982, S. 349.
14. Vgl. hierzu ebda. Tabelle 5, S. 351. Ferner weisen die Berechnungen der Nord-Süd-Kommission hinsichtlich der Getreideeinfuhren von „durchschnittlich 36,4 Millionen Tonnen (1978/79) bis 1990 auf 72 Mio. Tonnen und bis zum Ende des Jahrhunderts auf 132 Mio. Tonnen" daraufhin, daß die Kosten der Importe weit jenseits der Möglichkeiten der armen Länder wären. Brandt, W. (Hg.): Hilfe in der Weltkrise, a. a. O. S. 125.
15. Nuscheler, F., a. a. O., S. 355.
16. Der Begriff stammt von A. Lemper in seinem Aufsatz: Collective Self-Reliance. Eine erfolgversprechende Entwicklungsstrategie?, in: Mitteilungen des Verbands Stiftung Deutsche Überseeinstitut, Hamburg 1976 Heft 4, S. 75.
17. Senghaas, D.: Weltwirtschaftsordnung und Entwicklungspolitik. Plädyer für Dissoziation. Frankfurt/a. M. 1977

18. Senghaas, D. in Universitas, a. a. O. S. 509. Kritik hierzu siehe u. a. Matthies, V.: Neue Weltwirtschaftsordnung. Hintergründe-Positionen-Argumente. Opladen 1980, S. 49 ff.
19. Siehe u. a. Global 2000. Der Bericht an den Präsidenten, Frankfurt/a. M. 1981 (12. Auflage); Peccei, A.: Die Zukunft in unserer Hand. Wien, 1981; Strasser, J./Traube, K.: Die Zukunft des Fortschritts. Bonn 1981; Dahrendorf, R.: „Die Chancen der Krise", Stuttgart 1983
20. W. Schädle: Trockenzonen der Erde – Die Natur hat die Balance verloren! in: Opitz, Peter J. (Hg.): Weltprobleme, Landeszentrale für politische Bildung, München, 1982, S. 165 ff.
21. Siehe hierzu Preiswerk, R.: Kulturelle Identität, Self-Reliance und Grundbedürfnisse. In: Das Argument, Heft 120/1980, S. 167 ff. siehe auch Ohe, W. v./Hilmer, R. u. a.: Die Bedeutung sozio-kultureller Faktoren in der Entwicklungstheorie und Praxis. Forschungsberichte des Bundesministeriums für wirtschaftliche Zusammenarbeit, Band 29, Köln, 1982
22. Hierzu siehe Abun-Naser, J. M.: Islam und kulturelle Identität in Afrika südlich der Sahara. Thesenpaper für die „Wissenschaftsbörse Entwicklungspolitik 1982." Arbeitsgruppe 1.
23. Ein Beispiel hierfür bietet wohl derzeit Iran: Während unter dem Schah-Regime die vorislamische Kultur als Symbol der nationalen Einheit gepredigt wurde, werden nach seinem Sturz die Islamischen Werte als Bindeglied für alle Volksgruppen vorgeschrieben.
24. Apostel, P.: Kulturelle Identität – Zwischen ideologischer Manipulation und Gegebenheiten des alltäglichen Lebens. Thesenpapier für die „Wissenschaftsbörse Entwicklungspolitik 82", Arbeitsgruppe 1, S.3
25. Oberndorfer, D.: Entwicklungspolitik am Scheideweg – Lehren aus zwei Dekaden. Arbeitspapier für Arbeitskreis 3 „Entwicklungspolitik" des Kongresses der DVPW in Berlin 4. - 7.10.82, MS, S. 22/23.
26. Siehe hierzu Abschnitt III der Deklaration in: Baumann, G.: Die Blockfreien-Bewegung. St. Augustin 1982, S. 202 f.
27. Erklärung über Blockfreiheit und wirtschaftlichen Fortschritt der „Dritten Konferenz der Staats- und Regierungschefs der blockfreien Länder" in Lusaka, 1970. In: Khan, Kushi M./Matthies, V.: Collective Self-Reliance: Programme und Perspektiven der Dritten Welt. Einführung und Dokumente. München 1978, S. 79. Zur Entwicklung der Collective Self-Reliance-Gedanken siehe Gunatilleke, G.: Von der Abhängigkeit der Dritten Welt zu weltweiter Interdependenz – Einige Überlegungen zur Collective Self-Reliance. In: Matthies, V. (Hg.): Süd-Süd-Beziehungen. Köln 1982, S. 65 ff. Siehe auch Matthies, V.: Kollektive Self-Reliance. In: Nohlen, D./Nuscheler, F. (Hg.): Handbuch der Dritten Welt, Bd. 1. Hamburg 1982, S. 380 f. Ferner Khan, Khushi M. (Hg.): Self-Reliance als nationale und kollektive Entwicklungsstrategie. München 1980.
28. In: Khan, Khushi M./Matthies, V, (Hg.): A. a. O. S. 171 ff.
29. Uhlig, Ch./Ahn, D.-S.: Süd-Süd-Kooperation. Forschungsberichte des Bundesministerium für wirtschaftliche Zusammenarbeit, Band 11, München/Köln 1981, S. 10.
30. Ebda. S. 11

Vorwort

Unsere Welt von heute kann durch drei sehr unterschiedliche Entwicklungskonzeptionen charakterisiert werden: durch die Idee der Entwicklung aller *Menschen*, der *Länder* und die Entwicklung der Menschen, die an der Spitze eines Landes stehen: *der Eliten*. Sie sind so grundverschieden, daß ihnen außer dem Begriff „Entwicklung" nichts mehr gemeinsam ist und offensichtlich jede eine eigene Strategie verfolgt. Die Entwicklung der Menschen erfordert die Befriedigung aller materiellen und nicht-materiellen *Grundbedürfnisse*, wobei die Bedürfnisse der Bedürftigsten besondere Berücksichtigung finden müssen.

Bei der Entwicklung der Länder geht es gewöhnlich um das *fundamentale nationale Interesse* eine entscheidende wirtschaftliche, politische und militärische Position zu erringen. Unabhängig davon treten die Eliten meist (allerdings nicht zu lautstark, denn das könnte egozentrisch wirken) dafür ein, daß Menschen und Länder nur stark werden, wenn eine mächtige Elite ihnen den Weg weist. Denn wie können Menschen ausreichend ernährt, gekleidet und versorgt werden, wenn diejenigen, die in der Lage wären ihnen zu helfen, schwach sind? Wenn die Kräfte der führenden Elite von der Sorge um die Befriedigung menschlicher Grundbedürfnisse derart absorbiert werden und/oder die Elite sich nicht mit der Elite mächtiger Länder messen kann, wie soll da ein Land stark werden? Das Interesse der Elite wird daher gerne mit einer Münze verglichen, auf der einen Seite dient sie den Bedürfnissen der Menschen, auf der anderen Seite den Interessen des ganzen Landes.

Problematisch an dieser Theorie ist natürlich, daß die Münze unter Umständen nicht eingetauscht wird, oder wenn, dann zu einem sehr ungünstigen Wechselkurs mit negativen Auswirkungen auf die Entwicklung der Menschen, sogar auf die des ganzen Landes. Daß die Eliten der armen Länder meist sehr reich sind, ist seit langer Zeit hinlänglich bekannt. Uns ist auch klar, daß die Kluft zwischen ihrem Lebensstandard und dem der Eliten in den reichen Ländern mehr als nur überbrückt worden ist (so gesehen war der Kampf für Entwicklung ein klarer Erfolg). Aber die Bereicherung der Elite wird möglicherweise weiterhin auf Kosten des Volkes vor sich gehen. Durch die Privatisierung der Ressourcen mag die Elite reich werden, das Land bleibt weiterhin davon unberührt arm. Wie läßt sich dieser Teufelskreis vermeiden?

Die hier vorliegenden Aufsätze aus den Jahren 1975 und 1976 behandeln diese Probleme. Damals war die Neue Weltwirtschaftsordnung gerade erst beschlossen, die, so lautet die Grundthese des ersten Kapitels, wohl eher zur Entwicklung der Eliten und bestenfalls der Länder in eben erwähntem Sinn, nicht aber zur Entwicklung der Menschen beigetragen hat. Dies liegt nicht so sehr daran, daß das entsprechende Land Teil des kapitalistischen Weltsystems wird, und (sofern es seine Spielregeln befolgt) als Partner dieses Systems auch eine gewisse Autonomie erhält, sondern vielmehr daran, daß die NWWO den *internationalen* Wirtschaftsbeziehungen, dem Im- und Export, soviel Bedeutung beimißt und dadurch die internen Ressourcen, die als „inputs" eine ausreichende Befriedigung menschlicher Grundbedürfnisse garantieren würden, nun als „inouts" der Verwirklichung eines nationalen Interesses (meist identisch mit dem der Eliten) dienen: Der Anbau von Kaffeebohnen statt Bohnen ist hierfür ein klassisches Beispiel. Demnach ist die internationale wie die kapitalistische Struktur der Neuen Weltwirtschaftsordnung für die Entstehung dieses Problems verantwortlich.

In den drei weiteren Kapiteln wird ein alternativer Ansatz vorgestellt: *Self-Reliance* . Es ist hier nicht der Ort, um eine vollständige Begründung zu geben: Aber eine systematische Darstellung der Konzepte, Prinzipien und Praxis von Self-Reliance erfolgt im ersten Teil dieser drei Kapitel. Zweifellos setzt ihre Durchsetzung ein gemeinsames Vorgehen einer starken Elite wie auch bewußter Menschen voraus, vor allem aber eine Elite, die bereit ist oder gezwungen wird, auf eine Reihe üblicher klassischer Gruppenprivilegien zu verzichten. Unser Ansatz ist daher weder kapitalistisch „blau" noch sozialistisch „rot" gefärbt — er ist „grün", mit Schwerpunkt auf der lokalen Ebene und der Partizipation.

Dies wird näher ausgeführt, wenn wir dann im darauffolgenden Teil sowohl eine Verbindung zwischen Self-Reliance und Technologie, wie auch zwischen Self-Reliance und Politik herstellen; damit wird auch zugleich der Versuch unternommen, die Wurzeln all dessen, was mit Entwicklung zusammenhängt, freizulegen. Vielleicht sollte hier hervorgehoben werden, daß Self-Reliance zwar auf einem Entwicklungskonzept basiert, das den Menschen in den Mittelpunkt stellt, aber der Vorstellung von einem starken Land jedoch keineswegs völlig ablehnend gegenübersteht. Allerdings sollte diese Stärke nicht in der Fähigkeit liegen, andere zu beherrschen, sondern in der Fähigkeit, über sich selbst zu verfügen — mit anderen Worten: autonom zu sein. Es ist die Art Macht, wie sie Gandhi und Mao Zedong angestrebt haben, und nicht die ihrer Nachfolger, geschweige denn ein Hitler, Stalin oder Reagan.

Als höchst problematisch in all diesen Konzepten erwies sich die Definition des Schlüsselbegriffs der menschlichen Grundbedürfnisse, während der Begriff Self-Reliance relativ leicht zu bestimmen war. Der Leser mag das letzte Kapitel als einen Beitrag zu dieser Diskussion, als den Versuch einer Antwort, verstehen, obwohl ich mir darüber im klaren bin, daß hier mehr Fragen aufgeworfen als beantwortet werden. Aber macht nicht gerade dies das ganze Wesen des Entwicklungsprozesses aus: die unaufhörliche Suche nach einer irgendwie humaneren Welt. Heute, im Jahre 1983, scheinen wir davon noch sehr weit entfernt. Aber wenn wir aufgeben, und sei es nur auf dem Papier, dann werden wir unser Ziel nie erreichen.

Berlin, im Februar 1983   Johan Galtung

I. Überlegungen zu einer neuen Weltwirtschaftsordnung
„Die alte, neue und zukünftige Ordnung"

Gegenwärtig ist die Weltökonomie — im Kontext globaler Interdependenz — durch drei miteinander um die Gunst aller Männer und Frauen rivalisierenden Modelle bestimmt: die *Alte Weltwirtschaftsordnung* (AWWO), die *Neue Weltwirtschaftsordnung* (NWWO) und *Self-Reliance* (SR). Ohne Kenntnis der wesentlichen Merkmale dieser Systeme und der Art, wie sie die Beziehungen innerhalb sowie zwischen den kapitalistischen und sozialistischen Ländern gestalten, ist ein Verständnis unserer gegenwärtigen Welt nicht möglich — denn ein beträchtlicher Teil der Weltpolitik ist das Resultat der ökonomischen Infrastruktur innerhalb und zwischen den Ländern.

Das alte System

Die alte Weltwirtschaftsordnung ist jedem wohlbekannt. Sie basiert auf dem Kapitalismus in seiner reinsten Form und wird daher am besten verstanden, wenn man das Wesen des Kapitalismus erfaßt hat. Worin dieses Wesen besteht, ist gegenwärtig der allgemeine Gegenstand vieler Diskussionen unter Sozialwissenschaftlern, Politikern und Philosophen. Wir vertreten hier die Ansicht, daß weder der Privatbesitz an Produktionsmitteln noch eine Produktion zur Gewinnmaximierung die wesentlichen Merkmale des Kapitalismus sind, sondern vielmehr eine *uneingeschränkte Mobilität der Produktionsfaktoren und Produkte* sowie eine *auf Expansion angelegte Produktion*. Solange Rohstoffe, „Roharbeit" (unqualifizierte Arbeit) und „Rohkapital" zu ihrer produktiven Nutzung erst an einen bestimmten Ort gebracht werden müssen, d.h. zu Fabriken, die der Weiterverarbeitung von Rohstoffen dienen, zu immer höheren Institutionen der Weiterbildung ungelernter und ungeschulter Arbeitskräfte, zu Banken, die „Rohkapital" (z.B. von kleinen Sparkonten) in investives Kapital verwandeln, wird es immer ein Zentrum geben, in das die Ressourcen transportiert und eine Peripherie, aus der sie geschöpft werden. Je höher der Verarbeitungsgrad ist, desto zentraler ist das Zentrum, am Ende dieser Kette befinden sich die Metropolen dieser Welt mit ihrer hochentwickelten Industrie, den Universitäten, technischen Hochschulen und den Institutionen der Großfinanz, ganz zu schweigen von der zur Koordination und Kontrolle des Ganzen benötigten Maschinerie der Macht (Legislative, Exekutive, Judikative, Polizei, Militär). Diese Zentren bringen dann folgende Produkte hervor: Fertigwaren, Dienstleistungen, Beamte u.ä. sowie Investitionskapital — sie alle werden in der einen oder anderen Weise in der Peripherie genutzt. Mit der Zeit konsolidiert sich das Gefälle zwischen Zentrum und Peripherie, Kapitalismus und Nationalstaat verschmelzen, da beide auf dem gleichen Grundprinzip der Arbeitsteilung zwischen Zentrum und Peripherie beruhen; nur daß die Theoretiker des Zentrums die ökonomischen Aspekte in den Mittelpunkt ihrer Analyse stellen, während die Theoretiker der Peripherie sich eher den politischen, administrativen und – manchmal auch – den kulturellen Aspekten zuwenden (1).

Einige der bekanntesten Folgen dieses Systems lassen sich wie folgt festhalten:

1) Die im Tausch von Rohmaterial gegen Fertigware bestehende Arbeitsteilung zwischen Zentrum und Peripherie führt innerhalb aller kapitalistischer Länder zu einer unterschiedlichen Entwicklung des Lebensstandards. Bis zu einem gewissen Grade läßt sich diese Kluft mit Hilfe sozialstaatlicher Praktiken abfangen, die durch Rückführung eines Teils des erwirtschafteten Surplus die Peripherie finanziell in die Lage versetzt, dem Zentrum mehr Fertigwaren abzukaufen. Doch die Kluft, wenn es darum geht, Eigeninitiative zu ergreifen, Herr seiner eigenen Entwicklung zu sein, kurz, wenn es um Autonomie geht, kann niemals überbrückt werden – sie ist bereits in der Struktur verankert.

2) Indem Maße, wie sich der interne Markt saturiert und die interne Peripherie sich erschöpft und nicht mehr imstande ist, höhere Preise für die Produktionsfaktoren zu erlangen, dehnt sich das System über die Staatsgrenzen hinaus – und dabei werden an anderen Orten neue Peripherien und Subzentren entstehen. Der ökonomische Aspekt dieses Prozesses ist als Imperialismus (im Lenin'schen Sinne) bekannt; der politische Aspekt als Kolonialismus oder Neokolonialismus. Die zentralen Länder errichten gewöhnlich Handelsblöcke mit einem hohen Grad an interner Mobilität aufgrund spezieller Verfahrensweisen für Transport und Kommunikation (einschließlich des Gebrauchs der Sprache des jeweiligen Zentrums); Ressourcen der Peripherie und Fertigwaren des Zentrums werden mit keinem oder nur mit einem sehr geringen Zoll belegt; man schützt sich vor äußeren Einflüssen – unabhängig, ob sie aus anderen Zentren oder anderen Peripherien kommen – im allgemeinen durch Errichtung eines Monopols, wenn es sein muß, werden sogar Kriege geführt. Auch ein kollektives Vorgehen mehrerer Zentralländer wäre denkbar, die Außenhandelspolitik der EG-Staaten bis zum Lome-Abkommen ist ein gutes Beispiel dafür (2).

3) In seiner perfektesten Form besteht das System aus zentralen und peripheren Ländern, die ihrerseits ihre eigenen Zentren und Peripherien bilden – nur, daß das Zentrum in den peripheren Ländern, das zumeist aus einer kommerziellen, politischen, intellektuellen und militärischen Elite besteht, und in einer leicht zugänglichen Hauptstadt an der Küste liegt, dem Zentrum der zentralen Länder als Subzentrum dient. Um gut zu dienen, müssen diese Eliten auch reichlich belohnt werden, d.h. man muß ihnen im Vergleich zu den Eliten des Zentrums den gleichen oder sogar einen höheren Lebensstandard bieten (als Ausgleich für den niedrigeren Grad an Autonomie).

4) Unter dem Strich kommt dabei ein System heraus, das grob gesagt, etwa 2o% seiner Bevölkerung einen hohen oder „guten" Lebensstandard ermöglicht, während es für den Rest nur noch verschiedene Grade der Armut bereithält (3). Reich ist das Gros der Bevölkerung der zentralen Länder und eine kleine Elite in der Peripherie — die übrigen sind dann die Armen; dabei läßt sich beobachten, daß immer einigen Menschen der Sprung von der Peripherie ins Zentrum gelingt, was bei den übrigen Hoffnung weckt (die diejenigen, die sich in umgekehrte Richtung bewegen, vielleicht gar nicht merken). In den reichen Ländern gibt es weniger Arme, denn Arm und Reich profitieren in gleicher Weise vom Gewinn, den die Ausbeutung der Peripherie mitsichbringt; dadurch entwickelt sich das Proletariat der zentralen Länder allmählich zu einem Bündnispartner der Bourgeoisie und ist sogar bereit, für diese einen kolonialen Krieg zu führen. Innerhalb dieses Systems wird es immer eine unermeßliche Armut in der Peripherie geben, denn aus dieser werden letzlich alle Produktionsfaktoren abgezogen — das Land wird durch „cash-crop"-Produktionen ausgebeutet, die Rohstoffe sind für den Export und zur Weiterverarbeitung an einem ganz anderen Ort bestimmt, der fähigste Teil der Jugend wird als „studentisches Rohmaterial" exportiert und nach seiner Veredelung, als Graduierte, von den Metropolen der zentralen Länder aufgesogen (der bekannte „brain-drain"), oder aber er wird als „Roharbeiter" importiert, um in der Metropole des Zentrums niedere Dienste zu verrichten. Zugleich können ihre Fertigwaren (aus dem Handwerks- und Landwirtschaftsbereich) mit den im Zentrum hergestellten Produkten (Manufakturwaren, industriell hergestellte Nahrungsmittel, Dienstleistungen) nicht konkurrieren, weder was den Preis noch was den Geschmack betrifft (letzterer wird durch die Massenmedien derart manipuliert, daß man im Senegal auf Bauern trifft, die eine Flasche *Perrier* und ein *Baguette* unterm Arm tragen (4), Kolumbianer trinken Nescafe und Spanier industriell hergestellten, künstlichen „Orangensaft"). Aufgrund ihrer niedrigen Produktivität und der, im großen und ganzen geringen Nachfrage nach ihren Produkten, können sie nur mit beschränkter Kaufkraft in den Markt eintreten; da sie selbst weder Produzenten noch Konsumenten sind, werden sie durch ein System marginalisiert, das in der Tat nur zwei Arten der Peripherie hervorbringt: die ausgebeutete und die marginalisierte. Die in den Zentren der zentralen Länder entwickelten und durch die Zentren der Peripherie mitgetragenen Programme zur Bevölkerungskontrolle (z.B. durch das „Population Council") sehen Entwicklung gewöhnlich als ein Problem an, wie man sich am besten der Peripherie der Peripherie „entledigen" kann, die (offen) als Last für die Wirtschaft und (weniger offen), aufgrund ihres Gewaltpotentials als eine Bedrohung für das System angesehen wird.

5) Das System produziert demnach nicht nur eine „Kluft" zwischen Zentrum und Peripherie, es basiert vielmehr auf dieser Kluft, auf der *Arbeitsteilung unter und innerhalb der Länder* (5). Im großen und ganzen kann man sagen: Je zentraler die Stellung eines Landes, desto weniger Ungleichheit weist es innerhalb der eigenen Grenzen auf; Nischen der Armut gibt es in den reichen Ländern ebenso wie Nischen des Reichtums in den armen, *aber den zentralen Ländern ist es gelungen, reich zu werden, indem sie den größten Teil ihrer Peripherie über die eigenen Grenzen hinaus in die Dritte Welt verlagert haben.* Dadurch konnten sie mit ihrer Entwicklung den Anschein eines „take-off" erwecken, ohne sich bewußt zu werden, wie sehr ihre eigene Entwicklung auf der Ausbeutung anderer beruht (6).

6) Diese Ausbeutung besitzt ihrerseits einen für jedermann erkennbaren Aspekt: die *terms of trade*, grob definiert als die Anzahl der Rohstoffeinheiten, die die Peripherie für eine Einheit Fertigprodukte anbieten muß. Allgemein gesprochen sind dies die Bedingungen des *Tausches*: das Verhältnis des Preises, den das Zentrum für ungelernte Arbeitskräfte aus der Peripherie und die Peripherie für qualifizierte Arbeitskräfte, Experten, aus dem Zentrum zahlt, oder der Zinsen für Spareinlagen im Gegensatz zu den Zinsen für Investitionsanleihen, etc. (7). Aber die Ausbeutung weist auch einen weniger klar erkennbaren Aspekt auf: den Grad an Autonomieverlust unter dem die Peripherie, besonders aber die Peripherie der Peripherie, wie später noch zu zeigen sein wird, leidet sowie die Kluft, die sich hieraus zwischen Zentrum und Peripherie ergibt.

7) Die unausweichliche Folge ist die *Unterentwicklung der peripheren Länder und der Peripherie*, worunter wir hier verstehen: 1. *Autonomieverlust*, d.h. Abhängigkeit von Zentrum und 2. *Armut*, die wir als relative Armut im Verhältnis zum Zentrum definieren und – in der Peripherie – sogar im absoluten Sinne, d.h., daß nicht einmal mehr die Grundbedürfnisse (Nahrung, Kleidung, Gesundheit, Erziehung) befriedigt werden können. Die betroffenen Länder versuchen ihre Unterentwicklung zwar intern durch regionale Strategien und extern durch Entwicklungshilfe zu überwinden, doch erreichen sie damit letztlich nur eine Vertiefung der internationalen Arbeitsteilung, da Entwicklungsstrategien das Resultat der Zusammenarbeit von Zentrum und Sub-Zentrum sind, das bedeutet, die Peripherie wird - mit oder ohne Absicht - von dem kontinuierlichen Input an Maschinen und Ersatzteilen, Kapital, Expertenwissen etc. abhängig.

8) Eine weitere unausweichliche Folge des Systems ist die *Überentwicklung der Zentren des Zentrums*, insbesondere des Zentrums des Zentrums, da hier die Menschen zunehmend durch das System zu einem künstlichen Leben gezwungen werden. Abseits der Natur führen sie das isolierte und entfremdete Dasein einer

Makrogesellschaft, essen industriell hergestellte Nahrungsmittel, atmen verschmutzte Luft ein, ihre Gesundheit (medizinische Versorgung) und Erziehung (Unterricht) sind einer Industrialisierung unterworfen, mit dem sicheren Resultat, daß der Bedarf an Beruhigungsmitteln, an psychiatrischen Kliniken - und in dem Maße, wie sich herausstellen sollte, daß auch Krebs umweltbedingt ist - möglicherweise auch der Bedarf entsprechender Heilverfahren in die Höhe schnellt.

Soviel über das alte System, das in der Tat dominierend ist. Wir haben dieses System derart ausführlich behandelt, um die sich am politischen Horizont abzeichnende Alternative einer neuen Weltwirtschaftsordnung – und die zukünftige Alternative einer Self-Reliance, von der wir glauben (oder vielleicht nur hoffen), daß sie bereits morgen auf der Tagesordnung steht – auf einer fundierten Grundlage diskutieren zu können. Was sind die Merkmale der Neuen Weltwirtschaftsordnung?

Die neue Weltwirtschaftsordnung

Es besteht in diesem Zusammenhang kaum die Notwendigkeit, den vollen Umfang der wichtigen Resolution, wie sie von der 6. Sonderkonferenz der UN-Generalversammlung (9. April – 2. Mai 1974, New York) verabschiedet wurde, hier wiederzugeben, dennoch ist die Kenntnis einiger grundlegender Gedanken der Deklaration (D) und des Aktionsprogramms (P) für die folgende Diskussion wesentlich. Sie lautet wie folgt:

1. „Volle Souveränität jedes Staates über seine Bodenschätze und seine gesamte wirtschaftliche Tätigkeit ... einschließlich des Rechts der Verstaatlichung oder der Übertragung des Besitzrechts an seine eigenen Staatsbürger" (D; 4e).

2. „Gerechte Relationen zwischen den Preisen von Rohstoffen ... Waren, die von den Entwicklungsländern exportiert werden und den Preisen von ... Waren, die von ihnen importiert werden, mit dem Ziel, eine beständige Verbesserung ihrer unbefriedigenden Handelsbedingungen sowie die Expansion der Weltwirtschaft herbeizuführen" (D; 4j). „Unterstützung einer Verbindung der Ausfuhrpreise der Entwicklungsländer mit den Preisen ihres Imports aus den Industriestaaten" (P; I,Id).

3. „Verbesserung der Wettbewerbsfähigkeit von Naturprodukten, die der Konkurrenz durch synthetische Ersatzstoffe ausgesetzt sind" (D, 4m).

4. „ Erteilung von Präferenzen an Entwicklungländer, wo immer dies praktisch möglich ist, und nichtreziproke Behandlung auf allen Gebieten der internationalen wirtschaftlichen Zusammenarbeit" (D; 4n).

5. Die Stärkung der wirtschaftlichen, kommerziellen, finanziellen und technischen Zusammenarbeit durch individuelle und kollektive Aktionen unter den Entwicklungsländern, hauptsächlich auf der Grundlage von Präferenzen" (D; 4s).

6. „ Begünstigung der Rolle, die Produzenten-Vereinigungen spielen können, im Rahmen internationaler Kooperation ..." (D; 4t).

7. „ Maßnahmen zur Förderung der Verarbeitung von Rohstoffen in den erzeugenden Entwicklungsländern zu treffen" (P; I, 1g).

8. „ Jedes entwickelte Land soll vermehrte Einfuhren aus den Entwicklungsländern ... erleichtern ..." (P; I, 3a (v)).

9. „ Einnahmen aus Zöllen, Steuern und anderen Schutzmaßnahmen ... (sind) den ausführenden Entwicklungsländern voll zu erstatten oder als zusätzliches Mittel zur Befriedigung ihrer Entwicklungsbedürfnisse bereitzustellen" (P; 13a (vi)).

10) „Durchführung, Verbesserung und Erweiterung eines allgemeinen Präferenzsystems für die Ausfuhr von landwirtschaftlichen Grundstoffen, Fertigwaren und Halbfertigwaren aus Entwicklungsländern in entwickelte Länder" (P; I, 3a(x)).

11) „Eine zunehmende und gerechte Beteiligung der Entwicklungsländer an der Weltschiffstonnage zu fördern" (P; I, 4(I)).

12) „Das ständige Ansteigen der Frachtraten zu stoppen und sie zu senken, um die Ein- und Ausfuhrkosten der Entwicklungsländer zu reduzieren" (P, I, 4, II).

13) „Die Versicherungs- und Rückversicherungskosten für Entwicklungsländer auf ein Mindestmaß zu senken und (ihre) Entwicklung ... gegebenfalls auch durch Gründung von Institutionen in diesen Ländern oder auf regionaler Ebene zu fördern" (P, I, 4 (III)).

14) „Maßnahmen zur Beseitigung der Instabilität des Weltwährungssystems (P, II, Ib)" und weitere Punkte, die die internationalen Finanzsituationen ganz allgemein betreffen .

15) „... sollen die entwickelten Länder in Zusammenarbeit mit den Entwicklungsländern und im Rahmen ihrer Gesetze und sonstigen Vorschriften Kapitalanleger ermutigen, Industrievorhaben, insbesondere der exportierenden Produktion, in den Entwicklungsländern zu finanzieren" (P, III, b).

16) „den Entwicklungsländern zu besseren Bedingungen Zugang zur modernen Technologie zu gewähren und diese gegebenenfalls den besonderen wirtschaftlichen, sozialen und ökologischen und ökologischen Bedingungen und dem unterschiedlichen Entwicklungsstand der einzelnen Länder anzupassen" (P, IV, b).

17) „Ein internationaler Verhaltenskodex für transnationale Gesellschaften ... um eine Einmischung in die inneren Angelegenheiten ... zu unterbinden ... die Rückführung der aus ihrer Tätigkeit erzielten Gewinne unter Berücksichtigung der legitimen Interessen aller Beteiligten zu regeln ... die Reinvestition ihrer Gewinne in den Entwicklungsländern zu fördern" (P; V).

Schließlich finden sich noch viele Punkte, die Aufschluß darüber geben, wie die Kooperation unter den Entwicklungsländern gefördert sowie das System der Vereinten Nationen auf dem Gebiet wirtschaftlicher Zusammenarbeit gestärkt werden kann – und es existiert ein von der Generalversammlung verabschiedetes „Sonderprogramm" mit „Maßnahmen zur Beseitigung des, in den am stärksten von der gegenwärtigen ökonomischen Krise betroffenen Entwicklungsländern herrschenden Notstandes". Die oben aufgeführten Zitate reichen für eine – noch so kritische – Diskussion aus.

Stellen wir uns einmal vor, alle oben genannten Punkte wären in die Tat umgesetzt – mit welchem Ergebnis? Wie sähe die Neue Weltwirtschaftsordnung aus? Es ist zu befürchten, daß die Antwort relativ einfach ausfallen muß. Sie wäre der AWWO sehr ähnlich, bis auf zwei bedeutende Unterschiede – einer stärkeren Kapitalakkumulation im Zentrum der Peripherie und einer weit unabhängigeren kapitalistischen Aktivität seitens der verschiedenen Zentren in der heutigen Peripherie, die sich dann zu Zentren eigener Art entfalten, wie etwa der sich rasch entwickelnde internationale Kapitalismus der Anrainer-Staaten des Arabisch-Persischen Golfes. Für diesen Schluß gibt es folgende Gründe:

Erstens, *die NWWO ist im wesentlichen handelsorientiert*: Man spricht davon, den Welthandel auszudehnen. Es gibt jedoch gute Gründe für die Annahme, daß Zwischenhandel, der eine relativ niedrige Ebene überschreitet, eine Antithese zur Entwicklung darstellt – warum das so ist, wird im folgenden untersucht (in dem Maße, wie sich dies als wahr erweist, sollte die UNCTAD, in UNCTOD, die UN-Konferenz für Handel *oder* Entwicklung, umbenannt werden). Zweitens, soweit es die Verbesserung des Welthandels betrifft, *zielt die NWWO nur auf die ‚terms of trade' ab*. Es ist kaum die Rede von einer Veränderung der herrschenden Arbeitsteilung. Geht man vom heutigen System aus, dann besitzen die Industrieländer einen derartigen Vorsprung in allem, was die Verarbeitung von Rohmaterialien (einschließlich der Nahrungsmittel) angeht, daß der Handel mit ihnen nur über eine Verarbeitungskluft (processing gap) stattfinden kann. Aber das beinhaltet auch, daß sie immer noch die Hauptverantwortung für die Entwicklung von Technologien tragen, möglicherweise sogar für die Technologie, die den Bedürfnissen der Entwicklungsländer Rechnung trägt, und dabei aus allen „spin-off"-Effekten (Laboratorien, Erziehungsinstitutionen, militärische Nebeneffekte etc.), die sich zwangsläufig daraus ergeben, und ihnen einen hohen Rang innerhalb der Skala der Internationalen Arbeitsteilung ermöglicht, größten Nutzen ziehen. Wie aus der Resolution ersichtlich, gilt die Hauptsorge den stabilen und ‚fairen' Rohstoffpreisen und ihrer Sicherstellung gegenüber synthetischen Produkten. Natürlich wird den Entwicklungsländern auch die Möglichkeit gegeben, Halbfertigprodukte und einige Fertigwaren in die Industrieländer zu exportieren — aber da sie als Gegenleistung weitere Importe zulassen, wird der Handel über eine immer tiefere Kluft der Verarbeitung hinweg stattfinden, nur daß diese Kluft auf einer immer höheren Ebene der Verarbeitung liegt — d.h. Textilien werden gegen Farbfernseher eingetauscht, und nicht, wie bisher, Öl oder Sisal gegen Traktoren und Schwarzweißfernseher.

Drittens, sofern die Rede von einer Verbesserung der ‚terms of trade' ist, diskutiert man eigentlich die Verschlechterung dieser Bedingungen (was allerdings von vielen bezweifelt wird — diese Bedenken werden vom Autor geteilt (8)), *nicht aber den absoluten Stand*. Ob man nun 1970, 1960, 1950 oder irgend ein anderes Jahr zugrundelegt, zu keinem Zeitpunkt gibt es Grund zu der Annahme, daß die ‚terms of trade' „gerecht" sind. Daraus folgt, daß die eigentliche Aufgabe derjenigen, die auf der Grundlage der ‚terms of trade' eine neue Weltwirtschaftsordnung errichten wollen, noch nicht einmal begonnen wurde, nämlich, eine befriedigende Antwort auf die Frage zu finden, wie sich im absoluten Sinne faire ‚terms of trade' herstellen lassen. Die chinesische Preispolitik könnte hier als Beispiel dienen — die Bedingungen sollten so aussehen, daß Produzenten von Nahrungsmitteln und Traktoren annähernd den gleichen Lebensstandard erreichen (9).

Viertens, wo immer eine gerechtere Arbeitsteilung erwähnt wird, betrifft sie Institutionen des tertiären Bereichs, z.B. das Transportwesen oder Versicherungs- und Finanzinstitutionen im allgemeinen. Dies hat wahrscheinlich sein Gutes, aber man sollte bedenken, je mehr Institutionen dieser Art sich in der Dritten Welt niederlassen, desto stärker wird sich, ganz nach Plan der Ersten und Zweiten Welt, der Handel entwickeln — das läßt sich bereits daran ablesen, wie das Problem Technologie und multinationale Konzerne in dieser Resolution abgehandelt wird: Eindeutig zum Vorteil der Kaufleute. Ob es allerdings auch den Massen in der gegenwärtigen Peripherie dient, das sei dahin gestellt (10).

Zusammenfassend läßt sich sagen: Überträgt man die Neue Weltwirtschaftsordnung auf die gegenwärtigen Verhältnisse, so ist sie eine Art „Kapitalismus für jedermann". Dies wird umso deutlicher, wenn man sie jenem System der Dritten Welt, das auf Self-Reliance und globaler Interdependenz basiert, gegenüberstellt. Überprüft man jeden der oben angeführten Punkte an der Realität der OPEC-Länder, kommt man zu dem gleichen Ergebnis: Sie stimmen mit dieser Realität überein, aber es bleibt abzuwarten, 1. was mit den Massen in diesen Ländern geschehen wird, 2. wie autonom diese Länder wirklich werden oder bis zu welchem Grad sie sich um den Preis einer hochentwickelten Technologie in erneute Abhängigkeit von den alten Zentren begeben und 3. wieweit diese „Neureichen" (nouveaux riches) auf der internationalen Ebene von ihrem Reichtum Gebrauch machen, um andere Länder zu peripherisieren, etwa die sog. ‚least-developed' Länder, denen die OPEC soviel Unterstützung versprochen hatte, als ihre eigenen

Märkte saturiert waren und ihrer Industrie die einheimischen Rohstoffe ausgingen? (11).
Und dennoch sollte dies aus vielen Gründen nicht als negative Interpretation der NWWO und der dazugehörigen Charta über die Rechte und Pflichten der Staaten (12) angesehen werden. Denn erstens wird der *kollektiven* Self-Reliance größte Bedeutung beigemessen , ebenso jeder Art von wirtschaftlicher Zusammenarbeit unter den Entwicklungsländern — man muß aber auch darauf hinweisen, daß dies den Eliten in der Dritten Welt, vor allem im Bereich des Handels, in die Hände spielt, da diese eher an zwischenstaatlichen Beziehungen interessiert sind, als daran, wie die Menschen leben und produzieren/konsumieren. Zweitens stehen den Ländern der Dritten Welt infolge der NWWO mehr Ressourcen zur Verfügung — was bedeutet, daß die jeweilige Regierung, sofern sie überhaupt eine Entwicklung ihres Landes anstrebt, mehr Spielraum bei der Verwirklichung eigener Entwicklungsstrategien erhält. Entwicklung bedeutet: mehr Autonomie und zumindest die Befriedigung der grundlegendsten Bedürfnisse aller Bewohner eines Landes. Drittens, alle zitierten (und nicht zitierten) Punkte beziehen sich nur auf die *internationale* Wirtschaftspolitik, dadurch werden die nationalen Entwicklungsstrategien nicht zwingenderweise von vornherein in bestimmte Bahnen gelenkt. Auch hier scheint also etwas mehr Skepsis durchaus angebracht: Die Alte Weltwirtschaftsordnung hat sich so entschieden durchgesetzt und besitzt soviel Stärke, daß es einer Roßkur bedarf, um sie zu verändern — sonst wird sie jeden Reformversuch verändern, ja, in sein Gegenteil verkehren. Konkret gesagt, sollte der kapitalistische Weltgeist den Autoren bei der Abfassung dieses Entwurfes über die Schultern geschaut haben, so kann man wohl davon ausgehen, daß er sich recht zufrieden zeigte und hauptsächlich folgenden Gedanken faßte: „Nun gut - ich könnte wieder aufbrechen, nur diesmal lasse ich mich in der Dritten Welt nieder...".
Die NWWO enthält jedoch noch einen weiteren, positiven Aspekt, den man keineswegs unterschätzen sollte: Die Tatsache, daß dies eine UN-Resolution ist, ist ein Anzeichen dafür, wie sich die Dinge langsam verändern. Das gleiche gilt auch für das Lomé I-Abkommen (1975) zwischen 46 Entwicklungsländern und der EG (Lome II von 1980 umfaßt 61 Entwicklungsländer. Ferdowsi): Mißt man das Abkommen an den hier entwickelten Kriterien, dann ist es ein schlechtes Abkommen: seine Bedeutung ist aber vor allem darin zu suchen, daß hier 46 Entwicklungsstaaten durch ihr solidarisches Vorgehen über die AWWO hinaus den Industrieländern eine Reihe von Konzessionen abgerungen haben. Betrachtet man sowohl das Lomé-Abkommen (in ihm sind viele Gedanken der NWWO enthalten (13)), als auch die NWWO *als Teil eines Prozesses*, so kann man durchaus zu einer positiven Bewertung kommen — vorausgesetzt, die nächsten Schritte werden möglichst bald folgen.

Self-Reliance

Die nächsten Schritte lassen sich am besten unter den Oberbegriffen Self-Reliance und globale Interdependenz zusammenfassen. Dies sind relativ neue sprachliche Symbole in der internationalen Szene, obwohl sie bereits schon viele Male in der NWWO auftauchen (allerdings in einer weniger klaren Weise). Für die Chinesen, Nordkoreaner (*juche*) und Tansanier sind diese Vorstellungen keineswegs neu (die *ujamaa*-Dörfer, ja sogar die ganze tansanische Entwicklungsphilosophie basieren auf diesem Konzept) — selbst der osteuropäische Sozialismus ist mit diesem Konzept vertraut (obwohl die Praxis der letzten Jahre eher den Kriterien der NWWO, als denen der Self-Reliance entspricht). Fairerweise muß auch hinzugefügt werden, daß Self-Reliance ein Konzept auf der Suche nach einer Theorie ist — sicher aber auf der Suche nach einer größeren Klarheit.
Nichtsdestoweniger sind in dem Konzept der Self-Reliance drei grundlegende Ideen enthalten:
1) *Entwicklung soll den Menschen dienen, nicht den Dingen.* Entwicklung bedeutet nicht Wachstum des BSP, des Welthandels oder ganz einfach die Einführung der Demokratie des Kapitalismus oder Sozialismus — es sei denn, sie dienen der Entwicklung des Menschen. Das bedeutet konkret: Eine gehaltvolle Entwicklungstheorie und -praxis kann erst auf der Grundlage einer Theorie der menschlichen Bedürfnisse entstehen, die nicht nur die bereits bekannten fünf materiellen Grundbedürfnisse berücksichtigt, sondern darüberhinaus auch das Bedürfnis nach Freiheit, kreativer Arbeit, Politik, Geselligkeit, Freude, Lebenssinn etc. einschließt. *Alle* Menschen sollen sich gemäß dieses Konzeptes entwickeln können, Männer und Frauen (man beachte den männlichen Chauvinismus, z.B. der englischen Sprache, wie er in dem Wort ‚men' zum Ausdruck kommt!) — soziale Gerechtigkeit wäre dann keine Leerformel mehr und man würde bei den Bedürftigsten beginnen.
2) *Entwicklung kann nur durch Autonomie erreicht werden*, und ein erster Schritt dazu wäre, sich ganz auf die eigenen Kräfte und Faktoren zu verlassen, auf die eigene Kreativität, das eigene Land, die eigenen Rohstoffe und das eigene Kapital — wie begrenzt sie auch immer vorhanden sein mögen — und zwar sowohl auf der individuellen, lokalen und nationalen Ebene, wie auch auf der bereits genannten kollektiven Self-Reliance-Ebene durch regionale Kooperation. Das bedeutet konkret, daß man Güter soweit als möglich auf der lokalen Ebene selbst produziert, statt sie durch Tausch zu erstehen. Ist dies auf lokaler Ebene nicht möglich, sollten sie auf nationaler Ebene hergestellt werden; sollte sich auch dies als unmöglich erweisen, dann sollte die Produktion in einem anderen Land, aber in derselben Region stattfinden, wobei das Land den gleichen Entwicklungsstand aufweisen sollte, und erst ganz zum Schluß empfiehlt sich die Möglichkeit, Handel mit den Industrienationen zu treiben! Warum? Um an der Herausforderung, die Dinge selbst herzustellen, zu wachsen, um alle lokalen Faktoren soweit wie möglich zu nutzen und der Versuchung zu

widerstehen, mit einem einzigen Faktor, der (wenn überhaupt) im Überfluß vorhanden ist, Handel zu treiben und gegen alles andere, vor allem gegen Fertigprodukte einzutauschen – da so die eigenen Kräfte und Ressourcen nicht vollständig genutzt werden, und um schließlich im System von niemandem abhängig zu sein.
Das wichtigste Ziel in diesem Zusammenhang ist Self-Reliance auf dem Gebiet der Nahrungsmittelversorgung durchzusetzen, damit keine Abhängigkeit von einem, Nahrungsmittel im Überfluß produzierendem Land entstehen kann, das sich dann diesen Zustand zunutze machen könnte, um das von ihm abhängige Land bis zur Unterwürfigkeit zu erpressen. Self-Reliance bedeutet jedoch nicht Autarkie oder totale Selbstgenügsamkeit, ebenso nicht das Ende aller Handelsbeziehungen. Aber sie läßt auf eine Abnahme des vertikalen Handels, des Handels über ein Herstellungsgefälle (processing gap) hinweg, schließen, der darauf beruht, daß sich die Peripherie der internationalen Arbeitsteilung unterwirft, und weder von ihren eigenen Kräften Gebrauch macht, noch diese hinreichend entwickelt. Und es setzt Vertrauen in die eigene Kraft voraus, die eigenen Kapazitäten soweit zu entwickeln, daß man im Falle einer wirklichen Krise autark sein kann.

3) *Unterentwicklung und Überentwicklung sind in erster Linie das Resultat einer internationalen Struktur*, jedoch nicht, weil einige Länder besser als andere mit natürlichen und menschlichen Ressourcen ausgestattet sind; d.h. Entwicklung bedarf einer Veränderung der Struktur. Um dieses Ziel zu erreichen, müssen sich die Länder der Peripherie für einen kürzeren oder längeren Zeitraum – teilweise oder gänzlich – aus dem System zurückziehen. Damit wird Self-Reliance nicht nur zum Instrument individueller, lokaler und nationaler Entwicklung, sondern auch eines grundlegenden Strukturwandels. Dies trifft nicht nur auf die internationale, sondern auch auf die lokale Struktur zu. Wie bereits ausgeführt, sind sie einander sehr ähnlich, und eine Strategie der Self-Reliance ließe sich auf beide Ebenen anwenden.

Es ist hier nicht der Ort, um Strategien der Self-Reliance im Detail zu erörtern. Die Volksrepublik China mag hier als Beispiel genügen; die Art, wie dort Self-Reliance praktiziert wird, erfaßt nicht nur das ganze riesige Land als solches, sondern jede Provinz, jeden Distrikt, jede Kommune und jede Brigade, ebenso jedes Team – sie alle funktionieren und handeln entsprechend dieser Norm und setzen damit ein bis dahin nicht gekanntes Maß an Kreativität frei (15). Entscheidender ist hier jedoch die Art, in der die Chinesen diese drei von uns aufgeführten Grundideen miteinander kombinieren: Die Produktion dient vor allem der Befriedigung der Grundbedürfnisse (zusammen mit „weiser Führung", mit einem hohen Maß an Kreativität, einem Gemeinschaftsgefühl – all das ergibt einen Sinnzusammenhang, aber kaum mit dem von Freiheit im westlichen Sinn), lokale Faktoren werden bestmöglich genutzt, sogar geschaffen, wo niemand sie vermutet hätte; auch der Rückzug aus dem System findet statt – in diesem Fall aus dem sowjetischen Herrschaftsbereich (die Chinesen sprechen von Sozialimperialismus), denn der kapitalistische Imperialismus ist ja bereits überwunden. Ob sie sich für eine gewisse, von ihnen kontrollierte Wiedereingliederung reif fühlen, ob sie ihr Gefühl dabei nicht trügt, wissen wir nicht — aber angesichts der Stärke der AWWO und der Auswirkungen auf das sozialistische System sowjetischer und osteuropäischer Prägung, besteht kaum ein Zweifel daran, daß größte Vorsicht geboten ist, will man sich seine Autonomie erhalten (16).

Aber wird diese Welt dann nicht nur noch aus voneinander abgeschirmten Staaten bestehen, die nicht nur unabhängig (self-reliant), sondern auch in hohem Maße autark, egoistisch und introvertiert sind — weder voneinander lernen, noch irgendeine symbiotische Verbindung suchen, die sie vor Gewalt schützt, weil doch jede Gruppe in einer gewissen Weise von einer anderen abhängt, ihr das eigene Überleben, oder zumindest das eigene Wohlergehen verdankt? Auf diese wichtige Frage gibt es mindestens drei Antworten.

Erstens, *die AWWO ist keine Antwort auf das Problem*. Lernprozesse hat es immer gegeben, aber immer nur in einer Richtung, vom Zentrum in die Peripherie, d.h. in Form technischer Hilfe oder eines Entwicklungsgutachtens, das vom Zentrum ausgestellt wird, nie umgekehrt. Auch Symbiose existierte bisher nur in parasitärer Form — die Abhängigkeit in eine Richtung ist stärker, auch wenn die Ölkrise gezeigt hat, wie stark die Abhängigkeit der westeuropäischen Industrieländer von den ölexportierenden Staaten ist.

Zweitens, *Self-Reliance verträgt sich absolut mit einer horizontalen Handelsstruktur*, mit dem Handel unter Gleichen — auch mit einer gewissen Arbeitsteilung, vorausgesetzt, es besteht keine wesentliche Kluft im Herstellungsniveau. Es macht einen großen Unterschied, ob man Traktoren gegen Öl oder gegen Transistoren tauscht, vorausgesetzt, die Tauschbedingungen sind vernünftig.

Drittens ließe sich die Einheit der Welt auf ganz andere Weise herstellen als durch Handel: durch eine mit Hilfe internationaler Institutionen durchgesetzten *globalen Interdependenz*. Schließlich werden die Länder, im Guten wie im Bösen, eher durch gemeinsame Institutionen zusammengehalten, die auf einem gemeinsamen Konsensus beruhen — wie allgemein verbindliche Normen, geteilte Interessen oder eine gemeinsame Angst — als durch Handel zwischen einzelnen Regionen. Wir erleben heute die Gründung solcher internationaler Institutionen: Innerhalb der Vereinten Nationen entstehen beispielsweise Sonderorganisationen — in Zukunft werden auch transnationale Unternehmen einen größeren Trend zur Globalisierung (eine Art Nationalisierung auf Weltebene) aufweisen (17), eine internationale Kontrolle des Meeresbodens steht uns bevor (18) etc. Derartige Institutionen können jedoch neue abhängige Staaten hervorbringen, ebenso wie sog. Wohlfahrtsstaaten, die den Typus eines abhängigen Menschen schaffen, und die auf diese Weise die Idee der Self-Reliance aufs äußerste bedrohen.

Schlußfolgerung

So sehen nun die drei „Systeme" aus — „what will the future be"?, wie es in dem alten Lied heißt. Unsere Vorhersage lautet, wir werden zunächst eine Übergangsphase von der AWWO zur NWWO erleben und von dort zur Self-Reliance — in manchen Fällen findet ein direkter Übergang von der AWWO zur Self-Reliance statt, vor allem dann, wenn sich der wahre Charakter der NWWO herausstellt. Dieser Wandel wird wohl kaum ohne Gewalt vor sich gehen — dagegen muß der Übergang von der AWWO zur NWWO nicht unbedingt durch Gewalt gekennzeichnet sein. Läßt man den Multis genügend Zeit zur Reorganisation, zum Aufbau neuer Entscheidungszentren, zur Ausbildung ihrer Angestellten in neuen Sprachen, die bisher nicht unbedingt benötigt wurden, zu einer Veränderung ihrer Investitionsmuster, um sie in die Lage zu versetzen, eine neue internationale Arbeitsteilung einzuführen (2o), wird es keine größeren Unruheherde geben. Das Lomé-Abkommen ist ein prägnantes Beispiel dafür, wieweit die alten dominanten Länder gehen, bzw. welchen Preis sie zu zahlen bereit sind, wenn sie nur ihre zentrale Position innerhalb der internationalen Arbeitsteilung sowie die Kontrolle über die Peripherie behalten; die Subzentren, die ihnen dabei behilflich sind, können durchaus eine gewisse Macht ansammeln, solange sie sich „kooperativ" verhalten. Selbst wenn die reichen Länder von nun an mehr Halbfertigfabrikate als Rohstoffe beziehen, ist dies angesichts der billigen Arbeitskräfte immer noch zu ihrem Vorteil.

Dieses Bild wird sich mit der Verwirklichung von Self-Reliance wesentlich ändern, da diese den zentralen Ländern keine oder aber nur eine sehr geringe Rolle einräumt. Die zentralen Länder werden keine Rohstoffe, ‚Roharbeit' oder ‚Rohkapital' mehr erhalten, denn die Peripherie benötigt diese nun für eine eigene ‚unabhängige' (self-reliant) Entwicklung; auch wird kaum noch eine Nachfrage nach Expertenwissen und Fertigfabrikaten der zentralen Länder bestehen, vorausgesetzt, die Produktion dient allein der Befriedigung der Grundbedürfnisse der marginalisierten Bevölkerung — genau diese Bedingung kann das Zentrum nicht erfüllen (21).

Die Reaktion des Zentrums wird darin bestehen, die Neue Weltwirtschaftsordnung zu unterstützen, in der Hoffnung, dadurch noch rechtzeitig und durchgreifend eine Bewegung aufzuhalten, die das ganze klassische Zentrum-Peripherie-System zerstören wurde. Eine weitere Möglichkeit wäre eine militärische Lösung, besonders die Inszenierung eines Militärputsches auf lokaler Ebene oder ökonomische Manipulation, bevor es den einzelnen Ländern gelingt, ein System der Self-Reliance zu errichten. Doch westliche Vorherrschaft läßt sich auch noch durch viele andere Methoden erhalten, und die Eliten dieser Länder wissen dies sehr wohl — sie konnten in letzter Zeit sehr viele praktische Erfahrungen sammeln.

Die Welt wird in den kommenden Jahre diese verschiedenen Möglichkeiten ausprobieren. Das Beste und Klügste wäre, wenn die Zentren der entwickelten Länder denselben Weg gehen, d.h. auf ihrer eigenen kollektiven, nationalen, lokalen und individuellen Ebene Self-Reliance anstreben würden — sich soweit als möglich aus den Angelegenheiten der Peripherie heraushalten würden, die ihre Entstehung ja dem westlichen Kapitalismus und seiner Kolonialpolitik verdanken, und sich ebenfalls ganz auf die eigene Kreativität und die eigenen Produktionsfaktoren verließen (22). Die Aufgabe, die sich heute den Staatsmännern der entwickelten Länder stellt, besteht eigentlich darin, Mut zu der Erkenntnis zu haben, daß die Entwicklung der armen Länder durch die reiche Welt und durch das gesamte System bestimmt wird − und nicht so sehr in den eigenen Händen liegt. Dadurch, daß man das Problem rationaler angeht, als dies bisher geschehen ist, bietet sich auch die Chance, das Problem zu bewältigen, das die reichen Länder bedrängt: das Problem der Überentwicklung (23).

Wie sehr sich Self-Reliance von den beiden anderen Konzepten wirklich unterscheidet, und wie sehr sich eigentlich die Alte und Neue Weltwirtschaftsordnung gleichen, ist bis heute noch längst nicht im vollen Ausmaß erkannt worden. Letzteres wird deutlich sichtbar, wenn man die fünf wichtigsten Forderungen, in denen die Neue Weltwirtschaftsordnung gipfelt, näher untersucht (24):

1) *Ein integriertes Rohstoffprogramm* (GAP) über die 18 wichtigsten Grundstoffe (hauptsächlich Rohstoffe), die etwa 80% der Einnahmen der Dritten Welt ausmachen.

2) *Ein gemeinsamer Fond*, der die Ausgleichslager („buffer-stocks"), der 18 Grundstoffe des GAP, die sich schätzungsweise auf 6 Milliarden Dollar belaufen, finanziert.

3) *Schuldenerlaß* − dies ist im wesentlichen eine Frage der Umverteilung durch Tilgung oder Stundung eines großen Teils der Schulden (der Dritten Welt, die schätzungsweise bereits 15o Mrd. Dollar betragen). Heute: 65o Mrd. (Ferd.).

4) *Öffnung der Märkte der Industrieländer für die Fertigwaren der Dritten Welt*. Das hieße zum einen, Ausdehnung des allgemeinen Präferenzsystems (unter dem einige dieser Produkte mit einem speziellen nicht-reziproken Zolltarif für die Dauer von 10 Jahren auf dem Markt der Industrieländer gelangen), auf mehr Produkte und Verlängerung des zugestandenen Zeitraums, zum anderen Abbau der bestehenden Schranken nicht-tariflicher Art (Minimum an Qualität, Maximum an Quantität, Hygienische Bedingungen etc.).

5) *Verstärkung der Hilfe* − Steigerung der Entwicklungshilfe der Industrieländer, die gegenwärtig 0,33% des BSP beträgt, auf 0,7%, wie es von der UN gefordert wird.

Wie bereits oben erwähnt, ist die NWWO *handels-orientiert* und daher auch sehr *terms of trade-orientiert*. Aus diesen fünf Punkten ergibt sich folgende Perspektive: Der Nettofluß zwischen reichen und armen Ländern wird sich zugunsten der armen Länder entwickeln, wenn die Einkommen aus den Grundstoffen stabilisiert und verbessert werden (Punkt 1 und 2); dadurch ergibt sich ein Abbau der Schuldenlast (Punkt 3); durch Erzielen höherer Gewinne durch heimische Produktion in der Dritten Welt, deren Produkte dann in die reichen Länder exportiert werden (Punkt 4); und nicht zuletzt durch vermehrte Entwicklungshilfe (Punkt 5).

Vielleicht ist dies ein Problem der Öffentlichkeitsarbeit: Den Befürwortern der NWWO gelang es bisher nicht, der Welt in überzeugender Weise darzulegen, daß die Grundidee der Neuen Weltwirtschaftsordnung über eine wesentliche Veränderung der Nord-Süd-Beziehungen hinausgeht (die fünf Punkte sind dafür ein gutes Beispiel). Auf die Bedeutung einer *nationalen Kontrolle über alle wirtschaftlichen Faktoren, einer wachsenden Zusammenarbeit unter allen Ländern der Dritten Welt und der vorrangigen Befriedigung der Grundbedürfnisse der Bedürftigsten* wird in der Öffentlichkeit kaum hingewiesen. Während die NWWO-Deklaration wie auch die Charta den beiden erstgenannten Punkten große Aufmerksamkeit schenkt, wird der letzte Punkt − wie bereits erwähnt − nur angedeutet und nicht näher spezifiziert.

Welche Begründung läßt sich dafür anführen? Eine von vielen ist, daß der Alten wie der Neuen Weltwirtschaftsordnung das gleiche ökonomische Prinzip zugrunde liegt, demzufolge die Akkumulation von Reichtum das Wesen internationaler Handelsbeziehungen ausmacht; d.h. der Reichtum der Nationen. Akzeptiert man das BSP als Maßstab einer fortschreitenden Kapitalakkumulation, dann ist die Versuchung groß, Strategien zu verfolgen, die das BSP steigen lassen. Die berühmte Kluft läßt sich aber nur dann überbrücken, wenn diese Strategien das BSP der reichen Länder senken oder zumindest ihr weiteres Wachstum verhindern würden. Da sich das BSP als Indikator wie auch als Zielvorstellung weitgehend durchgesetzt hat, wäre dies durchaus bedenkenswert.

Wir wollen hier einige, der sich daraus ergebenden Konsequenzen näher erläutern.

Erstens ist das BSP im wesentlichen ein Maßstab des Mehrwerts (d.h. des Marktwerts), wie er durch die Bearbeitung der äußeren Natur mit Hilfe von Kapital, Arbeit und Forschung entsteht; allgemein ausgedrückt: *Je höher der Grad der Verarbeitung und Vermarktung, desto besser.* Ernährt sich eine Bevölkerung ausreichend von den Früchten der Natur (die bekannten Brotfrüchte), ohne sie in irgendeiner Weise zu verarbeiten und zu vermarkten, dann wird sie auch kein Wirtschaftswachstum verzeichnen, ganz gleich, wie sehr (oder wie wenig) sie ihre Grundbedürfnisse befriedigt. In dem Konzept des BSP spiegeln sich die wesentlichen Ideen wider, daß der „Mensch Herr der Natur' sei (25) (aus Handel Profite zu schlagen, die − natürlich − umso besser ausfallen, je vorteilhafter die terms of trade für einen selbst sind). Man erreicht dies, indem man sich auf einem hohen Verarbeitungsniveau spezialisiert (zufällig auch in der ‚Verarbeitung' von Menschen durch eine hohe Ausbildung, die sie in die Lage versetzt, zunehmend ‚komplexere' Dienstleistungen auszuführen; das Ergebnis ist allerdings eine wachsende Entfremdung des Menschen im Verhältnis zu anderen Menschen und zur Natur); eine Spezialisierung auf den Handel führt zu dem gleichen Ziel − ideal wäre, beide Strategien miteinander zu vereinen, wie es die heutigen Industrieländer im Großen und Ganzen getan haben. Folglich ist die prozentuale Ausweitung der globalen Produktionskapazität, des Welthandels und − insbesondere − des Anteils des Welthandels mit Fertigware, Ziel der Entwicklung.

Und alle fünf angeführten Punkte tendieren direkt oder indirekt in diese Richtung.
Zweitens, man kann in ihnen aber auch Maßnahmen sehen, die ein weiteres Wachstum des BSP der Industrieländer verhindern wollen, indem sie die Spekulation mit für sie vorteilhaften ‚terms of trade' einschränken und sie, was die Herstellung von Fertigwaren betrifft, in ihrer Monopolstellung gegenüber der Dritten Welt, aber auch untereinander, eingrenzen. Zusätzlich zu der „Hilfe abzüglich zu tilgender Schulden" sollte sich die Unterstützung zugunsten der Dritten Welt entwickeln, indem erstere erhöht und letztere vermindert werden, damit der Reichtum bergab fließt und sich dort neu verteilt, so daß eine Art Redistributionseffekt entsteht.
Drittens, und dies ist das wichtigste Argument in diesem Zusammenhang: Ist das BSP-Wachstum Ziel nationaler Politik, könnte das Ziel internationaler Politik eine BSP-Angleichung sein, oder eine „Überbrückung der Kluft" – das ließe sich durchaus mit den beiden vorherigen Punkten wie auch mit den fünf Forderungen der NWWO vereinbaren. Dieser Zielvorstellung und der NWWO liegt das gleiche Paradigma einer *nationalen* Ökonomie zugrunde; und gegen beide richtet sich folgender Einwand: *Das BSP-Gefälle kann im allgemeinen nicht überbrückt werden, und es ist insgesamt auch nicht wünschenswert, diese Kluft zu überbrükken.* Sehen wir uns nun diese Aussagen einmal näher an.
Das BSP-Gefälle kann im allgemeinen nicht überbrückt werden. Zum einen sind die heutigen Industrienationen derselben Auffassung, und sie weigern sich, die fünf Forderungen zu erfüllen, weil sie genau wissen, daß dies zu einer Egalisierung des BSP-Gefälles führen würde – auch wenn beide Seiten dies nie genauso formulieren würden. Der Punkt ist aber der, daß der heutige Vorsprung der reichen Industrieländer vor allem darauf basiert, daß sie die Kapazitäten für eine unabhängige Forschung haben, die sich in eine bestimmte Richtung entwickelt hat und nicht so leicht von den heute armen Ländern nachvollziehbar ist. Außerdem, und dieser Punkt ist vielleicht noch viel wichtiger: Unabhängig vom Grad ihrer Verarbeitung sind Produkte auf Vermarktung angewiesen, aber neue Wege der Verarbeitung und Vermarktung wären äußerst forschungsintensiv. Das Gefälle im Welthandel, das durch die westliche Welt hervorgerufen wurde, ist zum Teil deren Vorteil. Es kann ausgeglichen, wenn nicht sogar eliminiert werden.
Für die Dritte Welt wäre die Überbrückung des BSP-Gefälles ein zwar bedeutsamer, aber kaum ausreichender Schritt. Das Gefälle müßte eine andere Richtung bekommen: der Reichtum sollte automatisch von den gegenwärtig reichen Ländern in die armen Länder fließen – d.h. dies müßte in die Struktur des Welthandels eingebaut werden. Ist dies nicht durchführbar - und das ist wahrscheinlich der Fall – wird es alternativ dazu ein abgestuftes System der Ausbeutung in die andere Richtung geben: Die Dritte Welt beutet die Vierte Welt aus, die Vierte

die Fünfte etc. Ob man nun die Vierte Welt als „least developed countries" oder als die „Armen der Dritten Welt" bezeichnet, spielt dabei keine Rolle mehr, das Resultat ist das gleiche: Ressourcen sind kaum vorhanden, und wenn, wen sollten sie ausbeuten? Wo ist die Fünfte Welt...?
So stand im Jahre 1976 beispielsweise Kuwait an der Spitze der BSP-Pro-Kopf-Liste — gefolgt von der Schweiz, Schweden, Kanada, den USA, Norwegen, Dänemark, der Bundesrepublik Deutschland, Belgien und Frankreich (26). Aber dieses Beispiel ist atypisch, nicht so sehr, weil das BSP in einer Periode steigender Verbraucherpreise auf dem Öl basiert, sondern vor allem deswegen, weil die Bevölkerungszahl des Landes relativ niedrig ist, und — was noch entscheidender ist — aus jenen Menschen besteht, die unmittelbar an den Ölquellen angesiedelt sind. Viele BSP-reiche Länder in der Dritten Welt können einfach dadurch entstehen, daß man, wo immer der Wirtschaftskreislauf ein Netto-Vorkommen an Reichtum aufweist, einen Kreis um das betreffende Land zieht (27).
Eine Überbrückung des BSP-Gefälles ist allgemein unerwünscht. Ein Grund hierfür läßt sich aus eben Gesagtem ableiten: Kommt der Reichtum gegenwärtig armer Länder nur auf Kosten anderer mehr oder weniger auf die gleiche Art und Weise zustande, wie es die Geschichte des kapitalistischen Imperialismus lehrt, dann ist das in der Tat nicht erstrebenswert.Dagegen ließe sich einwenden, daß dies aus der Sicht der davon profitierenden Länder sich insofern als vorteilhaft erweist, als es die reichen westlichen Länder *zwingt* , ihre Machtpositionen aufzugeben — wenn auch allmählich. Denn sie werden sie kaum freiwillig aufgeben, nur weil sie eines Tages erkennen, daß sie diese Positionen zu Unrecht innehaben (obwohl auch dies ein Grund sein könnte) (28). Entscheidend ist nun die Frage, welche Auswirkungen das BSP-Pro-Kopf-Wachstum auch auf andere Gebiete des gesellschaftlichen und menschlichen Lebens zeigt. Wir verweisen auf die (heute) jedermann zugängliche und ständig anwachsende Literatur über die Krankheiten in den reichen Industriegesellschaften. Es ist hier nicht der Ort, alle oder einige der wesentlichen Argumente wiederzugeben, sie werden durch die Ergebnisse der Forschung über Kausalzusammenhänge hinreichend belegt. die eigentliche Ursache ist nach Meinung des Autors vor allem in der Sozialstruktur (29) zu suchen — deren vertikale Fragmentierung, Marginalisierung und Segmentierung nur der gesellschaftlichen Anpassung an die westliche Technologie dient. Dies führt zu einer Reihe unerwünschter Folgen — und nicht nur zu jener eines hohen Grades an Wirtschaftswachstum.
Die Dritte Welt weiß um diese Unzulänglichkeiten und kann ihnen daher auch eher beggnen. Obwohl dies aus der Entwicklung der Länder, die bisher diese Art des Wandels mit einer ausgedehnten Periode schnellen wirtschaftlichen Wachstums erfahren haben, nicht hervorgeht — vielleicht mit der Ausnahme von

Japan (3o) — ließe sich dagegen anführen, daß die durch westliche Technik freigesetzten Kräfte sich jeweils als so stark erweisen, daß lokale, kulturelle und soziale Strukturen zerfallen, einzig und allein deswegen, weil sie sich mit modernen technologischen Strukturen nicht vereinbaren lassen. Es wäre denkbar, daß sie bei kontrolliertem Wachstum überleben würden; in diesem Fall bedürfte es jedoch der Einführung ganz anderer Technologien, die ihrerseits dann auch ganz andere soziale (und kulturelle) Strukturen hervorbringen. Doch China einmal ausgenommen (31), zeigt die Dritte Welt in dieser Richtung gegenwärtig kaum Initiative. In der Zwischenzeit wird ein hohes BSP-Pro-Kopf-Wachstum wohl weiterhin mit Entfremdung, psychischer Erkrankung und somatischen Leiden aufgrund der Umweltverschmutzung und der fortgesetzten Ausbeutung der Natur sowie wachsender Kriminalität einhergehen; international wird so die, aus ökonomischen Gründen errichtete Herrschaft über andere Länder — einschließlich der Gewaltanwendung — kein Ende finden. Self-Reliance unterscheidet sich von all diesen Strategien, weil sie ganz einfach den Modellierungseffekt des Dogmas einer „Kluftüberbrückung" ablehnt und jede Gesellschaft ihren eigenen Kurs festlegen läßt, der nicht unbedingt als „Entwicklung" bezeichnet werden muß (32). Unsere These ist daher, daß die Idee der Self-Reliance nur dann Bedeutung erlangen wird, wenn sie sich mit der Idee der Befriedigung materieller und nicht-materieller Grundbedürfnisse verbindet. Sicherlich, es existiert der engere Begriff der „kollektiven Self-Reliance", der im wesentlichen die Einheit der Dritten Welt und ein darauf beruhendes gemeinsames Vorgehen beschwört. In seiner weiteren Fassung drückt der Begriff so etwas wie eine regionale, nationale oder lokale „doing-it-ourselves"-Politik aus, die auch dazu benutzt werden kann, eine Ideologie zu kaschieren, die eine Fortsetzung des Elends der Bedürftigsten und eine Ausbeutung der Massen durch unabhängige (self-reliant) Eliten bedeutet. Self-Reliance sollte jedoch mehr als nur das „Lokale" umfassen: Sie sollte, wie es in der Arusha-Deklaration zum Ausdruck kommt, auf dem Menschen basieren und ihm dienen, sowohl in individuelle Self-Reliance münden als auch aus ihr schöpfen. Diese Verbindung mit der Idee menschlicher Grundbedürfnisse erfolgt nicht aus logischen oder empirischen Gründen; sie muß auf der politischen Ebene durchgesetzt werden. Weil die Bedürftigsten in einem System leben, das auf Handel basiert und eine Politik der „Kluft-Überbrückung des Pro-Kopf-Einkommens" im oben genannten Sinne verfolgt.

Dies ist auch der Grund, warum ein anderer Indikator benutzt werden sollte, als das BSP-Pro-Kopf. Ein alternativer Indikator wäre z.B. *der Grad der Befriedigung der Grundbedürfnisse, gemessen an den Bedürftigsten in einer Gesellschaft* (33). Eine Politik, die den Boden jenen zuspricht, die von ihm leben und am schlechtesten ernährt sind, wird wahrscheinlich zunächst vor allem den Anbau von Nahrungsmitteln garantieren, die sofort konsumiert werden können — das bedeutet, solange nicht mindestens das Grundbedürfnis an Nahrung befriedigt ist, tritt weder das Problem der Verarbeitung noch das der Vermarktung auf. Die Bevölkerung ländlicher Gebiete würde ein würdigeres Leben führen, wenn man ihre Dörfer in Genossenschaften organisieren würde, und die Produktionsfaktoren so verteilen würde, daß Nahrung, Kleidung und Unterkunft gesichert wären und ein ausreichender Surplus für die medizinische Versorgung und Ausbildung der Bevölkerung geschaffen wird, ebenso wie für Kleinbetriebe, um so arbeitssparende Methoden für die Produktion dessen, was für die Befriedigung der Grundbedürfnisse nötig ist; ob diese Form der Organisation überall möglich ist, ist eine andere Frage. Die hier entwickelte Zielvorstellung sollte auf jeden Fall auch nicht-materielle Bedürfniskategorien wie *Identität* und *Freiheit* einschliessen. Ökonomischer Reichtum allein reicht als Zielvorstellung nicht aus, es sei denn, man mißt ihn in sogenannten „Bedürfniseinheiten" (BNUs) (34). Das Bruttosozialprodukt kennt keinen Unterschied zwischen „guten" und „schädlichen" Produkten und Dienstleistungen; in der Perspektive einer Grundbedürfnisstrategie wird ein Land dann hoch eingeschätzt, wenn der Produktionsapparat alle Grundbedürfnisse, besonders die der Bedürftigsten, deckt (35), denn wohlgenährte Eliten kann jedes Land vorzeigen.

Dies ist nicht der Ort, konkrete Indikatoren (36) zu entwickeln; ein Land kann mit diesen oder jenen Indikatoren einigermaßen gut leben. Folglich ergibt sich daraus eine Kluft, und es stellt sich die Frage, ob es möglich oder wünschenswert ist oder nicht, sie zu überbrücken? Auf den ersten Blick scheint die Antwort in beiden Fällen positiv auszufallen. Aber auch in dieser Beziehung entstehen Probleme, vor allem, wenn das „Aufholen" allzu wörtlich verstanden wird.

Die führende Gruppe wird daher leicht als Modell benutzt, wahrscheinlich mit denselben Folgen wie beim BSP: Die Nachahmung, auch äußerst zweifelhafter Praktiken, mit denen dieses Ziel verfolgt wird, wie auch die Tendenzen, Methoden zu imponieren., statt sie aus der eigenen Tradition und Praxis heraus zu entwickeln. Mehr noch, warum sollte die führende Gruppe als Norm dienen? Für das Bruttosozialprodukt spricht folgendes: Es beinhaltet eine Form sozialer Gerechtigkeit und eine gerechte Verteilung des Reichtums der Welt. Das Grundbedürfniskonzept sowie die ihm zugrundeliegenden Gedanken machen Gleichheit nicht zur einzigen Norm ihrer strategischen Überlegungen und ihrer Politik. Die Befriedigung von Grundbedürfnissen, oder die „inneren Grenzen" wie es in der UNEP-Sprache heißt, ist etwas viel Absoluteres — und wenn die führende Gruppe dieses Minimum noch nicht einmal erreicht, dann genügt es nicht, wenn andere aufholen — sie müssen überholen. Ist die führende Gruppe so hoch entwickelt, daß ein Aufholen der anderen die „äußeren Grenzen" der Natur überschreitet, dann würde sich entsprechend das Problem des „Abstiegs" stellen, so daß man sich irgendwo in der Mitte trifft. Dies sollte/könnte dadurch erreicht werden, daß man die Konsumtion der Elite reicher wie armer Gesellschaften auf einer bestimmten Höhe festsetzt, und nicht dadurch, daß man die Gewinne armer Leute in den reichen Ländern einschränkt. Diese Überlegungen treffen auch auf die Angleichung des Bruttosozialprodukts zu.

Allgemein jedoch scheint diese Art „Kluft"-Überbrückung bei den Grundbedürfnissen möglich und wünschenswerter zu sein, als die „Überbrückung des BSP-Pro-Kopf-Gefälles" – besonders dann, wenn auch nicht-materielle Bedürfnisse ihre Berücksichtigung finden. Es ist *möglich*, weil die Kluft in der Befriedigung der Grundbedürfnisse, wie sie bei den Ärmsten, sagen wir etwa 25% der Bevölkerung besteht, vielleicht als weniger störend empfunden wird, als eine Kluft beim BSP-Pro-Kopf-Gefälle. Es ist *wünschenswert*, weil der Versuch, den Lebensstandard der untersten Schichten zu heben, die Produktionskapazität in eine andere Richtung lenken würde. Es sei hier jedoch die Frage erlaubt, ob das wichtig ist. Ist es nicht wichtiger, diese Bedürfnisse überall auf der Welt in einer kontrollierten Art und Weise zu befriedigen, d.h. ohne bleibenden und nicht wieder gutzumachenden Schaden an der Natur, als irgendeine Forderung nach mathematischer Gleichheit zu erfüllen, die zudem was Minima und Maxima angeht, diese recht willkürlich festlegt, wie auch darauf, auf welche Teile der Gesellschaft das Hauptaugenmerk gerichtet werden soll.

Vieles spricht für die Stärke eines Konzeptes der Self-Reliance, sei es nun unabhängig oder in Verbindung mit dem Grundbedürfnis-Ansatz. Self-Reliance gründet auf Selbstachtung, auf einer gewissen Selbstgenügsamkeit und Furchtlosigkeit – und nicht auf Imitation/Unterwürfigkeit und Importabhängigkeit von anderen Ländern, oder auf der Furcht von ihnen. All dies wird mit der Befriedigung der unterschiedlichsten nicht-materiellen Bedürfnisse verbunden – hier möge der Hinweis genügen, daß es nicht ausreicht, materielle Grundbedürfnisse zu befriedigen; für die Dritte Welt und ihre Subregionen (wie auch für alle anderen Regionen der Welt), für die einzelnen Länder, für die lokalen Gemeinden spielt es auch eine Rolle, wie diese befriedigt werden. Damit wird das Problem der Zielvorstellungen, und somit auch der Indikatoren angesprochen; es handelt sich also nicht nur um die Befriedigung der Grundbedürfnisse, sondern auch um die Möglichkeit, in der bereits oben angesprochenen, dreifachen Weise autonom zu sein. Für ein Land, das sich an der AWWO orientiert, und wahrscheinlich auch für ein Land, das sich nach der NWWO ausrichtet, bedeutet das Bruttosozialprodukt (pro-Kopf) eine Kurzformel für steigendes Wachstum seiner Nationalökonomie, und daher ein äußerst erstrebenswertes Ziel; für ein Land, das Self-Reliance anstrebt, wird dies immer nur dann zutreffen, wenn seine Autonomie dadurch nicht gefährdet wird, oder anders ausgedrückt, wenn der Tausch nicht hauptsächlich zwischen Zentrum und Peripherie und über ein Verarbeitungsgefälle hinweg stattfindet. Konkret wäre der Indikator dieser Entwicklung (schwer meßbar): Inwieweit kann ein Land aus dem kapitalistischen Weltsystem aussteigen und trotzdem in der Lage sein, die Grundbedürfnisse seiner Bevölkerung – auf langfristiger Basis – zu befriedigen? Dies gilt nicht nur für das Land, sondern auch weiter unten, für die lokale Gemeinde und weiter oben für die Region. Während sich demnach die NWWO mit Imitation vereinbaren läßt, diese wahrscheinlich sogar als eine Voraussetzung dafür sieht, um die westlich-dominierte Struktur am Leben zu erhalten, setzt Self-Reliance ein autonomeres Wertesystem voraus, das sich um den Kern der Befriedigung menschlicher Bedürfnisse herum entfalten soll. Potentiell bedeutet dies nicht nur eine alternative Entwicklung der Dritten Welt – mit der VR China als Beispiel dafür, sondern es bedeutet auch einen Gegenpol zu den westlichen Ländern herauszubilden (37). Es bedeutet auch, daß es in der Dritten Welt – angesichts ihrer ungeheuren kulturellen und gesellschaftlichen Bandbreite – nicht nur den einen, sondern viele Wege der Entwicklung gibt. Daher ist es nur schwer vorstellbar, daß eine ausgeprägt individualistische Kultur wie die Hindukultur, sich einem Kollektivismus anpassen könnte, wie er der chinesischen Volkskommune zugrundeliegt; diesen Faktor hat wahrscheinlich sogar Gandhi unterschätzt. Die Antwort auf dieses Problem lautet nicht notwendigerweise, bereitwillig einen Kapitalismus westlich-individueller und liberaler Prägung zu akzeptieren, sondern z.B. die chinesiche Volkskommune mit größerer Vielfalt und größerer individueller Freiheit auszustatten, als es die Chinesen selbst getan haben. Im Sinne der Self-Reliance liegt die Entscheidung jedoch bei den Indern – uns bleibt aber vielleicht die Möglichkeit, zur gegenseitigen Bereicherung daraus zu lernen.

Anmerkungen

Der erste Teil dieses Papiers wurde ursprünglich für die Europäische Regionalkonferenz der Gesellschaft für die Internationale Entwicklung zum Thema: „Weltstruktur und Entwicklung — Strategien für einen Wandel", (Linz, Österreich, 15.-17. Sept. 1975) vorbereitet; der zweite Teil wurde im Auftrag der Kanadischen Internationalen Entwicklungsgesellschaft erstellt. Besonderen Dank schulde ich Arbe Hasselbach und Charles. A. Jeanneret, daß sie mich ermutigt haben, diese spezielle Arbeit in Angriff zu nehmen. Bedanken möchte ich mich ebenfalls bei den Teilnehmern der SID-Konferenz, sowie dem Queen's College, Oxford. In der 'Florey'-Lesung, im Mai 1975 habe ich eine vorläufige Fassung dieser Arbeit vorgetragen.

1) Verschiedene Zentren sind denkbar wie in den Niederlanden, wo eine gewisse ökonomische, politische und kulturelle Arbeitsteilung zwischen Rotterdam, den Haag und Amsterdam herrscht. Allerdings ist diese Art, ein Land in verschiedenen Ballungszentren zu konzentrieren, (diese Strukturen zeigen sich in Deutschland: Frankfurt — Bonn — München (?); in Italien: Mailand — Rom — und viele Orte; in der Schweiz: Zürich — Bern — Genf (?) wahrscheinlich entweder instabil oder einfach irrelevant; die Ebene, auf der die Koordination angesetzt wird, ist so hoch, daß aus allen erdenklich praktischen Gründen das ganze Land ein einziges Zentrum bildet — die *citta-territorio*. Trotz der Komplexität der Aufgaben, die sich den Zentren und modernen Gesellschaften stellen, bleibt eine gewisse Arbeitsteilung bestehen, sowie die Möglichkeit einer Reintegration durch verwandschaftliche Beziehungen, Freundschaften, gemeinsamer Besuch und Abschluß einer Institution tertiärer Bildung etc., vgl. Johan Galtung, „A Structural Theory of Imperialism", *Essays in Peace Research*, Vol. IV, Ejlers, Kopenhagen (Deutsch: Eine strukturelle Theorie des Imperialismus. In: Senghaas, Dieter (Hg.): Imperialismus und strukturelle Gewalt. Frankfurt a.M. 1973, S. 29-104). Von größter Bedeutung ist das Zentrum-Peripherie Gefälle mit einer Struktur ungleicher Entwicklung, die gewöhnlich eher das Zentrum als die Peripherie begünstigt.

2) Siehe J. Galtung, *The European Community: A Superpower in the Making*, Allen & Unwin, London, 1973 (Deutsch: Kapitalistische Großmacht Erupa oder die Gemeinschaft der Konzerne. rororo-aktuell, Bd. 1651, Hamburg, 1973). und „The Lome Convention and Neo-Capitalism", *Papers*, Lehrstuhl für Friedens- uns Konfliktforschung, Oslo, No 20.

3) Dies ist natürlich sehr intuitiv erfaßt. Aber sieht man sich die in der gegenwärtigen Welt existierenden Systeme einmal an, die jeweils von den USA, den EG-Ländern und durch Japan beherrscht werden, — ihre ökonomische Macht erstreckt sich auch über Lateinamerika und Afrika (USA und EG) und Asien (alle drei) — stellt man fest, daß etwa zwei Drittel der Bevölkerung in den Zentrumsländern, aber nur ein Zehntel in den peripheren Ländern wohlhabend ist. Über den Daumen gepeilt, kann man von einem Verhältnis von 15% — 85% ausgehen. Natürlich variiert unsere Vorstellung von „wohlhabend" und „gut" mit Zeit und Raum — dennoch ist es bemerkenswert, daß diese Systeme über den lange zur Verfügung stehenden

Zeitraum nicht in der Lage waren, einen gerechter verteilten Lebensstandard hervorzubringen. Um dieses Problem überhaupt erörtern zu können, legen wir unserem Diskurs das *ökonomische System* als Diskussionseinheit zugrunde und verstehen darunter nicht ein einziges Land, daß heute mehr denn je für eine Reihe größerer Wirtschaftszyklen eher eine „Achillesferse" darstellt, sondern eine Gruppe von Ländern und Völkern, die so eng miteinander verbunden sind, daß die Ökonomie des einen Landes im wesentlichen auf der des anderen Landes basiert und somit in großem Ausmaß abhängig ist.

4) Meine Beobachtungen stammen aus Algerien, südlich des Atlas Gebirges: Dort ging die Fähigkeit, ein an die Bedingungen der Wüste angepaßtes *nan* (Brot) herzustellen, verloren. Dieser Typ Brot wurde von einem europäischen Typ aus der Massenproduktion verdrängt, der die trockene Hitze der Wüste kaum verträgt.

5) So bleibt das Gefälle erhalten, nur Zentrum und Peripherie ändern sich, wobei das Zentrum wahrscheinlich bedeutend schneller voran schreitet und somit nicht nur die Entfernung zur Peripherie vergrößert, sondern auch den Positionsunterschied beibehält. Dies läßt sich auf sehr unterschiedliche Weise messen: Gefälle im durchschnittlichen Verarbeitungsniveau, in der Kaufkraft etc., – dazu siehe J. Galtung, Dag Poleszynski, Anders Wirak, *Indicators for Development*, (forthcoming 1978). Wie Fröbel, Heinrichs und Kreye in „Tendency Toward a New International Division of Labour", in: *Economic and Political Weekly*, Feb. 1976 zeigen, ist die „neue" internationale Arbeitsteilung im Grunde nichts Neues.

6) Was nun die take-off Metapher betrifft: Dieser analytische Trugschluß ist das Resultat vieler Diskussionen über internationale Wirtschaftsprobleme. Indem er Länder zur Grundeinheit seiner Analyse erhebt, verfährt er wie jemand, der die „take-off"Eigenschaften eines Flugzeuges dem Piloten oder – denkt man noch großzügiger – dem Flugzeug allein zuschreibt; die Infrastuktur wird dabei ebenso übergangen wie die Menschen, die in den Fabriken die Flugzeuge konstruieren, der Flughafen, das Bodenpersonal etc. Doch diese Art Trugschluß hält sich zäh am Leben und ist wahrscheinlich für die Begründung konventioneller Erkenntnis von größter Bedeutung. Es ist zu erwarten, daß bei einem Vergleich identischer Flugzeugtypen unter ähnlichen Bedingungen – mit anderen Worten *ceteris paribus* – der take-off dem Piloten zugeschrieben werden kann; diese Annäherung an das Studium internationaler Beziehungen ist jedoch wenig zufriedenstellend, denn es wird äußerst schwierig sein, auch nur für eine einzige Variable ähnliche Bedingungen herzustellen oder vorzufinden. Es ist daher einfacher, eine Liste mit Variablen aufzustellen, die den wirtschaftlichen Prozeß insgesamt beeinflussen: eine davon kennzeichnet den Rang innerhalb der Hierarchie der internationalen Weltwirtschaftsordnung.

7) Leider wurde bis heute noch keine allgemeine Theorie des Tausches entwickelt. Ein wesentlicher Faktor ist die Tatsache, daß das Zentrum immer mehr für seine Produkte erhält als die Peripherie, auch wenn die Produkte ziemlich gleichwertig sind – zum Beispiel beim Tausch von Spareinlagen gegen Investitionskapital.

8) Offensichtlich ist das Öl-Beispiel Beweis genug, daß dies kein ehernes Gesetz ist. Daß sich dieses Gesetz eine Zeitlang halten konnte, lenkte die Aufmerksamkeit auf dieses Phänomen, stärkte das politische Bewußtsein und rief eine Reihe Aktionen ins Leben.
9) Anders ausgedrückt, die Preistheorie würde eher auf den durch die Preise hervorgerufenen Folgen für den Verbraucher beruhen als auf den Produktionskosten. In einem Zweiparteiensystem mit einer Gebrauchswertorientierten Wirtschaft könnten die Tauschbedingungen so definiert werden, daß der Lebensstandard beider Parteien gleich hoch ist; auch die internationalen Konsequenzen, die sich daraus für beide Parteien ergeben, werden miteinbezogen. Gerät eine Partei in Rückstand, werden die Tauschbedingungen dieser Situation angeglichen und sie erhält für eine Produktionseinheit mehr als sie verlangt — das bedeutet zugleich, daß die führende Partei weniger erhält. Eine Ökonomie dieser Art setzt nicht länger auf das Überleben der Tüchtigsten, sie ist eine *Ökonomie des Mitleids*, in der jeder, der voransteht, bereit ist, seine Bedingungen des Tauschs im Namen größerer Gerechtigkeit herabzusetzen. Eine gerechte Tauschbeziehung existiert demnach dann, wenn ihre Bedingungen so geartet sind, daß Gleichheit entsteht. Die Herrschaft eines derartigen Mitgefühls setzt ein hohes Maß an Solidarität voraus, eine Bedingung wäre die Verpflichtung gegenüber der gleichen Gemeinschaft. Eine andere Voraussetzung wäre die Intervention einer dritten Partei, z.B. der Staat — in Form von direkter oder indirekter Form von Subvention. Direktes Mitgefühl bedarf einer gewissen Nähe; dies mag als ein Argument gelten für die Rückführung ökonomischer Beziehungen in eine Richtung, die dem Mitgefühl größere Wirkungsmöglichkeiten bereitstellt. Allerdings scheint der Gedanke zunächst wenig plausibel, daß Mitgefühl aus den klassischen Handelsbeziehungen entstehen könnte, die im wesentlichen danach trachten, die vorteilhaftesten Bedingungen (für sich selbst) zu erzielen.
10) Die Grüne Revolution mag hier als ein gutes Beispiel dienen. Ihr Scheitern — sie hat den Massen in diesen Ländern *nicht* geholfen — wird hervorragend dokumentiert von Frances M.Lappe und Joseph Collins, *Food First: Beyond the Myth of Scarcity*, H. Mifflin, New York, 1977.
Die NIEO-Prinzipien weisen einen einzigen Unterschied auf: die Dritte Welt erhält höhere Anteile an den Produktionsfaktoren, so daß möglicherweise den Drittwelt-Ländern größere Profite zufließen werden, genauer gesagt den — privaten oder öffentlichen — Eliten, die die Kontrolle über die Produktionsmittel besitzen, sowie darüber entscheiden, wieweit interne Verteilung nach „unten" stattfindet.
11) Die Antwort ist eindeutig: sie werden dem Beispiel all der reichen kapitalistischen Länder folgen, die von Rohstoffen und auswärtigen Märkten abhängig sind. Die Frage lautet nun, ob und wieweit sie sich mit den alten kapitalistischen Ländern zusammenschließen oder eine gewisse Zwischenstellung in einem Arrangement dritter Art einnehmen werden, dessen Konturen bereits seit geraumer Zeit sichtbar werden.
12) Die Charta (Deutsche Übersetzung der „Charta der wirtschaftlichen Rechte und Pflichten der Staaten" in: Jonas, R. / Tietzel, M.: Die Neuordnung der Weltwirtschaft. Bonn-Bad-Godesberg, 1976, S. 233-242), die am 12. Dez.

1974 von der UN-Generalversammlung verabschiedet wurde, weist viel Ähnlichkeit mit der NIEO-Deklaration und dem Aktionsprogramm auf (Deutsche Übersetzung in Jonas, R, / Tietzel, M. a.a.O. S.214-232); sie geht jedoch nicht sehr ins Detail und ist darum für eine inhaltliche Präzisierung der Neuen Weltwirtschaftsordnung nicht geeignet. Sie leidet an der üblichen Unzulänglichkeit, die der Titel ganz deutlich zum Ausdruck bringt, nämlich eine Charta von Staaten zu sein. Nur vereinzelt finden sich Hinweise auf das Volk:
Präambel (a) − höherer Lebensstandard für alle Völker:
Art. 7:
Jeder Staat ist in erster Linie selbst dafür verantwortlich, die wirtschaftliche, soziale und kulturelle Entwicklung seines Volkes zu fördern ... und die volle Beteiligung seines Volkes am Vorgang und an den Vorteilen der Entwicklung zu gewährleisten.
Art. 14:
Jeder Staat hat die Pflicht, an der Förderung einer stetigen und zunehmenden Ausweitung und Liberalisierung des Welthandels und einer Verbesserung des Wohlstandes und des Lebensstandards aller Völker, insbesondere in den Entwicklungsländern, mitzuwirken ...
Das Problem, wie denn nun der Lebensstandard der Völker angehoben werden könnte, wird nur sehr vage ausgeführt; fast scheint es, als ob die Verfasser dieser Charta entweder der Auffassung sind, die Veränderung der Welthandelsstruktur würde automatisch zu einer Lösung dieses Problems führen oder sie sind an dieser Fragestellung so wenig interessiert, daß sie eine staats- und nicht volksnahe Charta entworfen haben.

13) Das läßt sich natürlich mit der Tatsache erklären, daß beiden die gleiche Vorstellung über eine Veränderung der Weltökonomie zugrundeliegt.
14) Es wäre ein großes Mißverständnis, Self-Reliance mit Autarkie, Selbstgenügsamkeit oder einer Art chinesischer Mauer zu verwechseln. Wer Self-Reliance verwirklicht, muß keine Furcht vor Interaktion entwickeln. In allen wichtigen Bereichen sollte Self-Reliance die Fähigkeit zur Autarkie erhalten, um im Fall einer Krise das Überleben zu sichern − in diesem Zusammenhang wird der gesamte Nahrungsmittelbereich wichtig. Näheres dazu in: Galtung, O'Brien, Preiswerk, *Self-Reliance*, George, Lausanne 1977.
15) Folgender Gedanke liegt dem Buch von J. Galtung und Fukimo Nishmura zugrunde: *Learning from the Chinese People*, Oslo 1975 (Deutsch: Von China lernen?, Opladen 1978):
Die Arbeit wird so organisiert, daß sie für jeden Menschen eine echte Herausforderung bedeutet und seine Kreativität voll entfaltet. Die Frage ist, ob sich dies mit dem Tode von Mao Zedong verändert hat? Darüber läßt sich zum gegenwärtigen Zeitpunkt noch keine endgültige Aussage machen, denn die Verbindung des Prinzips „(wenigstens) auf zwei Beinen gehen" mit (verbesserter) traditioneller und (angpaßter) westlicher Technologie ist nicht neu und daran hat sich sicherlich auch nichts geändert. Beachtenswert ist, daß sich der Mensch hier vor eine dreifache Herausforderung gestellt sieht: er muß auf jedem Gebiet innovativ werden *und* in einer Weise, wie er diese untereinander kombiniert.

16) In ein paar Jahren wird man meiner Meinung nach rückblickend feststellen, daß nicht diese oder jene Marxisten, sondern der Marxismus selbst hierfür von ausschlaggebender Bedeutung war, unter anderem weil er die Auswirkungen der Technologie theoretisch nicht gänzlich erfaßt hat; er hat sich zu stark auf die Struktur der Besitzverhältnisse konzentriert und zu wenig auf die sozialen Beziehungen, die eine derartige Technologie hervorbringt, geachtet, sowie deren Möglichkeit, verändernd auf eine Gesellschaftsstuktur einzuwirken und sie vor dem Wunschdenken jener Ideologen zu bewahren, die die Macht der Technologie nicht ernst genug nehmen. Zu diesem Thema siehe: Johan Galtung, *Development, Environment and Technology*, UNCTAD, Genf 1977

17) Weitere Einzelheiten in: J. Galtung, *The True Worlds: A Transnational Perspective*, New York, 1977 — Kapitel 7.3.

18) Die UN-Seerechtskonferenz, die im Sommer 1974 in Caracas eröffnet wurde, ist nach dreijähriger Tätigkeit immer noch nicht beendet.

19) Der Sozialstaat sorgt zwar für eine Verteilung von Gütern und Dienstleistungen, behält sich aber ihre Bereitstellung eigens vor; die Entscheidung darüber, wie auch die Strukturierung und Befriedigung von Bedürfnissen nach diesen Gütern und Dienstleistungen, findet weiterhin nur auf höchster Ebene statt. In einer sozialstaatlich organisierten Welt würde sich all dies nach dem gleichen Muster wiederholen, nur daß hier clientèle-Staaten an die Stelle von Individuen treten und sich in einer langen Kette von clientèle-Beziehungen einreihen.

20) Eine Interpretation der „neuen" Weltwirtschaftsordnung findet sich in der Anmerkung 5 weiter oben, ebenso in dem Artikel von Fröbel et al. und in Senghaas, D., „Der Weltwirtschaftsordnung neue Kleider", Wirtschaftsdienst, Vol. 55, Nr. 5, Mai 1975, S. 229 - 235.

21) Ein Beispiel für das, was sich möglicherweise ereignen kann, gibt J. Galtung, „Development from above and the Blue Revolution", in: Essays in Peace Research, Vol. V, Kap. 12, Eilers, Kopenhagen 1978, Kurzversion in: CERES, 1975

22) Beispiele regionaler Self-Reliance sind in gewisser Weise die USA, die SU und die EG — wobei die EG hinsichtlich der Energieversorgung eine Ausnahme bildet. Das Binnenhandelsvolumen ist hoch, das Außenhandelsvolumen (in Relation zum Gesamtvolumen) niedrig.

23) Eine Analyse der „Überentwicklung" findet sich bei: Dag Poleszinski „The Concept of Overdevelopment: Theory, Causality and Indicators", Arbeitspapier am Lehrstuhl für Friedens- und Konfliktforschung, Universität Oslo, No. 53.

24) Die Darstellung beruht auf der ausgezeichneten Zusammenfassung von Sulvain Minault, in: International Affairs Report, American Friends Service Committee, Philadelphia, Jan. 1977.

25) Zur Darstellung einer Reihe von Ideen zur Konstitution einer westlichen Kosmologie, siehe: J. Galtung, Tore Hejestad und Erik Rudeng, On the Last 2500 Years in Western History and some remarks on the coming 500", The New Cambridge Modern History, Vol. 13, Kap. 13. Eine knappe Darstellung gibt J. Galtung in: „Development, Environment and Technology, UNCTAD, Genf 1977, Kapitel 1.

26) *La Suisse* v. 7. Juli 1977
27) Als eine Fallstudie könnte Singapur in Betracht kommen.
28) Die Rolle moralischer Überzeugung darf nicht unterschätzt werden: es ist ein Unterschied, ob ein Ausbeuter seine Rolle infrage stellt oder sie als selbstverständlich annimmt.
29) Zum Versuch einer Analyse siehe J. Galtung, „Development and Technology", Kapitel 3
30) Viele wichtige Indikatoren negativer Entwicklung treten in Japan anders in Erscheinung als in westlichen Ländern, wie das Beispiel Kriminalität zeigt; wahrscheinlich liegt dies an den berühmten Strukturen eines vertikalen Kollektivismus, in den das japanische Individuum eingebettet ist.
31) Sogar in China mangelt / mangelte es an Erfindungsreichtum, wenn es sich um die Art der Ausführung selbst handelt. Eine Fabrik erweckt dort den gleichen Eindruck; allerdings ist die soziale Organisationsstruktur, die sich in und um die Fabrik herum entwickelt hat, eine völlig andere.
32) Es ist denkbar, daß unsere heutige Welt allmählich an Realität verliert und nur als Ausdruck eines Syndroms westlicher Fortschrittsideen in Erinnerung bleibt. Self-Reliance könnte ihren Platz einnehmen, oder Autonomie, oder Befreiung – anders ausgedrückt, der Begriff „Entwicklung" ist durch seine konzeptuelle Nähe zum Begriff des „ökonomischen Wachstums" so verseucht, daß er mit einem völlig neuen Sinngehalt ausgefüllt werden muß.
33) Eine (vorläufige) Formulierung von Indikatoren, die diesen Gesichtspunkt berücksichtigen, findet sich bei J. Galtung, „Towards new Indicators of Development", *Futures*, June 1976, S. 261 - 65.
34) Da wären Einheiten hilfreich wie „Was braucht man, um ein Kleinkind ein Jahr lang am Leben zu erhalten". „Was wird benötigt, um einem Kind ein Jahr lang den Schulbesuch zu ermöglichen" etc.
35) Es ließe sich der Durchschnitt für die unteren 10, 20, 25, 33, 40 oder 50 % errechnen – oder man kann den Anteil derer berechnen, die über einem gewissen Minimum leben.
36) Zu diesem Problem erscheint in Kürze ein Buchmanuskript „Indicators for Development: Towards a Theory of World Indicators". Sie wurde von den Autoren J. Galtung, Dag Poleszynski und Anders Wirak am Lehrstuhl für Friedens- und Konfliktforschung der Universität Oslo erstellt. Von noch größerer Bedeutung ist das Projekt „Goals, Processes and Indicators of Development", das an der Universität der Vereinten Nationen durchgeführt wird.
37) Es ist interessant festzustellen, welch große Anziehungskraft und Macht von einem unabhängigen (self-reliant) China ausgeht. Sollte China den eingeschlagenen Weg der Self-Reliance verlassen, läuft es Gefahr, als eine schlechte Kopie des Westens angesehen zu werden und nicht als der Beginn einer ganz anderen Entwicklung – und dadurch noch mehr an Ansehen verlieren und nicht länger als Quelle aller Inspiration betrachtet werden.

II. Self-Reliance: Begriffe, Anwendungen und Prinzipien

Der Begriff ‚Self-Reliance' hat den Vorteil, nicht zu den systematisch ausgearbeiteten Termini zu gehören. Zwar hat der Begriff einen bestimmten, festen Kerngehalt, aber es ist jedem einzelnen von uns überlassen, ihn genauer zu definieren (und in der Tat ist diese Art der unabhängigen Begriffsbildung ganz im Sinne von ‚Self-Reliance'). Das folgende ist als *ein Versuch* anzusehen, den Begriff mit Inhalt zu füllen und sogar mit einer Ideologie zu umkleiden, aber er ist in keiner Weise als Vorschrift oder gar als Dogma zu verstehen.

Zum chinesischen Ursprung der Idee äußert sich Roland Berger (1):

, Im August des Jahres 1945 verbreitete Mao Zedong in einer Rede die Losung „tzu li keng sheng", was wörtlich übersetzt „Regeneration durch eigene Anstrengung" bedeutet. Dieser Satz drückt die eigentliche Bedeutung der Strategie genauer aus, als der Begriff „Self-Reliance". „Regeneration durch eigene Kraft" macht außerdem deutlich, daß sich diese Politik radikal von „Autarkie" und Selbstgenügsamkeit" unterscheidet. Es ist der *totale Einsatz der Massen an der ökonomischen Front.* Mao Zedong hatte ja immer wieder betont, daß „das Volk, und nur das Volk allein, die treibende Kraft in der Entwicklungsgeschichte der Welt ist", und daß „die Massen grenzenlos über kreative Kraft verfügen".

Obwohl die nachfolgenden Aussagen in keinem Widerspruch zu dem oben gesagten stehen, wäre es nicht im Sinne von Self-Reliance, wollte man den Chinesen für diese wertvolle Idee eine Monopolstellung einräumen. Schließlich ist die Idee lokaler Self-Reliance im Sinne kleinerer Gemeinschaften, die sich ganz auf ihre eigenen Kräfte verlassen, so alt wie die Menschheit selbst: Es war die normale Form menschlichen Zusammenlebens. Doch dann geschah etwas: Es entstand, als Teil des westlichen Zivilisations-Programms (2), eine weltumspannende Zentrum-Peripherie-Formation (selbstverständlich mit dem Westen als Zentrum), die umgesetzt wurde in 1. : die *kulturelle Praxis durch die Verbreitung des Christentums und später durch die westlichen Wissenschaften und andere Formen westlichen Denkens,* in 2. : *die sozioökonomische Praxis durch den Kapitalismus* und in 3. : *die politisch-militärische Praxis durch den Kolonialismus* – alle diese Erscheinungsformen finden sich gebündelt im Imperialismus des 19. und des beginnenden 2o. Jahrhunderts wieder, wie auch im Neo-Imperialismus der Gegenwart (3). Die Neo-imperialistischen Erfahrungen lehren uns, daß die Zentrum-Peripherie-Formation eine wesentlich tiefgründigere Erscheinung ist, als der politisch-militärische Kolonialismus. *Eine* der theoretischen Grundhypothesen lautet, daß wir die Wurzeln in der ökonomischen Infrastruktur zu suchen haben, zum Beispiel in den zentralisierenden Netzwerken und den ökonomischen Zyklen der multinationalen Unternehmen. Eine andere Hypothese lautet, daß, wenn wir die oben aufgeführte Liste zurückverfolgen (und auch in der Geschichte rückwärts blicken), die *Wurzeln* vor allem kulturell/zivilisatorischer, und zugleich doppelter Natur sind. Auf der einen Seite gibt es *eine* Zivilisation in der Welt, die westliche, die sich nicht nur als Zentrum der Welt (das ist normal) sieht, sondern universelle Gültigkeit beansprucht, und die sich als Kontroll-Zentrum versteht, von wo aus Botschaften aller Art an eine Peripherie gesendet werden, die eifrig bemüht ist, westliche Wahrheiten geistiger und materieller Natur zu empfangen. Auf der anderen Seite hat sich die restliche Welt infolge einer Reihe geographischer und historischer Umstände von der westlichen Welt beeindrucken lassen und eine Position in der Peripherie akzeptiert, um dafür im Austausch geistige und materielle Güter aus dem Zentrum zu bekommen. Daraus leitete das Zentrum nicht nur sein Recht, sondern geradezu seine Pflicht ab, seine Wertvorstellungen über die ganze Welt zu verbreiten. Mit anderen Worten, wir unterstellen eine gewisse Mitschuld auch der Peripherie, in Form einer gewissen Unterwürfigkeit, einer ‚kolonialen Mentalität'; es läge an der Peripherie, dies zu ändern, indem sie sich zurückzieht. Denn dieser Schritt wäre grundlegende Basis für einen unabhängigen (self-reliant) Wandel.

Diese Art Analyse dient dazu, Self-Reliance in einen historischen Kontext zu stellen. Self-Reliance ist nicht nur eine abstrakte Anleitung, ein Weg, um die Wirtschaft mit Schwerpunkt auf Nutzung der lokalen Ressourcen zu organisieren, sondern ein entschlossener Kampf gegen jedwelche Form von Zentrum-Peripherie-Formation, mit dem Ziel, eine Welt aufzubauen, in der jeder Teil ein Zentrum' ist (4) . Da das Wesen der Zentrum-Peripherie-Formation auf dem Prinzip einer vertikalen Arbeitsteilung gründet, gekennzeichnet durch Austauschprozesse, bei denen die eine Seite durch das unterschiedliche Verarbeitungsniveau im Bereich des Handels, dem ungleichen Wissensstand auf dem Gebiet der Wissenschaft und divergierenden Initiativen auf politischem Sektor etc. — kurz durch gravierende Unterschiede zwischen Sender und Empfänger, zwischen Führer und Geführten — benachteiligt ist, wäre das Ausbrechen aus dieser Art von Partnerschaft die Grundvoraussetzung für Self-Reliance. Um dies zu erreichen, müssen Penetration, Fragmentierung, Marginalisierung und Segmentierung — die vier Hauptmechanismen (von Ausbeutung) bekämpft werden. Und dies führt geradezu zur Verwirklichung von *Self-Reliance als Kampf gegen jede Zentrum-Peripherie-Formation*, einschließlich aller Mechanismen, die der Penetration, Fragmentierung, Marginalisierung und der Segmentierung dienen.

Macht und Penetration

Durchdringung (Penetration) oder Abhängigkeit (Dependenz – die lateinamerikanische *dependenzia*) ist dem Wesen nach eine Machtbeziehung: d.h. ganz einfach, die Ereignisse in der Peripherie sind die Folge von Ursachen, die im Zentrum zu suchen sind. Folglich wird hier dem Faktor ‚Macht' ein viel größerer Spielraum eingeräumt, als etwa in einer Akteur-orientierten Analyse, die als „Ursache" für die Machtausübung die *Intention* in den Mittelpunkt rückt, denn unsere Definition schließt die dem System immanente strukturelle Gewalt mit ein. Da aber Macht immer eine Kombination aus drei möglichen Faktoren ist (5) *normativ/ideologisch, belohnend und strafend* (oder einfach ausgedrückt: Überredung, „Zuckerbrot und Peitsche"), muß auch der Kampf gegen Penetration drei Komponenten haben. Dabei setzt der Widerstand gegen die normative/ideologische Gewalt, die einem gewissen Selbstbewußtsein des Zentrums entspringt, *Selbstachtung* (lateinamerikanisch: ‚dignidad') voraus, d.h. den Glauben an die eigenen Werte, die eigene Kultur und Zivilisation, Vertrauen in die Tradition *und* die Fähigkeit, eine neue Kultur zu schaffen. Dagegen sind Souveränität oder absolute Autarkie für den Widerstand gegen belohnende Macht nicht unbedingt erforderlich. Bei einer eingehenden Analyse wird deutlich, daß es hier darum geht, *in der Lage zu sein, die Grundbedürfnisse durch eigene Produktion zu befriedigen, besonders im Bereich der Nahrungsmittel, damit diese im Fall einer Krise nicht als Waffe eingesetzt werden können*. Eine weitere Möglichkeit wäre, den Kampf gegen kulturelle, ideologische und ökonomisch/belohnende Penetration mit der Entwicklung unabhängiger Geschmacksbildung zu verbinden, die sich weniger an dem ‚Geschmack' des Zentrums orientiert, und daher auch nicht nur durch Güter des Zentrums zu befriedigen ist. Und schließlich: Der Widerstand gegen Zwangsherrschaft erfordert eine gewisse *Furchtlosigkeit* als sichtbaren Ausdruck und als Sruktur einer Verteidigung: als Einstellung und Praxis der Unverwundbarkeit.

Zentrale Begriffe wie Selbstvertrauen, *Fähigkeit* zur Autarkie und Furchtlosigkeit/Unverwundbarkeit lassen erkennen, daß die Doktrin der Self-Reliance nicht im Bereich der Ökonomie, sondern im Bereich der politischen Psychologie angesiedelt ist. Es wäre ein grobes Mißverständnis, wollte man Self-Reliance auf eine Formel rein ökonomischer Beziehungen reduzieren, obwohl dies mit dem Ökonomismus unserer Tage durchaus im Einklang stünde, ebenso mit der Annahme, die Wurzel der Zentrum-Peripherie-Beziehungen läge ausschließlich in der ökonomischen Infrastruktur. Genauer, Self-Reliance verkörpert keine neue Methode, „um die Kluft zu überbrücken", oder im Sinne einer BSP/Pro-

Kopf-Angleichung und ähnlicher Maßnahmen „aufzuholen". Es lassen sich mindesten zwei gute Gründe dafür anführen, daß letzteres mit der Idee der Self-Reliance nicht zu vereinbaren ist: Denn es würde bedeuten, die Zielvorstellungen anderer Gesellschaften zu übernehmen und zu nachahmenswerten Modellen zu erheben. Und es würde sicher auch bedeuten, sich außerdem die *Methoden* der reichen westlichen Industrieländer anzueignen, einschließlich der Zentrum-Peripherie-Bildung innerhalb und zwischen den Ländern. Doch wird die Dritte Welt Self-Reliance weder auf dem Weg der Imitation der Ersten und Zweiten Welt, noch durch Ausbeutung irgendeiner Vierten Welt, und letztere ihrerseits nicht durch Ausbeutung einer Fünften (wer auch immer die sein mag) (6) usw., erlangen. Self-Reliance kann nicht auf Kosten anderer durchgesetzt werden; sie beinhaltet lediglich die Autonomie, eigene Wertvorstellungen zu entwickeln, und diese unter Nutzung aller vorhandener Ressourcen – einschließlich der wirtschaftlichen – soweit als möglich durch eigene Anstrengungen zu verwirklichen.

Penetration läßt sich ganz allgemein nur dadurch abwehren, daß man sich Autonomie erkämpft, nicht aber durch die Übernahme der üblichen Verhaltensweisen (Überredung, Drohung, Versprechen), die das Zentrum gegenüber der Peripherie angewendet hat, also durch „Gegen-Penetration". Allem Anschein nach läßt sich dies nur auf dem Weg *kämpferischer Auseinandersetzungen* erringen; es scheint, daß der Kampf selbst jene Einstellungen und Verhaltensweisen hervorbringt, die nicht nur dazu beitragen, die Bande alter Penetration zu zerreißen, sondern im Verlauf des Kampfes wirkliche Self-Reliance (7) entstehen lassen. Dies trifft auf jeden Fall für die Chinesen zu, bei denen ein großer Teil des Erfolges ihrer Revolution zweifellos ihrer Fähigkeit und Möglichkeit zuzuschreiben ist, während der langen Jahre des Kampfes Befreiung mit *praktischer Verwirklichung* von Self-Reliance verbunden zu haben. Ob diese Art der Erfahrung eine notwendige Voraussetzung für die spätere Verwirklichung von Self-Reliance ist, läßt sich jedoch nicht eindeutig klären. Die chinesische, vietnamesische und teilweise die kubanischen Erfahrungen weisen in diese Richtung, die sowjetischen und algerischen Fälle in eine andere.

Der Doppelcharakter von Self-Reliance, d.h. ein radikaler Bruch mit alten Beziehungen als Voraussetzung für die Anknüpfung neuer Beziehungen, kommt ebenfalls in allen Anstrengungen zum Ausdruck,jeglicher Fragmentierung und Marginalisierung entgegenzuwirken.Es müssen neue Formen der Zusammenarbeit gefunden werden, um das Monopol oder Quasi-Monopol des Zentrums im Bereich der *Interaktion* zu durchbrechen, und erst mit der Gründung neuer *Organisationen* kann auch in diesem Bereich dem Quasi-Monopol ein Ende gesetzt werden. Beides sind aktive, nach außen gerichtete Aspekte von Self-Reliance, die den Unterschied zum Konzept der Autarkie deutlich herausstellen. Nicht die Vermeidung von Interaktion, sondern Interaktion gemäß den Kriterien von Self-Reliance, auch der Self-Reliance anderer, ist das Ziel, *damit jede neue Zentrum-Peripherie-Bildung von vornherein unterbunden wird*. In der Praxis bedeutet das, daß der horizontalen Interaktion — besonders im Bereich des Handels — zusammen mit anderen mehr oder weniger gleichrangigen, eine größere Priorität eingeräumt werden muß. Ebenso sollten Organisationen und andere Partner gleichen Ranges bevorzugt werden — ‚Rang‘ bedeutet hier so etwas wie ‚Grad der Peripherisierung‘ und scheint als Maß geeigneter, als der äußerst irreführende BSP/Pro-Kopf-Indikator. Noch einmal, der Doppelcharakter liegt also zum einen in der Nutzung gleicher horizontaler Zusammenschlüsse, sei es von Menschen, Distrikten, Ländern oder gar Regionen — als Orte solidarischen Handelns und Verhandelns sowie der Konfrontationen mit dem Zentrum *und* zum anderen in der internen Zusammenarbeit, um eine gerechtere Welt zu erkämpfen (8).

Self-Reliance als Praxis

Soviel zum allgemeinen *Konzept* von Self-Reliance als einem Modell für eine Regeneration durch eigene Anstrengung, der Bekämpfung jeder Form von Herrschaft durch beginnendes Vertrauen in die eigenen Kräfte; dies gilt für das individuelle wie kollektive Selbst in seiner jeweiligen Auseinandersetzung mit anderen Gleichgestellten. Wie soll man sich *Self-Reliance als Praxis* nun konkret vorstellen? Zwei Prinzipien kommen hier zu oben Gesagtem hinzu: das *Prinzip der Partizipation* und das *Prinzip der Solidarität*. Beide sind richtungsweisend, aber wie alle Prinzipien, die in dogmatischen Vorschriften erstarren, können sie auch eine entgegengesetzte Wirkung ausüben.

Self-Reliance ist eine dynamische Bewegung, die *von* der Peripherie ausgehend alle Ebenen erfaßt — die individuelle, lokale, nationale und regionale. Hier wird nicht etwas *für* die Peripherie sondern *durch* die Peripherie in Bewegung gesetzt. Also ist der Weg, die Kontrolle über die wirtschaftliche Maschinerie eines Landes in die Hände nationaler, auch lokaler, staatlicher oder privater Kapitalisten zu legen, um die Steuerung der Produktion von Gütern für die Befriedigung von Grundbedürfnissen zu gewährleisten, folglich keine Self-Reliance. Es mag sein, daß dies ‚dem Volk dient‘, aber es ist nicht das gleiche, wie ‚dem Volk trauen‘ — wie es die Chinesen ausdrücken würden. Self-Reliance heißt letztendlich, die Gesellschaft in einer Weise zu organisieren, daß die Massen durch sie zur Selbstverwirklichung gelangen — im ständigen Austausch mit anderen, die sich in einer ähnlichen Lage befinden. Offensichtlich deutet alles auf eine dezentra-

lisierte Gesellschaft hin, etwa in der Gestalt der 7o ooo (oder so) chinesischen Volkskommunen mit all ihren Unterdivisionen (Brigaden und Teams), die auch kleinsten Einheiten genügend Autonomie einräumen, damit Partizipation auch an der Basis — auf der ‚Graswurzelebene' — möglich wird (9).
Ideal betrachtet ist Self-Reliance etwas, das als Antipode zu den Metropolen in den Zentren entsteht: in den weiten, ländlichen Gebieten, denen schon die beiden großen Theoretiker und Praktiker der Self-Reliance, Mao und Gandhi, zentrale Bedeutung beimaßen, und in denen auch heute noch der größte Teil der Weltbevölkerung lebt. Erst durch lokale Entscheidungsprozesse, lokale Kreativität, die Nutzung von lokalen Rohstoffen, Land und Kapital, nimmt sie konkrete Gestalt an. Allerdings hat das Zentrum oft die herkömmlichen Rohstoffe und das einheimische Kapital derart erschöpft, daß die Aufgabe nun wäre, neue Formen zu finden, die die lokale Kreativität anregen. Dieser Prozeß sollte aber nicht mit der Einführung arbeitsintensiver Produktionsformen verwechselt werden, diese stellen nur eine Teillösung für den Fall dar, daß ein Überangebot an Arbeitskräften und Kapitalknappheit besteht. Zudem steht eine derartige Faktor-Substitution in völligem Einklang mit zentralisierter Betriebsführung, Manipulation, Professionalisierung und Bürokratisierung. Daher plädieren wir für solche Produktionsformen, die eine lokale Initiative von ‚unten' — eben von der ‚Graswurzel-Ebene' — zulassen sowie für Innovationen, die lokale Bedingungen, eigene Geschmacksrichtungen und die lokale Kultur ausreichend berücksichtigen. Dabei wird der mögliche, ja sogar wahrscheinliche ‚Verlust' an Effizienz, der dadurch entsteht, daß etwas woanders bereits Erfundenes wieder erfunden werden muß, in Kauf genommen. Denn dieser Verlust wird durch den Zuwachs an Selbstvertrauen — als Antwort auf die Herausforderung, selbst Erfinder zu sein — mehr als aufgewogen. Tauglicher ‚Empfänger' einer woanders entwickelten Technologie zu sein, drängt Mensch/Gemeinde/Land/Region in die Rolle des braven Schülers; diese Rolle aber läßt keinen Platz für das geringste Selbstbewußtsein, und es ist äußerst schwierig, umzulernen (1o). Aus diesem Grund werden Bürokraten und Intellektuelle höchstens als Katalysatoren zugelassen; Kapitalisten sind ‚out'.
Das ökonomische Grundprinzip lautet also Nutzung lokaler Produktionsfaktoren für den lokalen Konsum. Früher war es üblich, in Krisenzeiten die Frage zu stellen, ob ein Produkt wirklich benötigt wird, heute muß diese Frage *immer* vor der Herstellung eines Produktes gestellt werden: Brauchen wir dieses Produkt wirklich? Der Einwand, ein Produkt besitze für uns zwar keinen *Gebrauchswert* aber einen *Tauschwert*, setzt die Existenz anderer, nicht unabhängiger (non-self-reliant) Gemeinschaften voraus — so wie der Kapitalismus annimmt, es gäbe immer und überall eine Peripherie, die als ‚Markt' zur Ausbeutung zur Verfügung

steht. Hinreichende Garantie dafür, daß vorrangig Güter für die Befriedigung der Grundbedürfnisse der Bedürftigsten hergestellt werden, kann es überdies nur geben, wenn die Massen an der Macht sind, die den Gebrauchswert über den Tauschwert stellen (11), allerdings sollte letzterer nicht völlig aufgegeben werden — aus Gründen, die wir im weiteren Verlauf noch zur Diskussion stellen. Wird nun die Frage bejaht und das Produkt benötigt, sollte es unter Nutzung aller lokalen Faktoren selbst hergestellt, und auf keinen Fall gegen einen anderen, im Überfluß vorhandenen Faktor (Kapital, Arbeitskräfte, Rohmaterialien) oder ein lokales Fertigprodukt eingetauscht werden. Der *zutiefst anti-kapitalistische Wesenszug von Self-Reliance* läßt sich angesichts solcher Gedanken und Taten kaum mehr verbergen, denn der Kapitalismus selbst gründet auf unbegrenzter Mobilität von Produktionsfaktoren und Waren in weltumspannenden Zyklen. Der Kapitalismus bringt einen Handel hervor, der niemandem nützt, außer den Kaufleuten selbst (12). Hätte er in der ganzen Welt eine, die menschlichen Grundbedürfnisse befriedigende Entwicklung eingeleitet, wäre Utopia bei dem enormen Anwachsen des Welthandels in den letzten Jahrhunderten längst konkrete Gegenwart. Daher lautet unsere These, Self-Reliance dient einer Entwicklung, die eine *bessere* Befriedigung der materiellen und nicht-materiellen Bedürfnisse garantiert.

Das Prinzip der Solidarität

Aber was geschieht, wenn das erforderliche Produkt nicht an Ort und Stelle hergestellt und lokale Faktoren nicht erschöpfend genutzt werden können, weil ein Dorfverband nur Erfahrung im Umgang mit handwerklichen Kleinbetrieben, nicht aber mit industrieller Produktion gesammelt hat? In diesem Fall wird man sich zunächst wie in Krisenzeiten verhalten, man wird neue Wege suchen, um das Rohmaterial doch noch zu dem gewünschten Produkt zu verarbeiten (kubanisches Zuckerrohr bildet den Grundstoff für eine Vielzahl von Produkten), oder man verändert das Produkt in einer Weise, daß es zwar dem Zweck dient, man aber zugleich auch die lokalen Kräfte besser nutzen kann (in manchen Regionen betreiben die Chinesen ihre Traktoren mit hydro-elektrischer Energie).
Die Asymmetrien in der Geographie der Weltökonomie setzen jedoch all diesen Anstrengungen sichtbare und zudem zahlreiche Grenzen; wobei die Asymmetrie der Wasserverteilung wohl eine der folgenreichsten ist. Wassergräben lassen sich eher von Menschenhand als von Maschinen ziehen, aber im Fall einer der besten Erfindungen des Menschen, der Pumpe, sollte man nicht unbedingt warten, bis

die Grundlagen für ihre lokale Produktion gegeben sind. Ist eine lokale Produktion jedoch ausgeschlossen, wie kann der Bedarf gedeckt werden, *woher* können die erforderlichen Pumpen bezogen werden? Hier tritt das *Prinzip konzentrischer Solidarität* in Kraft: Diese Art der Kooperation *beginnt* mit der Suche nach einem Partner innerhalb des eigenen Distrikts in einer Gemeinde, der sich in einem ähnlichen Entwicklungsstadium befindet. Gelingt dies nicht, wird der Versuch auf einer anderen Distriktebene in der gleichen Provinz wiederholt oder eine Provinz hält im eigenen Land Ausschau nach einer anderen. Bleibt auch dieser Versuch ohne Erfolg, empfiehlt es sich, die Zusammenarbeit mit einem anderen Land der gleichen Sub-Region (ähnlich den Zusammenschlüssen des Andenpakts, Caricoms, ASEAN, West- oder Ostafrikanische Union etc.) oder innerhalb einer größeren Region (z.B. ECLA, ECA, EWA oder ESCAP) oder der gesamten Dritten Welt – und erst, wenn all diese Möglichkeiten nicht ausreichen, sollte Tausch und Kooperation mit den herkömmlichen Ländern des Zentrums gewagt werden.

In vereinfachter Form lassen sich demnach drei Ebenen von Self-Reliance unterscheiden: *lokale, nationale* und *regionale* (subregionale, regionale und Dritte Welt) *Self-Reliance*. Ihre Beziehungen untereinander werfen wichtige Probleme auf, die im folgenden untersucht werden. Eine energische Politik der Self-Reliance steht also Handel, Tausch und Kooperation nicht grundsätzlich ablehnend gegenüber, sondern wird den Tausch in der Welt eher noch beleben, da sie eine viel intensivere Zusammenarbeit von Nachbarn über ganz neue geographische und soziale Räume hinweg erschließt. Es geht nicht darum, den Handel völlig zu unterbinden, sondern *neue Wege und Formen* zu finden, indem wir der Zusammenarbeit unter Gleichen den Vorrang geben; wobei wir den unmittelbaren Nachbarn dem entfernter Lebenden vorziehen, die Zusammenarbeit dem Tausch, den intrasektoralen Handel dem intersektoralen. Denn eigenverantwortliches Handel, das, wie Gandhi gesagt hat, ozeanische Kreise zieht (13), kann nur im Innern des individuellen und kollektiven Selbst entstehen. Es ist das Gegenteil der heute vorherrschenden Struktur einer Ankettung der Peripherie an das Zentrum im Zentrum, mittels einer Reihe teurer Mittelsmänner mit offensichtlichen Interessen und der verliehenen Macht, den Status quo zu verteidigen sowie der intellektuellen Fähigkeit, diesen durch vorgeblich rationale Konzepte, wie das des „vergleichenden Kostenvorteils" (comperative advantages) (14), wissenschaftlich zu verbrämen.

Self-Reliance: Was sie nicht ist

Lassen Sie uns an dieser Stelle eine negative Bilanz ziehen, indem wir auflisten, was Self-Reliance (SR) *nicht* ist:
1) *SR ist keine abstarkte, allgemeine Formel.* Sie ist ein Teil des historischen Prozesses und gleichzeitig Kampf gegen eine bestimmte globale wie einheimische Struktur sowie die Möglichkeit, eine neue zu entwickeln.
2) *SR kann nicht von oben angeordnet werden.* Möglicherweise verdankt sie ihre Entstehung einer Initiative von oben, aber ohne die Beteiligung der Massen wird sie nie an Bedeutung gewinnen. Durch regionale Self-Reliance können die notwendigen Bedingungen für die nationale Ebene entstehen, und durch nationale Self-Reliance die notwendigen Bedingungen für die lokale Ebene, aber nur auf der lokalen Ebene kann sich Self-Reliance als Massenbewegung entfalten. Denn es ist die lokale Ebene, auf der die Mehrzahl der Menschen im allgemeinen lebt und handelt, und nur sie können SR auf Dauer am Leben erhalten.
3) *SR ist nicht gleichzusetzen mit nationaler/lokaler Verarbeitung von Rohstoffen.* Dies ist zwar eine notwendige Grundvoraussetzung, da eine der Grundideen die Verkürzung ökonomischer Zyklen und die Nutzung lokaler Ressourcen ist. Aber es hat sich gezeigt, daß die nationale Produktion mit dem internationalen Kapitalismus und der Penetration der nationalen Peripherie durch die nationalen Zentren ebenso zu vereinbaren ist, wie die lokale Produktion mit dem nationalen Kapitalismus, einschließlich seiner, im Sinne kapitalistischer Arbeitsteilung erfolgten gesellschaftlichen Aufspaltung in Eigentümer/Arbeitnehmer/Entscheidungsträger und Werktätige aller übrigen Bereiche sowie seiner charakteristischen Art und Weise der Entscheidungen über das Was und Wie in der Produktion oder über die Verwendung des wirtschaftlichen Mehrwerts (surplus). Darüberhinaus scheint der Kapitalismus in der uns bekannten Form expansiver Natur zu sein, d.h., er ist versucht, sich überall dort durchzusetzen, so auch in den Einheiten, die mehr oder weniger selbstbestimmt (self-reliant) sind, um diese wie auch andere Einheiten in Rohstoffquellen und Absatzmärkte für Kapital und Waren zu verwandeln, was mit SR in diesen Einheiten unvereinbar ist.
4) *SR ist nicht das gleiche wie die Befriedigung der Grundbedürfnisse der Bedürftigsten .* Das sind zwar gute Prioritäten, aber sie sind ebenfalls vereinbar mit Verwalten (managerialism) und Klientelbeziehungen (clientelization). SR aber schließt eine andere Subjekt/Objekt-Beziehung ein: Menschen entwickeln keine „Psychologie der Abhängigkeit von der Regierung zu ihrer Unterstützung" (15), sondern sind wieder Herr ihrer eigenen Bedürfnisbefriedigungen.

5) *SR ist nicht gleichzusetzen mit Selbstversorgung oder Autarkie.* Sie beinhaltet eher eine Umlenkung und Umstrukturierung des Handels und der Zusammenarbeit, nicht aber die Errichtung fester Mauern um alle Einheiten – auch wenn man argumentieren könnte, daß Selbstversorgung im Nahrungsmittelbereich ein erstrebenswertes Ziel ist.

Self-Reliance: Ihr theoretisches Grundprinzip

Nach dieser Merkmalsbeschreibung von Self-Reliance, wollen wir nun in aller Kürze versuchen, den Begriff unter den gegenwärtigen Bedingungen krasser, globaler Asymmetrien zwischen dem Zentrum mit seinen Subzentren und der weiten Peripherie, zu bestimmen. Präziser ausgedrückt, zu dieser Struktur gehören genaugenommen mindestens 13 Hypothesen, die *a priori* soviel Glaubwürdigkeit besitzen, daß sie eine nähere Betrachtung wert sind:
1) *Durch SR erhält die Produktion zur Befriedigung der Grundbedürfnisse der Bedürftigsten Priorität.* Wird die gesamte Produktion, vor allem auf dem Lande, von den Massen selbst kontrolliert, wären Ideen, wie mit ,,cash-crops" den Boden auszulaugen, um ,,ausländische Devisen zu verdienen" (damit die Eliten ihren Bedarf an Konsumgütern, destruktiven Gütern wie Waffen und einigen Produktionsmitteln decken können), kaum noch durchsetzbar. Vorausgesetzt, die Kontrolle über den Wirtschaftskreislauf wäre groß genug, um zu garantieren, daß die Grundbedürfnisse befriedigt werden (16). Den Grundbedürfnissen aller wird also absolute Priorität eingeräumt – haben aber andere zuviel Kontrollmöglichkeiten, kann dies nicht geschehen.
2) *Durch SR wird Massenpartizipation garantiert.* Grundlegende Voraussetzung dafür – als einer von vielen wichtigen Bestandteilen von SR – wäre ein hoher Grad an Kontrolle der lokalen Ökonomie durch das Volk. Eine Familie, die einen Bauernhof ab einer gewissen Minimalgröße besitzt, wird niemals Hunger leiden müssen. Wird eine Wirtschaft von anonymen Kräften kontrolliert, bleibt Partizipation hingegen nur formal, wie beispielsweise bei der Teilnahme an Gemeindewahlen oder bei der Wahl von Gremien, die nur soviel Kontrolle über die Wirtschaft ausüben können, wie ein lokaler Bahnhofsvorsteher über einen Fernexpress (denn hier bestimmt der Zug, welche Kontrollsignale gesetzt werden, und nicht umgekehrt). So wird Massenpartizipation zum A und O von Self-Reliance, also notwendige und oft bereits ausreichende Bedingung.
3) *Durch SR werden lokale Ressourcen besser genutzt.* Dieser Aspekt von SR greift den alten Vorwurf wieder auf, der Kapitalismus sei nicht nur ausbeute-

risch, sondern auch nach seinen eigenen Kriterien gemessen, weitgehend irrational, da er lokale Ressourcen nie voll ausschöpft, weil sich der Handel als die einfachere Lösung anbietet, wenn eine gewisse Infrastruktur bereits vorhanden ist, womit die ständige Suche nach neuen Wegen in der Nahrungsmittelherstellung überflüssig wird. Jeder, der eine Krise, wie etwa eine Kriegswirtschaft, überstanden hat, weiß was es bedeutet, alle bisher bekannten Ressourcen, die aber nicht angegriffen bzw. voll ausgeschöpft worden sind, oder andere, die noch gänzlich unbekannt sind, zu mobilisieren. Oft wird auch der Einwand laut, „Wir wollen nicht in einer Kriegswirtschaft leben". Es stimmt, daß man im reicheren Teil der Welt diese Art von Wirtschaft mit einer Krise assoziiert — für die Armen im armen Teil der Welt ergibt sich jedoch das umgekehrte Bild. Aus ihrer Sicht befindet sich die „normale" kapitalistische Ökonomie in einem Zustand der permanenten Krise, und Self-Reliance — unter diesem oder jenem Namen — gilt als eine Alternative, die wirklich imstande ist die menschlichen Grundbedürfnisse zu befriedigen. Es versteht sich von selbst, daß erst ein grundlegender Wandel in der Psychologie der „entwickelten" Länder und der „überentwickelten Geldbeutel" der „sich entwickelnden" Länder zu einer breiteren Anerkennung von SR führt. Solche Veränderungen können wahrscheinlich auf zwei Art und Weisen herbeigeführt werden, einmal *passiv* (negatively), durch die zukünftigen Umstrukturierungen und Umverteilungen des Welthandels (sogar die gemäßigtere Neue Internationale Weltwirtschaftsordnung wird dies zur Folge haben), zum anderen *aktiv* (positively) durch den Wunsch nach einer alternativen Lebensweise, wo Selbstverwirklichung als Bestandteil von Self-Reliance gesehen wird, nicht aber Massenkonsum, wie er für eine reiche, aber klientelisierte Überflußgesellschaft typisch ist (17).

4) *Durch SR wird Kreativität stimuliert.* Wie schon angedeutet, legt der Technologietransfer den Empfänger, völlig unabhängig von der Qualität der zugrundeliegenden Transferbedingungen, auf die Rolle des Lernenden, des Schülers fest — der lernt, wie man produziert und sogar wie man konsumiert. Dies ist wahrscheinlich die verheerendste Konsequenz der gegenwärtigen Weltwirtschaftsordnung — und auch am schwierigsten zu ändern. Auch durch mehr Bildung allein wird hier kein Wandel stattfinden, denn unter den gegenwärtigen Bedingungen würde sie, statt Glauben und Stolz in die eigene Kultur zu wecken und das Vertrauen in die eigene Innovationsfähigkeit zu stärken, lediglich die Abhängigkeit von den westlichen Zentren verstärken. Innovation wird nur durch Innovation und teilweise Abschottung gegenüber jeglichen Innovationen von außen sowie gegenüber den Ratschlägen globaler und einheimischer Zentren erreicht (18).

5) *Durch SR wird eine größere Anpassung an lokale Bedingungen erreicht.* Daß eine optimale Nutzung der Ressourcen erfolgen wird, wurde bereits dargelegt, daß auch ökologische Erwägungen mehr Beachtung finden, wollen wir im folgenden aufzeigen. Die Voraussetzungen, an die wir denken, sind strukturell/kultureller und nicht ökonomisch/ökologischer Natur. Self-Reliance wird keine Mauern in dem Sinn errichten, daß den Menschen das Wissen über Produktions- und Konsumtionsstrukturen außerhalb der eigenen Gemeinde/Nation/Region vorenthalten wird, sondern sie wird dieses auf der Basis der Stärkung des Selbstvertrauens fördern. Ein wichtiger Aspekt dabei ist, einerseits die Beziehung zwischen Produktionstechnologien und Konsumtion und andererseits zwischen lokalen Strukturen und Kultur umzukehren, dies setzt allerdings voraus (wozu die westlichen Gesellschaftswissenschaften tendieren), daß letzteres darauf abzielt, daß die bisherige Forschung und Er-Forschung jener Technologien mit den Strukturen und der Kultur vereinbar ist, die jemand haben will. Wenn Menschen das Bedürfnis nach Kontakt verspüren und bei der Arbeit miteinander reden wollen, dann sind individualisierende und lärmende Produktionsmittel nur hinderlich: hier sollte die Suche nach anderen Technologien ansetzen. Unter der Bedingung von Self-Reliance wird die lokale Bevölkerung eher dazu tendieren, sich auf ihre eigenen Erfindungen zu verlassen, als fremde Technologien zu respektieren. Menschliche Bedürfnisse, auch die nicht-materiellen, finden hier stärkere Beachtung.

6) *Durch SR wird eine vielfältigere Entwicklung möglich.* Es klingt fast tautologisch: Wenn Entwicklung lokalen Bedingungen entspringt und Zusammenarbeit auf dem Prinzip der Solidarität gründet, dann werden lokale Ressourcen *und* lokale Kultur, Werte und Traditionen, unsere Welt vielfältiger gestalten. Self-Reliance ist unvereinbar mit der Nachahmung von Modell-Ländern und steht auch im Gegensatz zur Subversion lokaler Kultur durch die Kultur und Struktur, die im allgemeinen immer den Import fremder Technologien und anderer materieller Errungenschaften begleiten. Einen der wichtigsten Beweise für diese Hypothese liefert das heutige China: Hätte China seine Entwicklung nur allein auf technische Unterstützung, Handel, Technologietransfer etc. eines oder beider Standard-Modell-Länder gegründet, wäre die Welt nur um eine große Kopie reicher. Stattdessen hat die Welt an Vielfalt gewonnen, was all jenen neue Impulse gibt, die nach einer reicheren Grundlage für Entwicklung suchen. Denn SR schreibt weder für den Handel noch für den Austausch von Ideen bestimmte Regeln vor, es ist vielmehr eine Frage der Umstrukturierung und Umlenkung des Ideenflusses sowie mehr ein Lernen durch Kooperation unter Gleichrangigen, als eine Imitation eines (selbst-ernannten) Modells.

7) *Durch SR wird die Entfremdung verringert.* Auch diese Behauptung grenzt an Tautologie: Mit Self-Reliance werden ökonomische Zyklen aufgrund des Prinzips der lokalen Produktion (soweit als möglich) und der horizontalen Solidarität verkürzt. Wie auch immer, es muß darauf hingewiesen werden, daß auch lokale Wirtschaftskreisläufe einen hohen Grad an Entfremdung erzeugen können, sofern sie nicht auf Massenpartizipation und der Produktion für die eigene Bedürfnisbefriedigung beruhen. Es handelt sich also um die Ausschaltung eines negativen Faktors: des vertikalen, weltumspannenden Wirtschaftskreislaufs, der praktisch jedem, der damit in Berührung kommt, unbegreiflich bleibt, mit Ausnahme einiger weniger, die gerade deswegen beträchtliche Macht ansammeln können. Daher läßt sich SR mit den transnationalen Konzernen in ihrer uns heute bekannten Form nicht vereinbaren, wohl aber mit dem Typus einer horizontalen, regionalen Organisation für wirtschaftliche Zusammenarbeit, solange nicht jene Art der Massenpartizipation verhindert wird, bei der die Menschen im allgemeinen auf jene Art und Weise produzieren und konsumieren, daß auch nicht-materielle Bedürfnisse (nach Kreativität, Zusammengehörigkeit, Kompetenzgefühl (sense of competence) (19) befriedigt werden.

8) *Durch SR wird das ökologische Gleichgewicht leichter herstellbar.* Bei einer Verkürzung ökologischer Zyklen werden auch die negativen Konsequenzen auf den Gebieten der Produktion und Konsumtion, d.h. die Erschöpfung der natürlichen Ressourcen sowie die Umweltverschmutzung nicht nur sichtbarer, sondern auch deutlicher. Der Bauer, der im Großen und Ganzen nur das produziert, was er konsumiert, und nicht mehr konsumiert, als er produziert, weiß um die schädliche Kraft von Umweltverschmutzung und Ausbeutung der Natur ebenso, wie um die sich daraus für ihn und seine Nachkommen ergebenden Folgen. Dieses Wissen ruft eine Art negatives Feed-back hervor, so daß er von vornherein versuchen wird, ökologische Probleme an ihrer Entstehung zu hindern. Auch kann die Ausbeutung der Natur nicht in entlegenere Teile der Erde verlagert werden, denn dort wird mittlerweile ebenfalls Self-Reliance praktiziert, und die Rohstoffe nicht mehr bedingungslos abgegeben, es sei denn, an einen Nachbarn, der sich auf einer ähnlichen Entwicklungsstufe befindet. Umweltverschmutzende Abfallprodukte dürfen nicht länger in ein anderes Land, auch nicht in die „freie" (empty) Natur eingelagert werden, weil SR auch Verbundenheit und Partnerschaft mit der Natur bedeutet (dies ergibt sich jedoch nicht zwangsläufig allein aus den ökonomischen Prinzipien der SR). Sicher, es wird auch weiterhin ausgebeutet und verschmutzt werden, wie es die Menschen immer getan haben — unser Argument lautet daher, daß sich in diesem Fall aber mehr Gegner zusammenfinden werden, als wenn Ausbeutung und Verschmutzung des Wirtschaftskreislaufes an irgendeiner weitentlegenen, ungeschützten Stelle stattfinden würden.

9) *Durch SR werden wichtige positive externe Erfahrungen internaliert oder an gleichrangige Nachbarn weitergegeben.* Dies ist in der Tat eines der wichtigsten Argumente zugunsten von SR: Vertrauen in die eigenen Kräfte führt zu einer echten Entwicklung des individuellen und kollektiven Selbst. Wenn man etwas erfindet, das bereits woanders erfunden wurde, geht weit weniger verloren, als wenn man auf die Rolle des ständig Lernenden und Nachahmenden fixiert bleibt. Allgemeiner formuliert: Wie „ungeschickt" (clumsy) man bei der Forschungs- und Entwicklungsarbeit auch sein mag – was immer das heißen mag – es sind die eigenen Fähigkeiten und auch die eigenen Fehler; und es sind die eigenen Fehler und nicht die der anderen, von denen man am meisten lernen kann. Durch den Mechanismus des Austausches mit anderen auf der gleichen Entwicklungsstufe (z.B. der Tausch „primitiver" Traktoren gegen „primitive" Transistoren) werden positive externe Erfahrungen an andere auf der gleichen Entwicklungsstufe weitergegeben, ohne daß wie bisher ein weiterer Beitrag zu dem ohnehin hohen Entwicklungsstandard der zentralen Länder geleistet wird. Unter umsichtiger (inspired) Führung werden die Prinzipien der Umverteilung und Umstrukturierung zu einer gleichmäßigeren Verteilung der externen Erfahrungen innerhalb der heute ausgedehnten globalen Peripherie beitragen.

10) *Durch SR bekommt die Solidarität mit den anderen ein solideres Fundament.* Bei einer Politik der Umverteilung des Handels, die auf lokaler, nationaler und regionaler (Dritte Welt) Ebene materielle Self-Reliance verwirklicht, steht die Solidarität der Peripherie im Brennpunkt. Unter den gegenwärtigen Bedingungen drückt sich dieses Ziel am besten auf der regionalen, zwischenstaatlichen Ebene sowie durch die Intensivierung des *Handels* aus. Später wird durch verstärkte Kooperation und durch innovatives Verhalten, das lokale Bedingungen respektiert, eine dichte, horizontale Infrastruktur als Grundlage echter Autonomie entstehen. Durch gegenseitige Hilfe kann sich die Peripherie aus ihrer Abhängigkeit des Zentrums – durch partielle Abkopplung und wachsendes Selbstvertrauen – lösen, damit würde die gegenwärtige Einteilung der Welt in „Zentrum" und „Peripherie" ihre Gültigkeit verlieren. Aber auf das einheimische (domestic) System der Länder im heutigen Zentrum und der Peripherie angewandt, haben diese Begriffe ihre Aussagekraft jedoch noch längst nicht verloren. Die Prinzipien der Self-Reliance gelten für die Kooperation zwischen Distrikten/Bundesstaaten/Provinzen/Bezirken innerhalb einzelner Länder ebenso, wie für die Kooperation zwischen verschiedenen Ländern. Die Lösung von Distrikten aus der Abhängigkeit von Hauptstädten setzt die gleichen Denk- und Handlungsmuster voraus, wie der entsprechende Prozeß auf globaler Ebene. Grundsätzlich teilen wir die Ansicht derer, die in der Struktur des *globalen* Kapitalismus den Hauptwiderspruch unserer heutigen Welt sehen. Wie auch immer, nach-

dem dieser Widerspruch die notwendigen Bedingungen zur Zerschlagung der inneren (domestic) Strukturen reduziert, bleiben diese bestehen, doch dieser nationale Widerspruch wurde bisher von den internationalen überschattet.
11) *Durch SR wächst die Fähigkeit zum Widerstand gegen eine durch Handelsabhängigkeit bedingte Manipulation.* Aus der Abhängigkeit von Import (z.B. Nahrungsmittel oder Öl) und Export (z.B. Fertigwaren und Kapital) konstituiert sich ein wesentlicher Bestandteil des Abhängigkeitssyndroms. Entscheidungen, die in einem Land getroffen werden (Preiserhöhungen, Exportstop, Importboykott) wirken sich auf profunde Weise auch in anderen Ländern aus. Wirken sich diese Maßnahmen derart aus, daß sich ein Land dem Willen eines anderen unterwerfen muß, kann man von Manipulation sprechen. Gegen diese Art der Machtübernahme kann man sich, wie wir oben bereits ausgeführt haben, nur dann erfolgreich zur Wehr setzen, wenn man in *Krisenzeiten* (z.B. wenn ein Import- oder Exportembargo als Waffe eingesetzt wird) besonders auf dem Gebiet lebensnotwendiger *Gebrauchsartikel* die Fähigkeit *zur Selbst*-Genügsamkeit (Self-*Reliance* allein reicht hier nicht aus) entwickelt. Unter Umständen führt — dies in vielen Fällen zu einer Ökonomie, die auf zwei Ebenen angesiedelt ist — eine reguläre, die auf dem Import von Nahrungsmitteln, Öl und anderer Gebrauchsartikel beruht, und eine Ökonomie der Reserve, mit einer eigenen Form der Nahrungsmittelversorgung, der Energiegewinnung, ihrer Einsparung und Umwandlung. Wegen der offenkundigen Vorteile, die eine derartige Diversifizierung mitsichbringt, wäre eine Kombination von beiden Wirtschaftsmodellen — als eine Politik des „Auf-zwei-Beinen-Gehens" — in Nicht-Krisenzeiten vorzuziehen. Darüberhinaus verwischt sie den Unterschied zwischen den Produktions- und Konsumtionsmustern in gewöhnlichen und ungewöhnlichen Perioden, was zu einem Wandel der Lebensstile und der Entwicklungsmuster beiträgt. Innovationen in der Art von Küchengärten (auf Dachterassen von städtischen Hochhäusern), dreidimensionaler Landwirtschaft, Hydrokultur, Algenkultur, Biogas-Energie, Düngemittelgeneratoren, die Nutzung menschlicher Abfallprodukte kombiniert mit landwirtschaftlichen Abfallprodukten und Konsumtion etc. sollten nicht als Erfindungen in einer Krise betrachtet werden, die man nach deren Ende wieder gegen Strukturen der Abhängigkeit, des Überflusses einer Wegwerfgesellschaft und ökologischen Praktiken mit schwerwiegenden Folgen eintauscht, sondern aus all den oben genannten Gründen als erstrebenswertes Ziel. Einer der (oben genannten) Gründe ist, die Macht der heutigen Peripherie — kollektiv, national und lokal — so zu stärken, daß sie den Import/Export-Manipulationen weniger ausgeliefert ist und dem Druck besser widerstehen kann.
12) *Durch SR wird die Verteidigungsbereitschaft eines Landes erhöht.* Ein dezentralisiertes Land mit vielen Einheiten, die sich in Krisenzeiten selbst versorgen

können, d.h. nicht nur, daß sie die Produktion für ihren Bedarf an Nahrungsmitteln und elementaren Gebrauchsartikeln selbst übernehmen, sondern auch, daß sie eine eigene Führung besitzen, einen eigenen Willen zum Widerstand, ist ein weniger unverwundbares Land. Ein hoher Grad an Verwundbarkeit - einer der Schlüsselbegriffe jeden militärischen Gleichgewichts (und daher bislang kaum untersucht) - macht heute manche Länder real militärisch unhaltbar (indefensible). Japan ist aufgrund seiner äußerst hohen Import/Export-Abhängigkeit, der starken Konzentration aller möglichen Institutionen zur Produktion von Gütern, Dienstleistungen und Entscheidungen entlang der Tokio-Osaka-Linie ein extremes Beispiel dafür. Ist in einem Land die Wirtschaft gemäß den Prinzipien lokaler Self-Reliance organisiert, dann entsteht bei der Vernichtung irgendeines Zentrums, etwa einer Hauptstadt (die gleichzeitig oft das politische/militärische/ökonomische/kulturelle/strukturelle und kommunikative Zentrum verkörpert), kein oder nur ein sehr geringer Domino-Effekt. Ein mehr oder weniger unabhängiges (self-reliant) Land muß Gebiet für Gebiet erobert werden, aber die einzelnen Gebiete besitzen auch nach einer Eroberung noch eine hohe Kapazität, einen paramilitärischen, guerillaartigen Widerstand aufzubauen, wie auch Formen nichtmilitärischer Verteidigung zu entwickeln. Das Wissen um diese Stärke wird einen potentiellen Angreifer abschrecken, wie es wohl im Fall der Konfrontation USA/Cuba und SU/China geschehen ist. Ein Land, das seine eigene Unverwundbarkeit hoch einschätzt, wird sich daher weder vorschnell in irgendwelche militärischen Abenteuer stürzen, militärische Stellungen bedrohen und diese durch den Abschluß militärischer Bündnisse einkreisen, noch irgendwelche Militärbasen und „Linien der Vorwärtsverteidigung" errichten (um den Krieg in größtmöglicher Entfernung vom eigenen verwundbaren Vaterland zu führen). Folglich wird es zu einem weniger aggressiven Land werden. Mit anderen Worten, ebenso wie sich kapitalistisches Wachstum und eine moderne, hierarchisch gegliederte, technokratische Militärorganisation miteinander vereinbaren lassen, läßt sich Self-Reliance als elementare Produktionsweise mit Verteidigungsformen paramilitärischer/guerilla-artiger oder satyagraha-artiger Art und Weise vereinbaren, bei denen die Zivilbevölkerung mobilisiert und weniger verwundbar und klientilisiert ist durch die Abhängigkeit von vertikal strukturierten Organisationen, die abwechselnd in der Regel von den Zentrumsländern und deren militärischer Hard- und Software durch hierarchische Bündnissysteme abhängig sind.

13) *Durch SR als theoretischem Ansatz wird die Gleichheit zwischen der heutigen Peripherie und dem Zentrum wieder hergestellt.* Das Begriffspaar „entwickelt/sich entwickelnd" ist ein Teil des westlichen Syndroms, wonach der Westen seine Entwicklung als abgeschlossen betrachtet und den Rest der Welt als eine Peripherie begreift, die nur danach trachtet, ebenso wie der Westen zu

werden. Das Begriffspaar „unterentwickelt/überentwickelt" löst diese Asymmetrie semantisch dahingehend auf, daß beide Begriffe als *schlecht entwickelt* definiert werden; der eine aufgrund seiner mangelnden Möglichkeiten menschliche Grundbedürfnisse zu befriedigen, der andere, weil er zuviel hat (20). (Es bedarf wohl kaum des Hinweises, daß es auch unterentwickelte Taschen in überentwickelten Ländern und überentwickelte Taschen in unterentwickelten Ländern gibt). Durch die Strategien der SR werden beide zu voneinander weweniger abhängigen Zentren.

Regionale Self-Reliance im heutigen Zentrum ist mehr als nur ein Verteidigungsmechanismus gegen aufkommende regionale Self-Reliance in der heutigen Peripherie: „Wenn ihr uns die Rohstoffe verweigert, werden wir synthetische Stoffe verwenden; wenn ihr eure Ölpreise um das Vierfache steigen laßt, werden wir Atomkraft und alternative Energiequellen erschließen (zusätzlich zu den Norwegischen Ölreserven)" etc.. Die Folgen einer solchen Strategie sind vorhersehbar, und nach und nach wird sich alles wenden, da diese Maßnahmen fast einem Wirtschaftsboykott gleichkommen, und dies die Peripherie zu immer stärkerer Self-Reliance zwingt, wobei mit der Zeit die Begriffe „Zentrum" und „Peripherie" somit an Gültigkeit verlieren. Gelegentlich erzielen die Zentrumsländer mit ihrer gegenwärtigen Praxis zwischenstaatlichen Organisationen (ILO) Geld und Personal zu verweigern bzw. zu entziehen, oder durch das Zurückgreifen auf eigene Organisationen (EG, OECD, ad hoc-Versammlungen etc.) den gleichen Effekt: Damit bahnt sich der Weg für eine Dritte-Welt-Sekretariat, vielleicht entsteht sogar eine Art Vereinte Nationen der Dritten Welt neben (nicht unter Ausschluß) des gegenwärtig bestehenden Systems. Aber Self-Reliance im Zentrum, besonders wenn sie auf lokaler Ebene praktiziert wird,gibt auch dem überentwickelten kapitalistischen Westen eine Gelegenheit,vieles, was in früheren Zeiten verloren ging, wieder zurückzugewinnen: den Sinn zur Bewältigung des lokalen Schicksals, die Mobilisierung lokaler Kreativität, weniger Abhängigkeit von Spezialisten, allgemein weniger Klientel-Beziehungen (clientelization), neue Technologien (vermittelnde, sanfte, angepaßte, humane) mit kleineren Wirtschaftskreisläufen, die stärker auf ökologische Zyklen mittlerer Reichweite ausgerichtet sind, Massenpartizipation und Gesellschaften, die weniger verwundbar gegen militärische Angriffe sind: Kurz alles, was bisher aufgelistet wurde. Eine gewisse Senkung des rein materiellen Lebensstandards ist ein sehr kleiner Preis, der dafür gezahlt werden muß — und in dem Maße, wie sich die Widersprüche zuspitzen, wird die Wahrscheinlichkeit größer, daß die Bevölkerung im Zentrum (nicht nur eine kleine intellektuelle Elite) diesem ‚trade-off' wohlwollend gegenübersteht und seinen Wachstum beschleunigen wird.

Wir sind der Auffassung, daß diesen Argumenten große Bedeutung beizumessen ist, weil sie die politische Theorie und Praxis auf der globalen, nationalen und lokalen Ebene zunehmend beeinflussen. Sobald sie in die Praxis umgesetzt sind ergeben sich auch für die globalen Interaktion im allgemeinen, wie dem Welthandel im besonderen einschneidende Veränderungen, wie sie in der folgenden Tabelle zum Ausdruck kommen:

	Intra-Sektor Interaktion	*Inter-Sektor Interaktion*
Zentrum – Zentrum	Aufwärts	?
Zentrum – Peripherie	?	Abwärts
Peripherie – Peripherie	Aufwärts	?

Nimmt man den Handel als ein Beispiel für ein generelles Interaktionsmuster, tendiert die Hauptbewegung in Richtung auf eine Abnahme des intersektoralen Handels zwischen Zentrum und Peripherie (mit anderen Worten, über die tatsächlich vorhandenen Gefälle im Verarbeitungsgrad hinweg), als Ausdruck einer zunehmenden Tendenz der Peripherie, die eigenen Rohstoffe selbst zu verarbeiten und den eigenen Tertiärsektor, die eigenen Dienstleistungen in Anspruch zu nehmen. Als Resultat, mehr noch als sichtbarer Ausdruck von Self-Reliance, kann man davon ausgehen, daß der intrasektorale Handel (Rohstoffe gegen Rohstoffe, (Halb-)Fertigwaren gegen (Halb-)Fertigwaren, Dienstleistungen gegen Dienstleistungen) sowohl im Zentrum wie auch in der Peripherie wächst. Folglich wird die Peripherie die positiven externen Erfahrungen nicht nur länger bewahren und gerechter unter sich verteilen, sondern die Verlagerung des intrasektoralen Handels bedeutet für sie auch einen besseren Schutz vor Schwankungen der ‚terms of trade'. Es läßt sich nur schwer vorhersagen, was sich in den drei übrigen Spalten der Tabelle ereignen wird, aber eine grundlegende Hypothese wäre, daß mit wachsender Self-Reliance eine derartige Umlenkung und Umstrukturierung des Handels einsetzt, mit der Konsequenz, daß sich das Gesamtbild des Welthandels entscheidend verändern wird. Ob in einem System der Self-Reliance das gesamte Welthandelsvolumen nun wachsen, abnehmen oder etwa das gegenwärtige Ausmaß beibehalten wird, ist eine andere Sache. Wie auch immer, für eine Prognose ist jedoch kaum eine ausreichende Basis vorhanden.

Self-Reliance: Ihre negativen Folgen

Es erübrigt sich, zu erwähnen, daß die nun folgende Aussage auch auf alles bisherige zutrifft: Unsere Überlegungen sind alle sehr hypothetischer Art: Die 13 Grundprinzipien sollen als Hypothesen über die positiven Folgen einer

Politik der Self-Reliance gesehen werden, aber es gibt auch Hypothesen über negative Folgen. Fünf davon wollen wir hier erwähnen:
1) *Durch SR kann die Ungerechtigkeit vermindert werden, aber die Ungleichheiten bleiben.* Es gibt viele Arten der Ungleichheiten, z.b. als Resultat unterschiedlicher Ressourcenausstattung, einer mangelnden Fähigkeit, die Kreativität der Massen zu mobilisieren, oder verschiedener Grade der politischen Mobilisierung der Bevölkerung etc.. SR berücksichtigt Ungleichheit nur insofern, wie sie interaktionsbedingt ist, wenn sie zum Beispiel durch akkumulative unvorteilhafte terms of trade und/oder spin-offs einer vertikalen Arbeitsteilung oder allgemein externe Erfahrungen hervorgerufen wird. Durch SR werden Zentrum-Peripherie-Beziehungen eingeschränkt (und falls das Zentrum entsprechend ärgerlich reagiert, werden diese fast auf Null absinken), aber diese Haltung allein garantiert, daß das, was immer an Ungleichheiten bestehen bleiben mag, nicht interaktionsbedingt ist. Konsequenterweise spricht daher auch – bei gleichmäßig wachsender Autonomie der Armen – vieles für eine globale Umverteilung, die „von den Reichen nimmt und den Armen gibt". Die Politik, die zur Koordinierung dieses Prozesses notwendig ist, muß – gelinde ausgedrückt – äusserst komplexer Natur sein, und diese Komplexität wird als bevorzugtes Argument gegen Änderungen des gegenwärtigen Systems ins Feld geführt, wobei das Zentrum einige Transfers (nicht nur die Stabilisierung der terms of trade) im Tausch gegen die Erhaltung der gegenwärtigen (inter)nationalen Arbeitsteilung verspricht.
2) *Durch SR auf regionaler sowie auch auf nationaler Ebene kann sich die lokale Ausbeutung manifestieren, solange die Basis unverändert bleibt.* Der Begriff ‚Self-Reliance' sollte, bevor die Massen nicht wirklich beteiligt sind, nicht angewendet werden. Nationale und regionale Self-Reliance sollen als Mittel zur Erreichung dieses Zieles gesehen werden: Genauso, wie SR für lokale Einheiten notwendig ist, da diese sonst den transnationalen Unternehmen z.B. völlig ausgeliefert wären, stünde nicht ein gewisser nationaler Schutz zur Verfügung, ebenso wie ein einzelnes Land der Peripherie einer regionalen Solidarität bedarf, um die globalen Strukturen von Handel, Politik, militärischer Aktion, Kultur und Kommunikation zu verändern. Wir plädieren hiermit nicht für Anarchie im Sinne einer Welt, die sich in viele kleine lokale Einheiten teilt, sondern für eine Welt, in der mehr Macht, Initiative und ausreichende Möglichkeiten zur Bedürfnisbefriedigung auf allen Organisationsebenen gleichmäßiger verteilt sind: für die Individuen, Gruppen, lokalen Kommunen, Länder und Regionen. Was allerdings vermieden werden sollte, ist der rhetorische Gebrauch des Begriffs ‚Self-Reliance' mit der Absicht, bestehende Widersprüche zwischen lokalen Eliten und der Bevölkerung zu überdecken.

3) *Durch SR können organische Bindungen zwischen Einheiten verringert werden.* Wir haben immer wieder betont, daß SR nicht mit Isolationismus gleichgesetzt werden darf, sondern mit der Reorganisation der gesamten Infrastruktur. Dennoch hat das Argument, die Welt entsprechend der früheren Einteilung in Zentrum und Peripherie in zwei Hälften zu teilen, ein gewisses Gewicht — kurzfristig mag sich dieser Trend als notwendig erweisen, langfristig muß er jedoch bekämpft werden. Die Politik der SR beinhaltet — für einige Zeit — eine Phase der *Ab*kopplung vom Zentrum, aber auch eine Phase der *An*kopplung, sobald die Bedingungen, z.B. für den intrasektoralen Austausch, auf mehr Gleichheit basieren. Der richtige Zeitpunkt für eine Ankopplung ist dabei allerdings nicht unbedingt dann gegeben, wenn das frühere Zentrum sich bereit erklärt, Fertigfabrikate zu gleichen (Zoll- und zollfreien) Bedingungen zu importieren — das wäre eine sehr einseitige Betrachtung des Problems. Ebenso wichtig ist der Grad an Autonomie und genügend Selbstbewußtsein der Bevölkerung, um einer Herausforderung durch andere auf Self-Reliance gegründeten Einheiten furchtlos standzuhalten.

4) *Durch SR wird die Mobilität unter den Einheiten herabgesetzt.* SR sollte nicht mit einem System der Leibeigenschaft verwechselt werden, das die Menschen geographisch an einen Ort fesselt, noch besteht irgendeine Ähnlichkeit mit Nomadentum. SR sollte mit Mobilität vereinbar sein und sich vornehmlich auf das Prinzip der Solidarität gründen, d.h. auf den Austausch zwischen räumlichen und sozialen Nachbarn. Bei den Chinesen scheint ein hoher Grad an Mobilität zumindest zwischen benachbarten Volkskommunen zu bestehen, was die Möglichkeit gibt, Wissen auszutauschen und den einzelnen Menschen Erfahrungen zugänglich zu machen, d.h. die Basis für ein erfüllteres (reicheres) Leben zu schaffen. Es wäre allerdings nicht legitim und mit dem Ethos von Self-Reliance unvereinbar, die Systeme, besonders das ökonomische System, in einer Weise zu organisieren, daß die Einheit von Experten und/oder dem Import billiger Arbeitskräfte *abhängig* wird (oder von dem Export gewisser Leute und der Retransferierung ihres im Ausland erworbenen Kapitals). Wir möchten noch einmal betonen, daß jedes Prinzip, das eine gewisse Mobilität verhindern will, bedeutungslos wird, wenn es dogmatisch wird, und unter anderem daran scheitern wird, daß unter den Gruppen ein starkes Verlangen nach Kommunikation besteht.

5) *Durch SR kann es zu einer neuen Ordnung zwischen unabhängigen (self-reliant) und nicht unabhängigen (non self-reliant) Einheiten kommen.* Man hört oft den Einwand, daß nicht alle Einheiten weitgehend unabhängig (self-reliant) sein können, China mit seinen Landmassen, seinem Volk und seiner Geschichte habe es da leicht gehabt. Doch hier wird Self-Reliance mit Selbstgenügsamkeit verwechselt und der wichtige Punkt übersehen, daß China Self-Reliance nämlich

innerhalb der eigenen Grenzen praktiziert, wahrscheinlich mit der Konsequenz, daß der innerchinesische Handel weniger ausgeprägt ist, als es vergleichsweise in der kapitalistischen Ökonomie in einem Land derselben Größe und mit dem gleichen Entwicklungsstand im herkömmlichen Sinne der Fall wäre. Nichtsdestoweniger ist es offenkundig ein Problem, eine exakte Beschreibung von weitgehend unabhängigen (self-reliant) Einheiten zu geben. Sie sind entweder sub-national oder auch supra-national (nordische Länder, Andenpakt, etc.) — und da SR sowohl eine psycho-politische wie auch sozio-ökonomische Kategorie ist, spielen alte kulturelle Grenzen, ethnische Gruppierungen etc. eine wichtige Rolle. Seit die ‚Integration' ethnischer Minoritäten (die manchmal die Majorität einer Bevölkerung bilden) bei der Entstehung eines Nationalstaates ein Teil des allgemeinen Zentrum-Peripherie-Syndroms ist, muß die Idee der Self-Reliance auch im Zusammenhang verstärkter Autonomiebewegungen dieser Gruppen gesehen werden — und es gibt viele derartige Bestrebungen auf der ganzen Welt.
Ein sehr konkretes Problem mit dem wir uns zum Schluß näher auseinandersetzen wollen, wurde in den vorangegangenen Abschnitten im wesentlichen ausgeklammert: das der Größe einer weitgehend unabhängigen (self-reliant) Einheit im bezug auf die Zahl ihrer Mitglieder.
Viele Gründe sprechen dafür, dieses Problem auf sich beruhen zu lassen. An erster Stelle die Furcht vor Dogmatismus: eine festumrissene Vorstellung wie ‚die Größe einer weitgehend unabhängigen (self-reliant) Einheit *muß* etwa zwischen 500 und 50 000, vorzugsweise 5 000 Mitglieder betragen', wird die menschliche Kreativität und soziale Phantasie eher lähmen als freisetzen. Auch dominiert die Ansicht, daß Self-Reliance sich nicht allein auf die lokale Ebene erstrecken soll. Lokale Self-Reliance allein würde die Einheit zu verwundbar machen — z.B. durch die Penetration transnationaler Unternehmen. Entsprechend läßt sich sich behaupten: Der Schutz, den gewisse Mechanismen nationaler Self-Reliance den lokalen Einheiten gewähren, kann zugleich den lokalen nationalen Eliten als Freibrief dafür dienen, ihre Massen auszubeuten. Ebenso kann regionale Self-Reliance die Dritte Welt auch auf ihrer regionalen und subregionalen Ebene der Ausbeutung durch potentielle Herrschaftsmächte aussetzen. Daher lautet unser Gedankengang, ebenso wie lokale durch nationale, und diese durch regionale Self-Reliance geschützt werden muß, ist der Sinn und Zweck, die *raison d'être* der beiden letztgenannten für die Entwicklung lokaler Self-Reliance ein solides Fundament zu bilden. Und die *raison d'être* dieses wiederum ist dann die Verwirklichung menschlicher Self-Reiance, d.h. die Self-Reliance des Individuums und/oder der Gruppe.
Aber all dies wirft die Frage nach der Größe lokaler Einheiten auf. Jede Theorie auf diesem Gebiet geht offensichtlich von zwei Grundüberlegungen aus. Zum einen stellt sich das Problem der *Lebensfähigkeit*: Wie sehr man auch beteuert, daß

Kooperation und ein gewisser Handelsaustausch mit anderen Einheiten keineswegs ausgeschlossen werden, so ist in der Idee lokaler Self-Reliance doch auch ein *gewisses* Moment der Selbstgenügsamkeit enthalten, und dies wird offensichtlich nur durch ein kleineres Ausmaß, *eine minimale Größe*, erreicht. Wenn von 2 000 armen Farmersfamilien jede nur ein Morgen Land besitzt, dann sind weder die einzelnen Farmen noch alle 2 000 zusammen lebensfähig. Legt man diese 2 000 Morgen Land jedoch zusammen, läßt 1 000 Familien das Landbestellen und beschäftigt je 500 Familien in Kleinbetrieben und 500 im ‚Tertiärsektor', dann wird sich diese Einheit, von sagen wir 10 000 Personen als durchaus lebensfähig erweisen. Konkret kann dies ein *Zusammenschluß mehrerer Dörfer* sein, und wenn wir beispielsweise einmal annehmen, daß es in Indien 600 000 Dörfer gibt, von denen 300 000 weniger als 300 Einwohner haben, dann könnte ein Verband etwa 20 Dörfer umfassen – möglicherweise ließen sich diese nach chinesischem Muster in Brigade- und Team-Einheiten oder etwas Entsprechendes unterteilen. Demnach gehören zur Lebensfähigkeit einer Einheit mindestens zwei Komponenten: eine innere Struktur, die den rationalen Einsatz aller Ressourcen erlaubt und eine minimale Größe. Dabei ergibt sich aber zum anderen das Problem der *maximalen Größe*, verknüpft mit der Frage nach *Sinn, Identität und Partizipation*. Welche maximale Größe garantiert nun die gewünschte/benötigte Form einer Basisdemokratie, an der jeder Einzelne sinnvoll partizipieren kann? Die klassische Antwort lautet selbstverständlich, daß dieses Ziel nur durch den Aufbau aufeinanderfolgender Ebenen, einer vertikalen Hierarchie mit indisrekter Verbindung nach oben, unter Umständen auch durch direkte Wahlen der wichtigsten politischen Führer, wie etwa des Präsidenten, zu verwirklichen ist. Aber zuviel davon ist nicht Self-Reliance, zu schnell wird daraus Abhängigkeit von anderen. Das Prinzip Machtdelegation – auch fundamentaler, entscheidender Macht – enthält die Möglichkeit, Self-Reliance den Massen vorzuenthalten und sie an die Eliten zu delegieren. Das System mag demokratisch sein, ses ist aber kein Self-Reliance-System.

Das Problem ist nun, wie lassen sich alle zum Zweck der Entscheidungsfindung sinnvoll zusammenführen, d.h. wieviele Menschen können bei einer Versammlung zusammenkommen, in der alle miteinander reden, sich zu Wort melden und schließlich zu einer Entscheidung gelangen - ganz gleich, ob nun gemäß dem individualistischen westlichen Modell oder einem entsprechenden Konsensusmodell gewählt wird, das mit vielen anderen Kulturen vereinbar ist. Die Zahl liegt eindeutig über 500 aber unter 50 000. Auf der Welt finden Nationalversammlungen mit mehr als 500 Menschen statt, und selbst wenn die wichtigsten Entscheidungen in dieser Gruppe nur von einer kleinen Clique getroffen werden, so wird es zumindest in einigen entscheidenden Fragen zu einer Art kollektiver Entscheidungsfindung kommen. Auch eine Versammlung von 5 000 Menschen in einem Stadion oder einer Sportarena läßt sich in 10 oder 50 Arbeitsgruppen aufteilen. Mit Hilfe des Kabelfernsehens oder dem Einsatz von Walkie-Talkies läßt sich auch in Massenversammlungen für eine große Anzahl von Menschen ein gegenseitiger, sichtbarer und hörbarer Kontakt, eine Art Dialog, herstellen. Uns geht es hier vor allem um den *Dialog*, er enthält zumindest die Möglichkeit einer Position-Gegenposition-Reaktion, und wenn diese drei Rollen mit immer neuen Akteuren besetzt werden, läßt sich das Ganze beliebig wiederholen.

Wie auch immer, in einer Versammlung derartig vieler Menschen ist ein echter Prozeß der Entscheidungsfindung jedoch kaum möglich. Eine Anzahl von 50 bis 500 Personen erscheint uns realistischer, möglicherweise bildet sich ein Fünfer-Kommittee (das klassische *panchayat*), das diesen Prozeß unterstützt, ohne gleichzeitig alle Macht auf sich zu vereinen. Damit sind wir dem chinesischen Modell ganz nahe, hier scheint das *Team*, und nicht die Kommune die Grundeinheit für Arbeit, Verantwortung und Entscheidungsfindung zu sein — sie besteht etwa aus der genannten Anzahl von Personen (meist sind es 2-300). Dies ist auch eine ‚natürliche' Einheit in dem Sinne, daß sie der Größe vieler Dörfer in weiten Teilen der Erde entspricht (21). Allein ist sie nicht lebensfähig, daher müssen sich die Dörfer zu größeren Einheiten zusammenschließen, die dann die Kommunen *bilden*. Wenn man davon ausgeht, daß 80% der chinesischen Bevölkerung, die mittlerweile etwa 900 Millionen Menschen umfaßt, in ca. 70 000 Kommunen zusammenleben, dann hat eine Kommune ungefähr 10 000 Mitglieder — diese Größe scheint die Lebensfähigkeit einer Einheit zu garantieren. Hier ist nun ein interessanter Punkt: Zur elementarsten Lebensführung, der einfachsten Form der Nahrungsmittelproduktion und der Partizipation an der *Basis*, ist das Team als Einheit sowohl notwendig als auch ausreichend, doch Dienstleistungen, wie Gesundheitswesen und Erziehung oder der Aufbau einer Kleinindustrie etc., können nur von einer größeren Einheit getragen werden. Andererseits ist auf dieser Ebene direkte Demokratie für den alltäglichen Entscheidungsprozeß nicht unbedingt erforderlich, solange sie nur in irgendeiner Form vorgesehen ist — und auch für diesen Zweck darf diese Einheit nicht zu groß sein und nicht mehr als 10-20 000 Familien umfassen, wie es in den Empfehlungen der Richtlinien anläßlich der Gründung der Volkskommunen im Jahre 1958 lautet (die eigentliche Durchschnittsgröße ist allerdings wesentlich kleiner, diese Zahl dient lediglich der maximalen Größenangabe).

Wir sind damit zu einigen Aussagen über die minimale und maximale Größe einer Einheit gelangt. Eine optimistische Schlußfolgerung wäre, das Minimum unter dem Maximum anzusetzen — sozusagen mit der positiven Aussicht auf genügend Freiräume für soziale Experimente. Man beachte, wie sehr wir uns mit diesen Forderungen von der Theorie und Praxis der modernen Nationalstaaten entfernen. Auf der einen Seite finden wir die Ideologie des ökonomischen Gleichgewichts, und den Wunsch, Größe und internationale Bedeutung zu erlangen, auf der anderen Seite herrscht die ideologische Vorstellung, daß ein wirklich menschlicher Kontakt nur innerhalb kleiner Gruppen entstehen kann, etwa in der Familie oder in einem Kollektiv der Größenordnung 10^1 – sicherlich nicht in einer Größenordnung von 10^2 und 10^3 oder sogar 10^5, wie wir sie weiter oben diskutiert haben. Natürlich trifft in gewisser Weise zu, daß die kapitalistische Produktion einen gewissen Markt voraussetzt, Machtpolitik eine gewisse Größe – zumindest wenn bereits einige Großmächte existieren. Aber ein gewisser Typus menschlichen Kontakts kann sich wohl nur in kleinsten Einheiten entfalten, die bekannteste dürfte die Zweierbeziehung zwischen den Geschlechtern (bisexuell dyade) sein – dies trifft wahrscheinlich auch auf China zu (obwohl es hier über Zweierbeziehungen nur wenige Aussagen gibt). Doch der Kernpunkt ist, daß wir hier eine Ideologie aufstellen, und nicht Naturgesetze. Die Ideologie mit der der moderne Machtstaat seine Bevölkerung in viele kleine Einheiten, wie Familie und Individuen zersplittert, und seine Macht in regelmäßigen und unregelmäßigen Abständen willfährig ‚delegiert', läßt sich mit einem starken Zentrum-Peripherie-Gefälle kultureller, politischer und ökonomischer Art bestens vereinbaren, aber sie ist sicherlich nicht die einzige Möglichkeit, menschliche Existenz zu organisieren. Es gibt andere, unabhängigere (self-reliant) Wege, und wenn sich unsere heutige Technologie mit kleineren Einheiten nicht verträgt, dann müssen wir diese ändern und dürfen uns nicht von ihr in eine Richtung drängen lassen (22).

Anmerkungen

1) Dazu Roland Berger, "Self-Reliance, Past and Present", *Eastern Horizon*, Vol. IX, Nr. 3, pp. 8-24. Vgl. auch "The Role of Self-Reliance in Alternative Strategies for Development", Arbeitspapier anläßlich der 25ten Pugwash Konferenz (Madras, 13. - 19. Jan. 1976), vorgelegt von Ashok Parthasarathi; die Zusammenfassung verfaßte der amtierende Generalsekretär von Pugwash. Einen besonderen Aspekt von Self-Reliance macht Surenda J. Patel zum Gegenstand seiner Analyse in "Collective Self-Reliance of Development Countries" (WFUNA Annual Summer School, Grundsatzpapier Nr. 8). Eine Darlegung der allgemeinen Philosophie der Self-Reliance findet sich auch in der Erklärung von Cocoyoc (Deutsch: in Jonas, R. / Tietzel, M.: Die Neuordnung der Weltwirtschaft. Bonn – Bad Godesberg 1976, S. 207-214). Siehe auch Mao Zedongs Ideen zur Self-Reliance in: Ausgewählte Werke, Vol. III, p. 241 und Vol. IV, p. 20.
2) Dies ist ein grundlegendes Thema des an der Universität Oslo, Lehrstuhl für Friedens- und Konfliktforschung durchgeführten Forschungsprogramms über „Entwicklungszüge westlicher Zivilisation".
3) Hier hat sich der Begriff „Neo-Kolonialismus" durchgesetzt; das Phänomen umfaßt jedoch weit mehr; in Wirklichkeit handelt es sich um Imperialismus, der nicht länger durch einen militärisch-politischen Kolonialismus im klassischen Sinne getragen wird.
4) Zitat aus der Erklärung von Cocoyoc:
„Das Ideal, das wir brauchen, ist eine harmonische, auf Zusammenarbeit ausgerichtete Welt, in der jeder Teil ein Zentrum ist, das auf niemandes Kosten lebt, in Partnerschaft mit der Natur und in Solidarität mit künftigen Generationen."
5) Macht wird hier demnach als eine *Beziehung* zwischen Sender und Empfänger definiert und nicht als etwas potentiell Machtvolles, das nur der Sender ausstrahlt.
6) Man sollte äußerst vorsichtig mit Konzepten wie „die Vierte Welt" umgehen, mit der man gewöhnlich die Spaltung innerhalb der Dritten Welt dokumentiert. Andererseits besteht auch kein Grund, die Herausbildung gewisser Dominanzstrukturen innerhalb der Dritten Welt zu verschweigen. Der Begriff „Vierte Welt" würde jedoch an Bedeutung gewinnen, wenn man ihn *innerhalb* aller Drittweltländer auf die weite Peripherie der Peripherie anwenden würde, statt wie bisher auf eine Gruppe von Ländern, d.h. die 25 sog. "least developed countries", beschränken würde.
7) Wahrscheinlich ist diese Beziehung rein zufällig. Sie ist zwar nicht absolut notwendig, doch daß sie nicht absolut hinreichend ist, zeigt heute der Fall Algeriens und wahrscheinlich auch der der Sowjetunion. In beiden Fällen ging der Unabhängigkeit und dem Übergang zum Sozialismus eine Phase härtester Kämpfe voraus, trotzdem hat keins der beiden Länder Self-Reliance verwirklicht.
8) Die UNCTAD 77 stellt daher mehr dar als nur eine Organisation globaler Verständigung und kollektiver Abkommen; sie ist auch der Rahmen, innerhalb dessen sich gegenwärtig neue Strukturen der Kooperation herausbilden.

9) Dieser Gedanke wurde teilweise in dem Buch von J. Galtung und Fumiko Nishimura, "Learning from the Chinese People" (Oslo 1975), Kapitel 4, ausgeführt. (Deutsch: Von China lernen? Opladen 1978)
10) Hier wird die westliche Sorge über den Verlust an Effizienz bei unterschiedlichen Innovationen und Re-Innovationen sichtbar. Durch „Koordination und Dokumentation" wird mit äußerster Anstrengung versucht, diesen Verlust zu verhindern. Ohne den Wert dieser Anstrengungen auf einigen Gebieten schmälern zu wollen, muß man doch auf die Tatsache hinweisen, daß dies nur die Stellung des Zentrums weiterhin festigt, da es über die besseren Möglichkeiten verfügt, z.b. in reinem F und E, Wissenschaft und Technologie; Begriffe, die zur Entwicklung neuer Wissenschaften und Technologien führen können.
11) Wir wollen hier keinen absolut dogmatischen Standpunkt einnehmen, in dem Sinne, daß nur noch für den Gebrauch und nicht für den Tausch produziert werden soll. In der Produktion für den Gebrauch und für andere ist immer auch ein Moment des Tausches enthalten, so daß es schwer fällt, beide voneinander abzugrenzen. Doch die Vorstellung einer Produktion für Ziele, die der Gesellschaft als Ganzes dienen, einschließlich der Befriedigung materieller Grundbedürfnisse der eigenen, wie der anderen Person, wird als wesentlicher Teil eines Konzepts der Self-Reliance begriffen.
12) Aus einer der wenigen zutreffenden Aussagen über den Kapitalismus geht hervor, daß sich kapitalistische Strukturen nicht nur in den Ländern mit einem dominanten Privatsektor durchsetzen, sondern auch in Ländern, deren Wirtschaft vornehmlich auf Handel basiert, unabhängig davon, ob der Schwerpunkt im privaten oder öffentlichen Sektor liegt.
13) Gandhi gilt als einer der Ideologen und Praktiker von Self-Reliance. Sein *sarvodaya* (lokale Ebene) und *swadeshi* (auf die nationale Ebene angewandt) Konzept knüpft an die Existenz eines lokalen Kapitalismus, der einer normativen Regulierung durch die „horizontale" Interessenlage der Kasten unterworfen ist.
14) Myrdal argumentiert, daß sich dieses Konzept wahrscheinlich im Zusammenhang mit den Ländern als sinnvoll erweisen wird, die einen ähnlichen Entwicklungsstand aufweisen und die durch den Austausch von Gütern, die grob gesagt auf ähnlicher Ebene hergestellt werden, den äußeren Einfluß soweit ausbalancieren können, daß die "terms of trade" relativ stabil bleiben.
15) Berger, op.cit., p. 9 – Das Zitat entstammt einem Telegramm Maos an ein lokales Hauptquartier aus dem Jahre 1948.
16) Vgl. dazu die äußerst interessante Analyse von K.N. Raj u.a., "Poverty, Unemployment and Development Policy – A Case Study of Selected Issues with Reference to Kerala (Trivandrum, March 1975). Die Autoren treten dafür ein, daß Nahrung lokal produziert werden soll, um die Kosten für die Bevölkerung niedrig zu halten und um alle marginalen Ressourcen voll ausschöpfen zu können.
17) Wahrscheinlich wird der Wandel erst dann richtig in Gang gesetzt, wenn die reichen Länder begreifen, daß der Ruf nach einem neuen, weniger konsumorientierten Lebensstil nicht nur „eine Reaktion auf sich verändernde Handelsstrukturen" ist, sondern mit dem Ruf nach höherer Lebensqualität identifiziert werden muß.

18) Auf der individuellen Ebene steht dieses Paradigma für die Art und Weise, in der die meisten Menschen aufwachsen, nach einer Phase der Ablösung von der elterlichen Autorität entwickeln sie davon unabhängiger ihre eigene Persönlichkeit mit Hilfe eines "trial and error" Systems. Aus elterlicher Sicht sind dies die sog. „schwierigen Jahre" und „Pubertätskrisen".

19) Da eine Definition dieser kurzlebigen, höheren und nichtmateriellen Bedürfnisse sehr schwierig ist, werden sie in rein ökonomischen Analysen meist nicht berücksichtigt. Eine überzeugende Darstellung des durch die Arbeitsbedingungen in entwickelten Ländern sichtbar werdenden hohen Maßes an Entfremdung gibt Studs Terkel, Working, New York, Avon Books, 1972.

20) Vgl. dazu: J. Galtung u.a., "Measuring World Development", Arbeitspapier Nr. 11, Lehrstuhl für Friedens- und Konfliktforschung, Universität Oslo, 1974.

21) In seinem Artikel über Quiroga, in: *The Americas*, Vol. 14, Nr. 1, pp. 57-86, zitiert Lacas einige Ergebnisse von Doxiades, u.a., daß es auf der Welt $14 \cdot 10^6$ menschliche Siedlungen gibt, daß 53,5 % der Weltbevölkerung auf dem Lande wohnt; der Anteil alleinstehender Gehöfte macht $4 \cdot 10^6$ aus und der ländlicher Siedlungen mit weniger als 5000 Einwohner $1 \cdot 10^6$. Darüber hinaus gibt es 32.700 Siedlungen mit mehr als 5000 Einwohnern, 1.460 über 10^5, 141 mit mehr als einer Million und drei Megalopolis (mit mehr als 10 Mio). Diese Daten sind längst überholt, aber die Schlußfolgerungen haben ihre Gültigkeit noch nicht verloren: *normalerweise* — im Sinne von Häufigkeit — leben die Menschen in relativ kleinen Siedlungen.

22) In: "Who Knows What Primitive Instincts Lurk in the Heart of Modern Corporation Man?", *New York*, 20 Sept. 1971, kommt Anthony Jay nach einer Untersuchung unterschiedlich großer Organisationsformen zu dem Schluß, daß (p. 35) eine Anzahl von 500 das Maximum darstellt, um Partizipation und sinnvolle politische Entscheidungsfindung zu gewährleisten. Darüberhinaus scheint eine zunehmende Bürokratisierung, Stereotypisierung von Denken und Handeln unvermeidlich. Nach Jay entspricht diese Größe die der in Australien lebenden Stämme, der Kriegstruppen römischer Heere, die sich nach Ansicht der Exekutive noch „verwalten" läßt (dies darf nicht mit dem oben entwickelten Konzept der Partizipation verwechselt werden): diese Größe wiesen auch die berühmten französischen Heiratszirkel auf, aus denen man seine Braut wählte (1100 befanden sich auf dem Lande, 900 in Paris: offensichtlich stand einer jungen Person aus Paris nicht ganz Paris offen, sondern nur ein ganz kleiner Teil, der dem Raum entspricht, der einem jungen Menschen auf dem Lande zur Verfügung stand). Diese Größe entspricht der menschlichen Fähigkeit, Information zu empfangen und auszusenden — wir wollen uns jedoch nicht auf irgendeine Größe festlegen, da diese Fähigkeit unter Umständen von Faktoren abhängt, über die unsere Kenntnis bis heute nocht nicht ausreicht.

III. Self-Reliance als Technologie *

Heute ist viel die Rede davon: „Der Mensch soll Herr der Technik, und nicht ihr Sklave sein" und „Die Technik habe sich im Einklang mit der Natur zu befinden".
Eine kürzlich erschienene UNEP-Studie (1) unterteilt die bislang vorgebrachte Kritik an der westlichen Technologie (2) in folgende drei Bereiche: ökologische, ökonomische und soziale Einwände. Wir vertreten hier die Ansicht, daß Unterteilungen dieser Art, so hilfreich sie sein können, der gegenwärtigen Fragmentierung der Universitäten in Fakultäten und Instituten zu sehr gleichen und daß an ihre Stelle grundsätzlichere Betrachtungen über die *Bestimmung des Menschen*, dem diese Technologie eigentlich dienen soll, treten müssen. Da jedoch unser Denken bereits so stark von derartigen Formel geprägt ist, werden auch wir nicht ganz ohne sie auskommen. Allerdings mit dem Unterschied, daß die uns bewegende Motive unsere Gedanken in menschlichere, weniger akademische Bahnen lenken:

Tabelle 1: *Forderungen an die Technologie*

Sinn und Zweck der Technologie ist:
Die Befriedigung menschlicher Grundbedürfnisse:

materielle:	Nahrung, Kleidung, Unterkunft, medizinische Versorgung, Schulbildung, Transport/Kommunikation	*ökonomische*
nicht-materielle:	Kreativität, Identität, Autonomie, Gemeinschaft, Partizipation, Selbstverwirklichung, Sinn	

Notwendige Bedingungen:

strukturelle:	Gleichheit, Autonomie, Solidarität, Partizipation, Integration	*soziale*
ökologische:	Ökologisches Gleichgewicht	*ökologische*

---

* Dieses Kapitel ist Teil eines Buches, das die UNCTAD, Genf, 1980 herausgab. Ich möchte an dieser Stelle der Abteilung „Technologietransfer", UNCTAD, besonders aber ihrem Leiter, Surendra Patel, für den anregenden wissenschaftlichen Forschungsaufenthalt, wie auch für die Publikationserlaubnis danken.

Auf den Gebieten der Entwicklung, Ökologie und Technologie kann keine brauchbare Theorie und Praxis entwickelt werden, wenn diese Forderungen so unterteilt werden, als würden sie von unterschiedlichen Disziplinen untersucht, von verschiedenen Interessensgruppen unterstützt, oder durch jeweils andere Techniken befriedigt; das kann nur ein integrierter Ansatz leisten. Die Alternative zu der gegenwärtig dominanten Technologie — die ausschließlich der Befriedigung der materiellen und nicht-materiellen Grundbedürfnisse einer Weltelite dient, während die Grundbedürfnisse des größten Teils der Menschheit weitgehendst vernachlässigt werden, und die zudem ausbeuterische, abhängigkeitsfördernde, fragmentalisierende, marginalisierende und segmentalisierende Strukturen hervorbringt, von ihrem umweltzerstörenden Charakter ganz zu schweigen — wäre nicht, für eine Technologie einzutreten, die nur *materielle* Grundbedürfnisse befriedigt, oder für eine Technologie, die dem, der sie anwendet, nichts anderes als Identität verleiht; eine Technologie, die *strukturell perfekt* ist, aber nicht produzieren kann; oder eine äußerst sanfte und *umwelt*freundliche Technologie, die so sanft ist, daß sie die *Umwelt* völlig intakt läßt — einschließlich der Möglichkeit, daß auch die hungernden Menschen auf eine angemessene Weise existieren können. Was Not tut, ist ein eher holistischer Ansatz.

Unsere Forderungen an die Technologie wären: Sie soll der Produktion für die Befriedigung der materiellen Grundbedürfnisse aller Menschen dienen, das ökologische Gleichgewicht wahren, was sich strukturell auch mit der Befriedigung grundlegender nicht-materieller Bedürfnisse verträgt — und zwar für alle Menschen. Um diesen hohen Anforderungen zu entsprechen, können wir allerdings nicht bei den Verfahrensweisen (techniques) beginnen, sondern müssen beim Sinn und Zweck der Technologie ansetzen; erst von dort aus lassen sich die Methoden mehr oder weniger ableiten. Da in der Vergangenheit der umgekehrte Weg gewählt wurde, muß hier nun der Eindruck entstehen, als würde das System durch derartige Forderungen über-determiniert; für unseren Zusammenhang stellt sich daher die Frage, wie erhalten wir eine Technologie, die sowohl die materiellen wie auch die nicht-materiellen Bedürfnisse befriedigt, und die sich zugleich mit einer horizontalen Struktur und einem ökologischen Gleichgewicht verträgt? Die Antwort lautet wahrscheinlich, daß erstens die scheinbare Über-Determinierung eher einem analystischen Ansatz entspringt, der seine Forderugen an die Technologie in viele Faktoren aufsplittet, statt einen holistischeren Ansatz zu wählen, der uns die Lösungen intuitiv „erfassen" läßt, und zweitens, daß es wahrscheinlich unmöglich ist, allen Forderungen vollkommen gerecht zu werden — noch daß uns dies notwendig erscheint. Wir suchen nicht nach einer perfekten Lösung; nur Ideale sind vollkommen.

Die Frage ist nur, ob sie sich in einer gefährlichen Weise von ihnen entfernt hat, und ob die Wirklichkeit genügend Widersprüche enthält, um sich dynamisch fortzuentwickeln. An dieser Stelle wird die Bedeutung des *Alpha/Betas-Mix* sichtbar, allerdings nicht nur als ein Versuch, des „auf zwei Beinen Gehens", um das Beste aus beiden Welten (3) zu übernehmen, sondern als ein Mittel, um sicherzustellen, daß das Ergebnis nicht eine Struktur ist, die stagniert (obwohl sie viele lokale Orte mit staiblem Gleichgewicht erhalten kann), sondern auf eine Art und Weise widersprüchlicher Natur ist, die sie progressiv-dynamisch macht. Es erübrigt sich hier zu erwähnen, daß die Chinesen Meister auf diesem Gebiet gewesen sind – jedenfalls bislang (4).

Die Alpha-Beta Strukturen

Wir gehen im folgenden von einem strukturellen Ansatz aus, denn unsere These lautet, daß Strukturen, entgegen allen Annahmen, sie seinen schwer veränderbar, nicht destoweniger viel flexibler sind als menschliche Bedürfnisse oder Naturgesetze. Vergegenwärtigen wir uns ferner die wesentlichsten Züge der herrschenden Strukturanalyse anhand der beiden Grundstrukturtypen, die in jeder Gesellschaft dialektisch aufeinander bezogen sind:

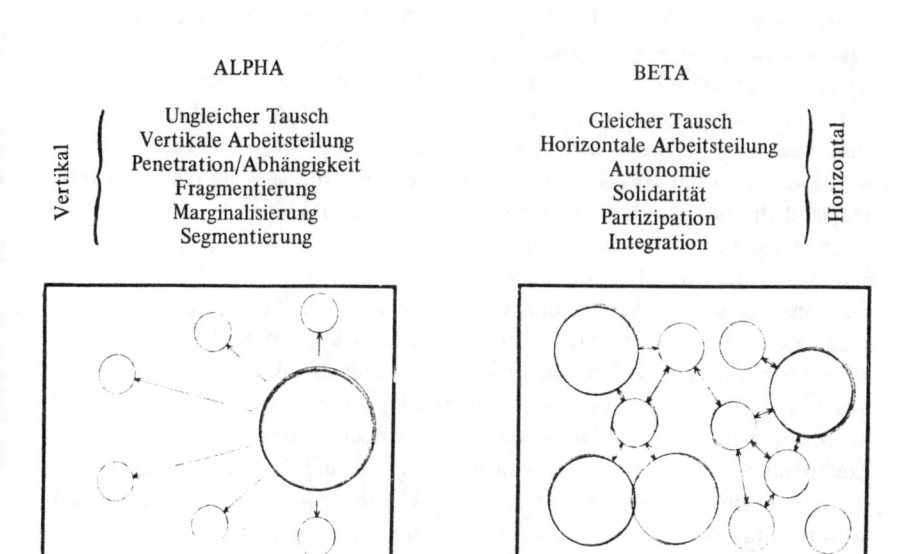

	ALPHA	BETA	
Vertikal {	Ungleicher Tausch Vertikale Arbeitsteilung Penetration/Abhängigkeit Fragmentierung Marginalisierung Segmentierung	Gleicher Tausch Horizontale Arbeitsteilung Autonomie Solidarität Partizipation Integration	} Horizontal

Erstere Struktur verkörpert unverkennbar die Art und Weise, in der sich der moderne Staat organisiert; dies ließe sich am Beispiel eines Flugnetzes darstellen, das sich über eine Hauptstadt erstreckt; letztere besteht dagegen aus vielen kleinen Einheiten, die mehr oder weniger (und dann auf symmetrische Weise) miteinander verbunden sind, oder aber garnicht. Die erste Struktur spiegelt die Situation wieder, in der ein modernes Land offiziell einem Angriff von Außen mit einer vertikal organisierten Armee begegnete; letztere erweist sich (z. B. nach einer Okkupation) als die echte Struktur der Verteidigung und des Widerstandes vieler kleiner bewaffneter und unbewaffneter Gruppen. Tatsächlich besteht keine Notwendigkeit, die Strukturen näher auszuführen; sie sind jedem Menschen, der in einer modernen Gesellschaft lebt, hinreichend bekannt (5).

Staatliche Organisationen, moderne Aktiengesellschaften, wie sie für den Privat- oder Staatskapitalismus typisch sind, fast alle großen Organisationen, die internationale Struktur etc., sie alle sind nach dem ersten Muster aufgebaut. Beispiele für den letzteren Typ lassen sich dagegen nur sehr schwer finden, und wenn, dann nur auf der gesellschaftlichen Mikro-Ebene, sehr häufig auf der „inoffiziellen" Ebene: nicht die Familie als solche, sondern vielleicht einige Familien, Paare oder verwandtschaftliche Gruppen (die Struktur der Familien ist meist zu vertikal), Gruppen von Freunden, Kollegen, viele Vereine und natürlich *ujamaa/sarvodaya*-Dörfer, die Volks- und Jugendkommunen etc. Das „inoffizielle" Aussehen der Beta-Strukturen ist Folge einer geringeren Prägung durch westliche Techniken, daher verkörpern sie reinere Formen menschlicher Beziehungen, wie sie die Hälfte der Menschheit praktiziert – die Frauen. Es wäre jedoch falsch, hieraus abzuleiten, daß menschliche Beziehungen notwendigerweise horizontal werden, wenn man sie nur sich selbst überläßt: es lassen sich genügend Beispiele von Ländern mit einer vertikalen Struktur anführen, ohne daß diese je von westlichen Techniken berührt wurden. Präziser formuliert, ein Dorf kann ebenso vertikal sein, wie irgendeine globale Alpha-Struktur haben, d. h., daß der Alpha-Aspekt dominiert. Begrenzte Größe, sogar geringes Ausmaß ist eine notwendige, aber nicht ausreichende Bedingung, damit sich Beta-Strukturen entfalten können.

Die wesentlichen Einwände, die wir hier gegen Alpha-Strukturen vorbringen, lassen sich an dieser Definition ablesen; sie sind implizit zugleich Argumente für Beta-Strukturen. Auf keinen Fall können Alpha-Strukturen nicht materielle Bedürfnisse befriedigen. Vertikale Arbeitsteilung bringt ein hohes Maß an Entfremdung mit sich, und weist daher eine äußerst ungleiche Verteilung von Kreativität auf; die Entstehung von Penetrations- und Abhängigkeitsstrukutren verhindert ein Wachsen von Identität und Autonomie; eine fragmentierende Struktur läßt kein Gefühl der Zusammengehörigkeit aufkommen; eine segmentierende Struktur läßt sich weder mit Selbsterfüllung noch mit einer Suche nach dem Sinn des Lebens vereinbaren; eine marginalisierende Struktur macht jede Partizipation unmöglich. Hinzu kommt – als eher empirische Annahme – daß einer materiellen Bedürfnisbefriedigung in der Peripherie entgegengearbeitet wird, und daß das ökologische Gleichgewicht des gesamten Mensch/Natur-Systems nicht nur durcheinandergebracht, sondern auch zerstört wird. Ein Leben in synchroner Solidarität mit allen Menschen auf der Erde wie einer diachroner Solidarität mit zukünftigen Generationen (6) wird so unmöglich, da die Struktur nicht nur eine Zentralisierung des Raumes aufweist (zum Vorteil der wesentlichen Zentren und zu Lasten der Peripherie), sondern auch der *Zeit* (zu Gunsten gegenwärtig lebender Generationen und zu Lasten zukünftiger Generationen).

Es lassen sich aber auch wesentliche Argumente für die Alpha-Strukturen vorbringen, die sich aus den Einwänden gegen Beta-Strukturen ergeben. Erstens: ihr begrenzter Umfang (sofern die in der Definition enthaltenen Bedingungen ernst genommen werden) erschwert einen Austausch der von der Natur vorgegebenen Unausgewogenheit von Zeit und Raum. Eine *Alpha-Struktur wirkt potentiell ausgleichend*, da sie die Möglichkeit hat, Rohstoffe, die in einer Gegend in Fülle vorkommen, an einen anderen Ort zu bringen, wo Mangel daran herrscht; auf diese Weise gelingt es ihr, die Asymmetrien in der ökonomischen Landschaft dieser Erde, die durch Naturkatastrophen verursachten Schäden, ebenso wie die jahreszeitlichen Unterschiede auszugleichen. Präziser formuliert: die Alpha-Struktur ist allem Anschein nach wesentlich besser gerüstet, dem Ausbruch einer Naturkatastrophe zu begegnen (7). Zweitens ist auch die Gefahr einer Stagnation geringer, da sie wegen ihrer Größe und Expansionsfähigkeit sowie des in ihr stattfindenden Tausches wesentlich flexibler als die kleinen Einheiten ist, aus denen sich eine Beta-Struktur zusammensetzt. Drittens: Die Kontrolle über den einzelnen Menschen ist geringer. Die Grenze zwischen strikter Kontrolle und Verlust an Identität ist schmal, da sich niemand findet, der die Kontrolle ausüben will; wie ja auch zwischen Freiheit, Anonymität und Entfremdung nur ein kleiner Schritt ist. Viertens: es gibt Güter, die wir uns wünschen, die eine Beta-Struktur jedoch niemals hervorbringen kann.

Eine allgemeine Formel für eine angemessene Mischung von Alpha- und Beta-Strukturen, die sich zudem noch mit einer Definition von Self-Reliance als einer Negation von Abhängigkeit vereinbaren ließe (d. h. daß unabhängige und interdependente Strukturen gefördert werden), wäre demnach die *Integration einer Beta-Gemeinschaft in eine – möglichst horizontale – Alpha-Struktur*. Diese modifizierte Beta-Einheit würde das Fundament lokaler Self-Reliance bilden, sei es auf dem Land (ein Zusammenschluß verschiedener Dörfer) oder in den Städten (der Zusammenschluß verschiedener Wohnblöcke oder Bezirke); jedenfalls befinden sich die zu modifizierenden Alpha-Strukturen auf der Ebene, auf der nationale und regionale Self-Reliance entstehen soll (8). Demnach würde regionale Self-Reliance als Teil einer Politik, die sowohl nationale wie lokale Self-Reliance einschließt, nicht entsprechend der oben definierten Alpha-Struktur gebildet, denn das würde die Grundlage für eine nationale und lokale Self-Reliance zerstören. Entsprechendes gilt für die nationale Self-Reliance in ihrem Verhältnis zur Self-Reliance auf lokaler Ebene; ganz zu schweigen von lokaler Self-Reliance in ihrem Verhältnis zur Self-Reliance von Familien oder Gruppen, die auf einem ziemlich abgeschiedenen Bauernhof leben wollen, oder zu einem Individuum, das eine extreme Form der Self-Reliance anstrebt: die Selbstgenügsamkeit eines Einsiedlers (sie ist nicht unbedingt mit Self-Reliance gleichzusetzen: Ein Individuum, das Self-Reliance anstrebt, meidet nicht den Kontakt mit anderen Menschen).

In der Praxis bedeutet dies, daß sich der Kampf für Self-Reliance in zwei unterschiedliche Strategien teilt:
— Gründung und Stärkung von Beta-Gemeinschaften, die im Nahrungsbereich autark sind, und in allem, was die Befriedigung der Grundbedürfnisse angeht, auf Self-Reliance basieren;
— Modifikation und Schwächung von Alpha-Strukturen, auf welcher Ebene sie auch anzutreffen sind: lokal, national, international sowie ihre Umwandlung in horizontale Netzwerke der Kooperation. Die relative Wichtigkeit, ganz zu schweigen von der konkreten Bedeutung dieser beiden Strategien, wird sich je nach Standort in der Weltgeographie und Weltgeschichte erheblich voneinander unterscheiden. Daher stellt sich für die Länder der Ersten (kapitalistischen) Welt die Aufgabe, neue Modelle lokaler Organisation zu entwerfen, um unter anderem vorbereitet zu sein, wenn sich die nationalen und internaionalen Strukturen eines Tages in einer Weise ändern, die eine weitere Häufung von Privilegien in den Zentren unterbindet. (d. h. weil die Rohstoffe und Märkte der Dritten Welt nicht länger zur Verfügung stehen). Den Ländern der Zweiten (sozialistischen Welt — mit Ausnahme von China und einigen Ländern des früheren Indochina) fällt im wesentlichen die gleiche Aufgabe zu; allerdings wird hier die Suche nach Self-Reliance durch einen entscheidenden Unterschied erheblich erschwert: Self-Reliance läßt sich nicht allein mit der Beseitigung des in der eigenen Gesellschaft existierenden Gefälles verwirklichen, auch der Rang, den das einzelne Land in der internationalen Hierarchie einnimmt und der sein Verhältnis zu anderen Ländern bestimmt, muß sich entscheidend verändern.
In der Dritten Welt geht es wohl eher um eine Modifikation als um eine Stärkung der lokalen Dorfgemeinden, denn diese sind dort noch sehr lebendig. Jedoch müssen sie zugunsten ihrer weiteren Entwicklung und aus Schutz vor den wachsenden Erwartungen gestärkt, wenn nicht sogar (neu) gestaltet werden. Vor

allem aber besteht die Politik der Self-Reliance in der Dritten Welt darin, auf der nationalen wie regionalen Ebene Alpha-Strukturen in modifizierter Form durchzusetzen und damit die erste Welt zu mehr eigener Self-Reliance zu zwingen.

Die adäquate Mischung

Als entscheidende Variable zwischen Zielvorstellungen dieser Art und der gegenwärtigen Realität gewinnt die Technologie zentrale Bedeutung. Das offensichtliche Problem ist jedoch, wie sich Alpha- und Beta-Technologien sinnvoll miteinander verknüpfen lassen, sodaß einerseits die materiellen Grundbedürfnisse durch die Produktion von Gütern und Dienstleistungen befriedigt werden, andererseits aber der Befriedigung der nicht-materiellen Grundbedürfnisse nichts entgegen steht. Die Tabelle 2 enthält einige Gesichtspunkte zu diesem Problem – allerdings eher suggestiver Natur, nichts weiter. Wird wie hier, die Beta-Gemeinschaft zur grundlegenden sozialen Einheit erklärt, dann kommt der Alpha-Struktur nur noch eine die Infrastruktur unterstützende Funktion zu. Dennoch wird selbst die Alpha-Struktur unausweichlich ein eigenes Zentrum herausbilden, wenn auch nicht so stark wie in den extremen Alpha-Strukturen der Gegenwart. Dieser Ansatz läßt eine Klassifikation mancher Techniken in modern/traditional oder westlich/nichtwestlich hinfällig erscheinen. Sie alle gehören der Menschheit an und könnten als Totalität der Befriedigung menschlicher Bedürfnisse dienen. Daß einzelne Bestandteile dieser oder jener Art sind, bedeutet noch lange nicht, daß die gesamte Struktur in dieser Weise festgelegt ist – es sei denn die Strukutr selbst hat sich bereits so stark in diese Richtung entwickelt, daß sie *jede* Technik, die in sie eingeführt wird, soweit modifiziert, bis sich diese ihr völlig angepaßt hat. Die Tabelle will im großen und ganzen folgendes vermitteln: während die Wiederbelebung traditionaler, und die Einführung neuer Techniken, die sich mit einer Beta-Struktur vereinbaren lassen diese stärken, wird die Re-Zentralisierung der Gesellschaft und eine gleichere Verteilung der in ihr befindlichen Produktions- und Konsumtionsstätte die Alphastruktur schwächen, d. h. die Gesellschaft muß nicht dezentralisiert, sondern durch Schaffung vieler Zentren multizentralisiert werden.

Tabelle 2: Vorschläge zur Mischung von Alpha- und Beta-Technologien

ALPHA TECHNOLOGIEN (modifiziert)	BETA TECHNOLOGIEN (neu) eingeführt
NAHRUNG [10]	
Reduzierung des Handels mit Nahrungsmittel auf internationaler Ebene, keine cash-crop Produktion	Versuch der Wiederherstellung des alten Systems: Anbau agrarischer Produkte auf lokaler Ebene – Lokale Autarkie als: Strukturen und Modelle lokaler Nahrungsmittellagerung, Kollektive Nutzung des Bodens zur Nahrungsmittelproduktion
KLEIDUNG [11]	
Kürzung des internationalen Textilhandels	Wiedereinführung herkömmlicher Methoden bei der Herstellung von Kleidung von besserer und haltbarerer Qualität: Verschmelzung von Handwerk und Nahrungsmittelproduktion auf lokaler Ebene
Obdach [12]	
Abbau des internationalen Baugewerbes Abbau der Zentrum/Peripheriestruktur von Haus und Stadt; Mehr Heimarbeit [13]	Wiedereinführung der traditionellen Bauweise unter Nutzung lokaler Materialien [14] Wohnungsbau auf der Basis kollektiven Grundbesitzes
GESUNDHEITSWESEN [15]	
Bessere Verteilung von medizinischer Vorsorgezentren, ländlichen Kliniken, Sanitären Einrichtungen, Kontrolle über Medikanten und Epidemien	Aktive Gesundheitsfürsorge durch Leben vorrangig in Beta-Gemeinden, Weniger Unterschied zwischen gesund und krank [16]
SCHULWESEN [17]	
Bessere Verteilung von Schulzentren *,escuelas rurales'* (ländliche Schulen) etc.	Die Beta-Gemeinde übernimmt die Erziehung, organisiert die Integration von Schule, Arbeit und Freizeit
BEFÖRDERUNG/KOMMUNIKATION [18]	
Dezentralisierung, Verbindung unter den Beta-Einheiten, kollektive Transportmittel, Autos nur für große Entfernungen	Wiederaufleben alter Strukturen des Gehens, Sprechens, Fahrradfahrens, Wandzeitungen; Autos bleiben außerhalb der Einheiten, Kabelfernsehen, lokale Zeitungen

ALPHA TECHNOLOGIEN (modifiziert)	BETA TECHNOLOGIEN (neu) eingeführt
ENERGIESEKTOR	
Bessere Verteilung von Großanlagen für die Energiegewinnung	Verteilungssysteme für Sonnen/Wind/Wellen – Energie und Biogas 19)
VERTEIDIGUNG	
Demokratisierung der Armee, Bessere Verteilung von Führungspositionen	lokale Verteidigungsstrukturen, militärischer Art (Guerilla), nicht-militärischer Art (satyagraha)
UMWELT [20]	
Recycling Wiederaufbereitungs- (cleaning-up) Technologie	lokale Kontrolle und größere Abhängigkeit von kleineren Wirtschaftskreisläufen
VERSTÄNDIGUNG	
Soziale Transparenz durch Bürgerbewegung und Berichterstattung	kleine Einheiten (10^{0-2} und 10^{3-4} jeweils für Mikro- und Makroeinheiten), offen und verständlich für jedermann.

Bei einer näheren Betrachtung der Tabelle 2 wird eine gewisse Logik in den beiden Spalten sichtbar. Die Alpha-Spalte läßt sich am ehesten mit einigen gewissen nordeuropäischen Wohlfahrtsstaaten vergleichen, die einen hohen Grad an Arbeitsteilung zwischen Produzenten und Konsumenten, Gütern und Dienstleistungen aufweisen, sowie deren relativ gerechte Verteilung über soziale und geographische Räume. Die Alpha-Spalte enthält einige stark unmodifizierte Technologien (z. B. eine Zentralisierung der intellektuellen Erfahrung, der Energieproduktion, und der militärischen Führung), die das Bild der Gegenwart derartig beherrschen, daß man die modifizierten Bestandteile kaum zur Kenntnis nimmt (21); es handelt sich hier um eine *modifizierte* Alpha-Struktur.
Quelle und Vorbild der Beta-Spalte ist die chinesischen Volkskommune; in fast jedem Modell einer unabhängigen (self-reliant) lokalen Gemeinschaft finden sich diese Strukturen wieder (22). Jede Spalte ließe sich um weitere Faktoren erweitern; die Alpha-Spalte wäre immer noch eine sanfte Version moderner/ westlicher Technologie, wohingegen die Beta-Spalte eine harte Ausgabe traditionaler/radikaler Technologie verkörpern würde. Die harte Spielart moderner/ westlicher Technologien bleibt aus den erwähnten Gründen unberücksichtigt;

wir gehen davon aus, daß sie wegen ihrer menschenfeindlichen Begleiterscheinungen bald keine Rolle mehr spielen wird. Die sanftere Spielart traditionaler/ radikaler Technologie wird ebenfalls nicht aufgeführt; ihre Produktivität ist zu gering, als daß sie sich mit dem gewünschten Lebensstil derjenigen Menschen vereinbaren ließe, deren technologische Unschuld im Laufe dieses Prozesses verloren gegangen ist.

Die Frage ist nun, wie lassen sich diese beiden Lebensweisen miteinander verbinden. Hier wird ein Bedürfnis nach Integration vorausgesetzt, das von vielen Menschen eher geleugnet wird. Andere wiederum behaupten, beide Stile ließen sich nicht miteinander verbinden, weil beispielsweise Alpha für den *Tausch* und Beta für den *Gebrauch* produziert, und beiden Strukturen zudem eine unterschiedliche, wenn nicht sogar eine entgegengesetzte soziale Logik zugrundeliegt. Der erste Einwand läßt sich leicht entkräften: jede Integrationsformel sollte – soweit es die Umstände erlauben – einige reine Alpha- und einige reine Beta-Strukturen enthalten, so daß sich jeder frei für diesen oder jenen reineren Stil entscheiden kann. Allgemein kann man davon ausgehen, daß sowohl die an der Alpha-Struktur wie an der Beta-Struktur geübte Kritik berechtigt ist; daher ist unter dem Gesichtspunkt der Befriedigung menschlicher Grundbedürfnisse diese Reinheit, selbst in ihre modifizierten Formen, sicher eher konterproduktiv. Was den zweiten Einwand betrifft: dieses ist präzise der Widerspruch, der zweifellos eine Gesellschaft dynamisch erhält. Will man eine statischere Gesellschaft, dann muß man sich für die reineren Strukturen entscheiden. Unser Argument lautet, daß zu einem derart absoluten Denken keine Notwendigkeit besteht: Man kann sich durchaus eine Kombination aller möglichen Alpha/ Beta-Verbindungen vorstellen, deren Spektrum von 100 %/0% bis 0 %/100 % reicht, einschließlich aller extremer Formen. Im allgemeinen sind wir jedoch der Auffassung, daß in den meisten Ländern der Welt eine Entwicklung in Richtung der Beta-Struktur unausweichlich ist, und wenn nötig schnell vorangetrieben werden sollte, zumindest sollte jedoch die gegenwärtige Tendenz in Richtung einer Alpha-Struktur heftigst bekämpft werden.

Konkret gibt es mindestens drei Möglichkeiten einer Alpha/Beta Systemintegration: *funktional*, in *Raum* und *Zeit*. Wie unsere Analyse zeigen wird, ist eine vierte Möglichkeit denkbar, nämlich die Kombination der drei verschiedenen Modelle – diese Möglichkeit läßt der oben angesprochenen *Problematik* mehr Raum.

Die Integration von Alpha und Beta Systeme

Unter einer *funktionalen* Alpha/Beta Integration verstehen wir einfach, daß eine Gesellschaft für einige Probleme die Alpha-Technologie verwendet und sich für die Lösung anderer Probleme für die Beta-Technologie entscheidet. So werden die Grundbedürfnisse nach Nahrung, Kleidung und Wohnung in Beta-Gemeinschaften auf der lokalen Ebene befriedigt, während andere Bedürfnisse wie Fortpflanzung, erneut an die Familie religiert werden, werden die restlichen Bedürfnisse mit Hilfe einer Alpha-Technologie gestillt. Ja nach Verteilung der Ressourcen und der politischen Willensbildung in die eine oder andere Richtung sind auch noch andere Kombinationen vorstellbar. Gegen diese Art der Integration kann man jedoch einen ernsthaften Einwand vorbringen: Sie läßt sich nicht mit lokaler Self-Reliance verbinden. Wenn lokale Self-Reliance in Krisenzeiten lokale Autarkie beinhaltet (dies gilt für manche Bereiche auch in normalen Zeiten), *dann müssen über das gesamte Spektrum menschlicher Grundbedürfnisse, sowohl materieller wie nicht-materieller Art, auf der lokalen Ebene Erfahrungen vorliegen.* Eine Entscheidung im Sinne von entweder/oder erscheint uns unangebracht; sinnvoll wäre eine Einigung darüber, welche Funktion *eher* auf der *lokalen Ebene* oder *eher* auf der nationalen Ebene erfüllt werden etc., ohne daß eine Zuweisung im absoluteren Sinne erfolgt.

Unter einer *räumlichen* Alpha/Beta-Integration verstehen wir ein Modell, das die Alpha- und Beta-Regionen innerhalb eines Landes klar unterteilt. Das Land könnte, grob gesagt, in zwei Teile zerfallen; in eine westlich/modernisierte Region und in eine traditionale/radikale Region, oder die Einteilung ist so fein, daß sie Städte, Wohnbezirke oder sogar Häuser durchzieht. Eine Familie könnte beispielsweise einen kleinen Gemüsegarten besitzen und im Keller ihres Hauses ein paar Hühner halten; diese würden, wenn sie frei im Garten herumlaufen, mit allem, was wächst und sich bewegt (und anorganischer Materie) zum Funktionieren des ökologischen Kreislaufs beitragen. All das würde die Verwendung hochmoderner elektronischer Geräte, den Besitz eines Wagens, etc. nicht ausschließen. Je feiner die Einteilung, desto gerechter das System: grobe Einteilungen würden in manchen Fällen fast unweigerlich zu Ausbeutung führen.

Unter der *zeitlichen* Alpha/Beta Integration verstehen wir ein Modell, das auf der individuellen Ebene operieren würde, und damit den Individuum ermöglicht, sich nach Belieben zwischen Alpha- und Beta-Lebensstilen zu bewegen. Dieses Modell ist heute in vielen Ländern bekannt: Für die Arbeit wird die städtische, und für Freizeit und Ferien die ländliche Lebensweise bevorzugt (23). Das Argument wäre, daß der Wechsel des Lebensstils an sich bereits ein menschliches Bedürfnis nach Herausforderung, neuer Erfahrung und Abwechslung befriedigt. Zeitliche Integration stellt es den Individuen frei, sich für diese oder jene Möglichkeit zu entscheiden; das bedeutet allerdings nicht, daß sich die gesamte Gesellschaft notwendigerweise ständig zwischen den Alpha- und Beta-Phasen hin und her bewegen muß. Nebenbei bemerkt, können Individuen im Laufe der Zeit auf diese Weise eher einen individuellen Lebensstil entwickeln, als das dies z. B. heute in der Volksrepublik China der Fall zu sein scheint (24). Die Kombination dieser drei Formeln würde dann ein hochflexibles Reservoir an Möglichkeiten bieten, wo man ansetzen könnte. Wie aus Tabelle 2 im großen und ganzen ersichtlich wird, ist die Antwort auf viele Probleme unserer Zeit bereits in der Beta-Struktur *als solcher* enthalten. Anders ausgedrückt: die Beta-*Struktur selbst ist bereits Technologie*. Aller Wahrscheinlichkeit nach ist das Leben in einer horizontalen, vollintegrierten Gemeinschaft (25), die allen oder fast allen menschlichen Bedürfnissen Rechnung trägt, an sich bereits eine erzieherische und gesunde Erfahrung, die eine Verschulung und medizinische Versorgung im Sinne alpha-dominierter Gesellschaften überflüssig erscheinen läßt. Nur in diesen Gesellschaft werden die *Strukturen durch die Techniken selbst konstituiert*. Andererseits sind wir Menschen äußerst widerstandsfähig und überleben so manches, darum sei etwas Optimismus im Zusammenhang mit diesem sehr ekklektischen Ansatz erlaubt.

Als typische Einheit kann man sich konkret einen Zusammenschluß von einigen Dörfern oder städtischen Wohnbezirken vorstellen, die für alle Grundbedürfnisse in einer Weise Sorge tragen, daß jedes Individuum nach Wunsch innerhalb dieser Einheit, auf einer gebrauchsorientierten Produktionsbasis existieren kann. Gegen jede Penetration von Außen sollten heftige Gegenmaßnahmen ergriffen werden; es sollten Normen struktureller Privatheit entstehen (beispielsweise ein Verbot der Werbung für Produkte, die das Stillen von Kleinkindern ersetzen, und damit die Mutter-Kind-Beziehung zerstören). Das Potential einer lokalen Gemeinschaft sollte vollständig für eine gebrauchsorientierte und nicht tauschorientierte Produktion genutzt werden (In Südeuropa würde diese Zusammenschlüsse wahrscheinlich eher aus Dörfer bestehen, hingegen in Nordeuropa aus einzelnen Bauernhöfe, und hier existiert natürlich eine lange Tradition der Genossenschaftsbewegung, auf die man zurückgreifen kann). All dies gibt jedoch nur das Bild des Beta-Teils der Gesellschaft wieder: saturierte, integrierte Einheiten, voll des Lebens, aber nicht oder nur selten miteinander verbunden; was in manchen Zeiten die Gewähr dafür bietet, daß der erwirtschaftete Surplus innerhalb der Gemeinschaft verbleibt. Hier entsteht nun der Eindruck, als ob die Volksrepublik China aus nichts anderem als den 700 000 Volkskommunen besteht; aber China hat wie jedes Land auch seine Alpha-Struktur, die ebenfalls der Veränderung in eine horizontalere Richtung bedarf. Es lassen sich eine Reihe rationaler Gründe für die Beta-Struktur anführen:

— Schaffung eines Systems des gerechten Tausches und der Kooperation unter den Beta-Einheiten — durch den Bau eines Straßen- und Eisenbahn-Verkehrsnetzes sowie Telekommunikation werden auf eine nicht zentralisierende, unabhängige (self-reliant) Art jetzt die früheren peripheren Gebiete untereinander verbinden und nicht wie bisher die Hauptstadt mit der Prozinshauptstadt, diese mit kleineren Städten innerhalb der Provinz und diese ihrerseits mit den umliegenden Dörfern.

— Ergänzung lokaler Produktion durch besonders arbeitsersparender Methoden, insbesondere zur Vermeidung unnötig harter und entwürdigenden Arbeit (26). Es gibt auch trifftige Gründe für eine teilweise Automatisierung, indem *einige* Güter und *einige* Dienstleistungen mit Hilfe automatischer, (wenn auch von Menschen gemachter) Systeme bereitgestellt werden und damit praktisch die menschliche Arbeitskraft eliminieren (27).

— Beseitigung der Ungleichheit (Ungerechtigkeit ist bereits mit der Einführung lokaler, auf Self-Reliance basierender Einheiten erheblich vermindert worden). Durch Anlegen von Vorräten für den Fall einer Natur- oder Sozialkatastrophe und zum Ausgleich jahreszeitlich bedingter Ertragsunterschiede findet eine gewisse Umverteilung des erwirtschafteten Surplus von den Glücklicheren zu den weniger Glücklichen statt (Produktion und Lagerung der Vorräte kann weitgehend auf der lokalen Ebene stattfinden), d. h. durch Steuer- und Investitionssysteme.

— Schutz der Gesellschaft vor äußeren militärischen, politischen, ökonomischen und kulturellen Übergriffen, das bedeutet nicht, daß sich ein Land völlig vom internationalen Handel und Kulturaustausch zurückzieht, sondern daß es an ihnen nur insoweit teilnimmt als diese in einer ständig sich horizontalisierenden internationalen Struktur stattfinden.

Die Nutzung ökonomischer Kreisläufe

All dies einmal vorausgesetzt, was geschieht dann mit dem „ökologischen" Teil eines umweltorientierten Entwicklungsrezeptes? Faßt man das Umweltproblem im engeren Sinne als Ausbeutung/Verschmutzung der Natur auf, dann muß eine integrierte Alpha-Beta-Mischung zwei Strategien miteinander vereinen. Die Hauptlast zur Verhinderung von Ausbeutung/Verschmutzung fiele den Beta-Gemeinschaften zu, weil aufgrund des Prinzips begrenzter, transparenter ökonomischer Kreisläufe jeder, der das ökologische Gleichgewicht zerstört, die Folgen direkter zu spüren bekommt. Als Gegengewicht zu ihrem eigenen destabilisierenden Einfluß und als Ergänzung der Beta-Aktivität auf diesem Gebiet läge der Beitrag der Alpha-Struktur vor allem im Bereich des Recyclings und der Wiederaufbereitungstechnologien. Bislang gibt es noch keinen theoretischen Ansatz, der beide Strategien miteinander vereint; Erfahrung kann nur aus einer Umsatzung dieser Kombination in die Praxis gewonnen werden. Bei einer gründlicheren ökologischen Betrachtungsweise würde nicht nur der Begriff der „Umwelt" eine weitere, die menschliche Umwelt einschließende Interpretation erfahren, sondern auch tieferliegende Probleme als nur Ausbeutung/Verschmutzung würden mehr Beachtung finden. Wichtig wäre wohl vor allem die Rückgewinnung der alten Fähigkeiten, sich die ökologischen Kreisläufe im Einklang mit der Natur, und nicht gegen sie nutzbar zu machen; dies ist wohl auch ein Teil der Erklärung, warum die Menschheit so lange Zeit überleben konnte (28). Zweifellos können einige der in den Alpha-Strukturen gewonnenen Erkenntnisse auch in einer Beta-Gemeinschaft sinnvolle Anwendung finden (29). Aus energiesparenden Gründen wäre sowohl die Herstellung wie auch die Verwendung elektronischer Geräte durchaus zu begrüßen; in Zukunft werden vielleicht Methoden entwickelt werden, die noch mehr Energie einsparen. Auch weiß man nicht, zu welchen Erfindungen die Menschheit noch fähig ist, wird ihr erst einmal die Möglichkeit zu einer freien Entfaltung ihrer Kreativität wiedergegeben; denn bisher wurde sie ja durch Alpha-Strukturen und einer vertikalen Arbeitsteilung an ihrer intellektuellen Entwicklung gehindert. Ökologie dient der Entwicklung eines wohlverstandenen Eigeninteresses des individuellen *und* kollektiven Selbst — als auch der synchronen Solidarität mit gegenwärtigen und einer diachronen Solidarität mit zukünftigen Generationen.

Ein weiterer Aspekt des ökologischen Denken wäre, die Relevanz solcher Begriffe wie „*Reife*" und „*Komplexität*" in die ökologischen Diskussion einzubringen. Ein reifes Ökosystem bietet ein hohes Maß an Überfluß und kann auf besonders viele Mechanismen stabilen Gleichgewichts zurückgreifen; es kann beträchtliche Instabilitäten in Beziehung zur seiner Umwelt verkraften. Ein komplexes Ökosystem zeichnet sich durch so vielfältige Formen aus, daß selbst, wenn eine Form zerstört wird, die anderen überleben werden. In der Alpha-Beta-Mischung, für die wir hier eintreten, sind potentiell beide Eigenschaften enthalten: wo immer Alpha versagt, kann auf Beta zurückgegriffen werden (und zwar auf viele Beta-Einheiten unterschiedlichster Art, da die Alpha-Struktur nur zu einer geringen Standardisierung fähig ist) und umgekehrt — dabei steht die eine nicht im Dienst der anderen, sondern es handelt sich hier um eine Ergänzung und Symbiose. Deutlicher ausgedrückt, weder Alpha noch Beta allein würden je den gleichen Grad an Reife/Komplexität erreichen; aus diesem Grund sollten sie sowohl in funktionaler wie geographischer Hinsicht dicht beieinander liegen. Wir können mit Bestimmtheit behaupten, daß uns bis heute keine Theorie vorliegt, die diese beiden Strukturen in einer Alpha-Beta-Mischung kombiniert — sie muß in der Praxis erarbeitet werden. Wir können hier nur feststellen, daß die Mischung wahrscheinlich widerstandsfähig sein wird, und diese Erkenntnis ist für uns von fundamentaler Bedeutung, denn wir wollen nicht nur für einer Befriedigung menschlicher Bedürfnisse Sorge tragen, sondern auch Strukturen schaffen, die diese Aufgabe *kontinuierlich* erfüllen.

EXPANSIONISTISCHE TENDENZEN

Unser Argument in diesem Zusammehang lautet, daß wir nur mit Hilfe der in der Vergangenheit gewonnenen Erfahrung darauf schließen können, wieweit bei einer Mischung beider Elemente die Anpassungsfähigkeit von Alpha reicht. Alpha und Beta treten unter sehr ungleichen Bedingungen an: Alpah koordiniert Beta, nicht umgekehrt. Wie bereits oben angedeutet, läßt sich diese Asymmetrie nur mit Hilfe einer anderen ausgleichen: D. h. Beta stärken und Alpha schwächen, d. h. zurückdrängen und soweit verändern bis seine Struktur horizontaler und weniger kompliziert geworden ist (30). Aber auch Alpha wurde nachgewiesen, daß es sich nicht allzulange mit der Rolle eines Lieferanten von „Hilfstechnologie" („supporting-technology") allein zufrieden gibt, sondern expansionistische Tendenzen entwickelt. Einer der Mechanismen wäre, die Probleme aus der Beta-Gemeinschaften herauszunehmen, um sie zentral zu lösen, auf eine allgemeine Weise, die sich mit den universalisierenden Tendenzen einer Wissenschaft (im Namen einer Epismologie) und den standardisierenden Tendenzen einer Alpha-Bürokratie (im Namen sozialer Gerechtigkeit) vereinbaren läßt. Ein anderer Mechanismus hängt eng mit dem Kapitalismus als einem ökonomischen System zusammen: Die Faktor-Mischung in einer Produktionsformel wird niemals vollständig ausbalanciert sein, im Idealfall kann Ungleichheit als Signal interpretiert werden, die fehlenden Faktoren aufzufüllen, statt die im Überfluß vorhandenen Faktoren (im Namen einer Ökonomie des Gleichgewichts) zu reduzieren. Zur gleichen Zeit findet durch mehr oder weniger freien Wettbewerb ein Kampf um das Monopol über einen Teil bzw. mehrere Teile oder den gesamten Wirtschaftskreislauf wie über ein oder mehrere Produkte statt, dessen krönender Abschluß (im Namen des Allgemeinwohls) der allumfassende Staatskapitalismus bildet. Das Problem ist, wieweit diese expansionistische Tendenzen in *irgend*einer Struktur, die Alpha-Merkmale erfüllt, eingebaut und bis zu welchem Grad sie kulturell durch einen Typ gesellschaftlicher Kosmologie determiniert sind, die als westlich bezeichnet wird.
Die vorliegende Arbeit weist in die zweite Richtung: ob die Struktur selbst etwas enthält, das automatisch zur Expansion führt, läßt sich nur schwer erkennen. Aber „Expansionismus" als kulturelles Merkmal allein reicht wiederum nicht aus, um dieses Phänomen zu beschreiben; es ist ein Expansionismus hauptsächlich in räumlicher und materieller Hinsicht und nicht, was die Befriedigung

nichtmaterieller menschlicher Bedürfnisse oder ein ökologisches Gleichgewicht der Natur angeht. Daher könnten wir uns auch im Westen eine Art „Kulturrevolution" vorstellen, die nicht unbedingt Expansionismus und Wachstum zurückweist, sondern beides in den Dienst einer inneren Entwicklung des Menschen und zur Schaffung lokaler Gemeinschaften stellt, so daß die besten Voraussetzungen für das persönliche Wachstum der Menschen geschaffen werden (31). Zweifellos ist dies ein grundlegender Faktor in dem ganzen Bild; wie grundlegend allerdings, wissen wir nicht. Die Erfahrung mit Bundesstaaten und anderen komplexen Organisationen hat gezeigt, wie wohl die unteren Ebenen daran tun, den höheren Ebenen und der gesamten Struktur mit gesundem Mißtrauen zu begegnen und vor allem eigene Formen der Problem- und Konfliktbewältigung zu entwickeln (und es abzulehnen, sich durch universale Ansprüche verwirren zu lassen).

Eine Methode wäre, die Alpha-Struktur nicht allein durch eine stärkere horizontale Ausrichtung und Reduzierung von Funktionen zu schwächen, sondern auch durch räumliche Isolierung. In der Welt von heute sind die potentiellen Beta-Einheiten, die Dörfer und Slums, die Gettos der Menschheit, wo die Ausgeschlossenen im Busch leben oder am Ende aller Transportwege und Kommunikationsnetze, während sich das Zentrum der Alpha-Struktur in allgemeinen sozialen Beachtung, die es überall findet, sonnt. Mann könnte die Situation auch einfach umkehren, die Kommandostellen der Alpha-Struktur in einem weniger glorreichen Licht erscheinen lassen, sie verstecken, oder sogar in Gettos unterbringen (32) – dabei aber immer die Existenz einer minimalen Alpha-Hierarchie als notwendiges soziales Übel betrachten, da gewisse Güter und Dienstleistungen nur auf diesem Wege zu beschaffen sind. Dies wird heute nur dann praktiziert, wenn Alpha etwas zu verbergen hat (ABC-Waffenlager, Militärkommandos) – in einer anderen sozialen Mischung kommt Beta vielleicht der Gedanke, Alpha zu verstecken. Es erübrigt sich zu erwähnen, daß dies nicht ohne soziale Kämpfe möglich sein wird; ferner sollte berücksichtigt werden, daß Alpha im Kampf aus atomsicheren Befehlszentralen ebenso trainiert ist, wie Beta in der gewaltsamen und gewaltfreien Auseinandersetzung auf lokaler Ebene. Dieses strategische Denken ist durchaus Teil der Suche nach einer besseren Alpha-Beta-Mischung, als sie gegenwärtig in unserer Alpha-dominierten Welt existiert.

Da dieser Abschnitt sich mit dem Macht-Aspekt dieses Problems beschäftigt, muß zunächst einmal auf eine weitere Taktik seitens Alpha hingewiesen werden, nämlich die Taktik jene Strategien zu verhindern, die „Beta stärken und Alpha schwächen und modifizieren" können. Dabei handelt es sich weder darum, Beta zu bekämpfen (im extremen Fall durch eine Militärintervention, um die Länder, die nationale und/oder lokale Self-Reliance praktizieren, „offen" zu halten) noch darum, Beta zu kooptieren, oder Teile von Beta herauszunehmen, und diese für die Zentren von Alpha zu reservieren. Bei dieser Taktik handelt es sich wohl eher darum, Beta zu „helfen", möglichst in bester Absicht. Die kapitalistische Version dieser Taktik wäre, in Beta zu investieren, aber dies wird wohl sehr offensichtlich und leicht zu durchschauen sein. Eine subtilere Form ist das Angebot der politischen Linken in den zentralen Ländern der heutigen internationalen Alpha-Struktur, sich für die notwendigen Prozesse des sozialen Wandels als Katalysatoren zur Verfügung zu stellen. Die offensichtliche Alternative dieser Gruppen wäre aber, in ihrer eigenen räumlichen und nicht-räumlichen Umgebung Beta-Strukturen zu entwickeln, um die Alpha-Strukturen auch in den zentralen Ländern, die eine Politik der Intervention gegenüber schwächeren, sich in Richtung auf Self-Reliance entwickelnden Ländern betreiben, zu schwächen. Dies ist insofern wichtig, als eine der wesentlichsten Implikationen eines Programms, das einer Alpha-Technik ablehnend gegenübersteht und sich für eine Beta-freundliche Technik entscheidet, darin besteht, diejenigen Techniken zurückzuweisen, die die *anderen* lokalen, nationalen oder regionalen Einheiten in die Rolle eines Rohstoff- oder „Roharbeit"-Lieferanten drängt — und eine derartige Politik trifft gewöhnlich auf Widerstand (33). Dies bedeutet allerdings nicht, daß es keinen Raum mehr für Forschung gäbe. Wichtig dabei ist aber, daß die Forschung nicht die Form einer neuen Alpha-Struktur einnimmt und — zum Zwecke der Empirie und Forschung — woanders Beta-Einheiten schafft. Sie sollte vielmehr eine Form annehmen, in der die gesammelten Erfahrungen kristallisiert, und den Beta-Einheiten dadurch dienlich gemacht werden, in dem man die Erfahrung der einen Beta-Einheit auch der anderen zugute kommen läßt.

Es muß noch darauf hingewiesen werden, daß die Einteilung in Alpha/Beta nicht nur der Trennung in westlich/östlich, sondern auch einen weit universaleren Gegensatz umfaßt, nämlich: männlich/weiblich. Sind die Träger einer Alpha-Struktur eher westlich und/oder männlich, dann sind die besten Vertreter einer Beta-Struktur wohl eher nicht-westlich und/oder weiblich. Tatsächlich unterliegen die schwachen, fast im Absterben begriffenen Beta-Strukturen in unserer heutigen westlichen Welt vor allem weiblicher Fürsorge und Kontrolle, besonders die sanfteren Seiten des Familienlebens (nicht der Lebensunterhalt und die Karriere). Aber das bedeutet, daß der Kampf, Beta zu stärken und Alpha zu schwächen, sich durchaus damit vereinbaren läßt, die nicht-westlichen Teile der Welt zu stärken und den Westen zu schwächen sowie die Position der Frauen in einer Alpha-Gesellschaft, wie auch die weiblichen Elemente in Kultur und Struktur in den meisten Teilen der Welt zu stärken. Da mit diesen gewaltigen Faktoren zu rechnen ist, sind die Aussichten auf eine humane Alpha/Beta-Mischung kurzfristig gar nicht so schlecht und langfristig sogar äußerst gut (34).

Das reiche Spektrum menschlicher Möglichkeiten

Abschließend stellen wir noch einen wichtigen Punkt zur Diskussion: Zentraler Gegenstand unserer Analyse der politischen Aktion war der strukturelle Aspekt des Technologieproblems, wobei eine gewisse Konstanz von menschlichen Bedürfnissen und Naturgesetzen unterstellt wurde. Demnach lenken menschliche Bedürfnisse unseren Blick auf die hierfür erforderliche Sozialstruktur, die – wiederum – unsere Suche nach Technologie oder technologischen Mischungen in dem zweigleisigen System bestimmt, für das wir hier eingetreten sind. Es gibt jedoch sicherlich noch viele andere Möglichkeiten, sich den Problemen analytisch zu nähern und den unzähligen konzeptionellen „Kuchen" in weitere Stücke zu teilen. Der gegenwärtige Stand der Analyse blieb allerdings auf den strukturellen Teil einer Alpha-Beta-Dichotomie reduziert, die vielleicht später einmal in eine Reihe weiterer Mischungen (den Gamma-Strukturen?) überführt werden kann. Das griechische Alphabet hat noch viele weitere Buchstaben und es gibt auf der Welt auch noch andere Alphabete. Wie reich ist doch das Spektrum an menschlichen Möglichkeiten – im Sinne menschlicher Potentiale, Strukturen, Kulturen und Techniken – und wieviele unerforschte Möglichkeiten und bekannte Kombinationen stehen uns noch zur Verfügung, wenn wir einmal soweit wären, nicht länger in den eingleisigen, unilinearen Bahnen zu denken, und die Lösung aller Probleme mit Hilfe von Techniken suchen, die diejenigen Strukturen verstärken, die ursächlich für die Entstehung der Probleme verantwortlich sind.

Anmerkungen

1) „A Conceptual Framework for Environmentally Sound and Appropriate Technologies", Vortragsentwurf für das Expertentreffen von UNEP, Nairobi, (1. – 4. Dez. 1975), Teil 3.2 (p. 15)
2) Eine der umfassendsten Analysen westlicher Technologie mit einer erstaunlichen Vielfalt an Alternativen bietet: Godfrey Boyle und Peter Harper, ed. *„Radical Technology: Food and Shelter, Tools and Materials, Energy and Communications, Autonomy and Community*, London, Boyars, 1976. Das Buch gliedert sich entsprechend der im Titel enthaltenen Bereiche. Zitat des Autors (p. 5): „Man tritt ein für die Entwicklung einer Mini-Technik, die für den Gebrauch durch Individuen und Gemeinden bestimmt ist und die innerhalb eines weiteren sozialen Kontext humanisierter Produktion angesiedelt und einer Kontrolle durch den Arbeiter wie des Konsumenten unterworfen wird". Dieser Standpunkt ist etwas enger gefaßt als der von uns im vorliegendem Papier vertretene Gesichtspunkt einer Begünstigung von Technik, die durchaus mit Gerechtigkeit, Autonomie, Solidarität, Partizipation und Integration vereinbar sind – aber nicht notwendigerweise durch den sozialen Zusammenhang einer Arbeiter- und Konsumentenkontrolle garantiert werden. Der Leser wird auf die ausgezeichnete Bibliographie hingewiesen, pp. 267 - 296.
3) In seinem Artikel „A Third Style for Asia", Ceres (FAO-Zeitschrift für Entwicklungsfragen), Sept.-Okt. 1972, pp. 9 - 17, weist Gamani Corea auf die Bedeutung kombinierter Strategien hin: „Tatsächlich bedeutet der Angriff auf das BSP letztlich immer eine Kritik an gewissen Industrialisierungsmodellen. In der Tat wird ein Wachstumsmodell, das nur wenigen Menschen Arbeit gibt, in den Händen einiger weniger Investitoren und Produzenten Profit ansammelt und – unter starkem Schutz – Waren für den Luxuskonsum herstellt, kaum zur Lösung grundsätzlicher sozialer Probleme beitragen. Eine Industrialisierung ganz zu scheuen, wäre allerdings auch kein gangbarer Weg, denn sie ist und bleibt ein mächtiger Agent technologischen Wandels. Die Lösung kann daher nur in einer Veränderung der Strukturen industrieller Entwicklung selbst liegen. Nur ein Industrialisierungsmodell, das für den einheimischen Markt produziert, kann die Konsumbedürfnisse der Massen befriedigen, das vorhandene lokale Rohmaterialen ausnützt, die selbst für eine Strukturveränderung der Landwirtschaft benötigten Fertigteile herstellt und für eine allgemeine Entwicklung bedeutungsvolle Verbindungsketten schafft, kann dadurch direkt oder indirekt einen wesentlichen Beitrag zur Verringerung der Arbeitslosigkeit und anderen sozialen Problemen leisten. Ähnliche Auswirkung hätte die Stärkung der Exportgüterindustrie. Damit würde der Druck, der auf den durch vergangene Industrialisierungsstrategien geschaffenen Zahlungsbilanzen lastet, entfallen. Auch könnte das direkte Arbeitsbeschaffungspotential industrieller Entwicklung erhöht werden. In Wirklichkeit liegt der Weg zu dieser Zielvorstellung nicht wirklich in der Adaption arbeitsintensiver – statt kapitalintensiver – Technologien oder wie so oft vorgeschlagen wird, einfach in der Veränderung relativer Produktionskosten von Arbeit und Kapital, basierend auf der Annahme, sie seien so leicht zu ersetzen; sondern es ist eher anzunehmen, daß mit der Unterstützung einer

Mischung von Technologien im Lichte technischer Möglichkeiten und einer Reihe institutioneller Vorkehrungen ein Schritt auf dieses Ziel hin gemacht wird." In ähnlicher Weise argumentiert: UNCTAD, Transfer of Technology: its Implications for Development and Environment (TD/B/C.6/22), Nov. 1977. Die Überlegungen dieses Kapitels zielen in die gleiche Richtung, nur werden strukturelle statt rein ökonomische Begriffe verwendet.

4) Eine Einführung in Joseph Needham's monumentales Werk „Wissenschaft und Zivilisation in China" ist sein Buch „The Grand Titration: Science and Society in East and West, London, George Allen and Unwin Ltd., 1969", das in einer reichen Fülle an Beispielen aufzeigt, welch ein Unterschied zwischen westlichem und chinesischem Denken besteht und wie dieser auch in der Technologie zum Ausdruck kommt. Von besonderer Bedeutung sind seine Beispiele zu Innovationen, die zwar den westlichen sehr ähneln, von denen jedoch kein Gebrauch gemacht wurde, da sie für Mensch und Gesellschaft Schaden bringen. Siehe auch: „History and Human Values: A Chinese Perspective for World Science and Technology", The Centennial Review, 1976, pp. 1 - 35.

5) Man kann sagen, daß Beta-Strukturen wohl latent in jeder Gesellschaft vorkommen, besonders in Krisenzeiten lassen sie sich aktivieren.

6) Diese Formulierung verdanke ich Ignacy Sachs.

7) Eine Alpha-Struktur, bekannt als Kapitalismus, zeigt die Tendenz, die Peripherie verarmen zu lassen, Ungleichheiten zu verschärfen, statt sie auszugleichen. Doch der Typ eines Neuverteilungssystems zum Vorteil der Benachteiligten wäre ebenfalls eine Alpha-Struktur mit einem Zentrum politischer Entscheidungsfindung und kreativer Arbeit, und einer Peripherie, die die Wohltaten empfängt; mit anderen Worten eine mildtätige Apha-Struktur.

8) In „Some Potential Contributions of Latecomers to Technological and Scientific Revolution – Comparison of Japan and China", Forschungsbericht, Institut für Internationale Beziehungen, Sophia Universität, gibt Kazuko Tsurumi seine Definition von self-reliance: Das Modell der self-reliance zeichnet sich dagegen dadurch aus, das es zur Industrialisierung der Gesellschaft eine Strategie verfolgt, die unter Nutzung indogener wie exogener Wissenschaft und Technologie mit dem höchsten Aufwand an Kräften der Erfindung von Methoden und dem Entwurf von Werkzeugen dient, die eine bestmögliche Anpassung aller Dinge an die natürliche und soziale Umwelt gewährleisten. Im Gegensatz zu den unter Zeitdruck stehenden Imitationsmodellen, werden in diesem Modell die Planziele wesentlich weiter gesteckt und längerfristig angelegt." (p. 6). Tsurumi gibt folgende Beschreibung der chinesischen Politik der self-reliance: „Befreiung der Volkskommunen aus russischer Abhängigkeit und gleichzeitige Autarkie im Kontext nationaler Ökonomie. Um dieses Ziel zu erreichen, sollte jede Kommune in der Lage sein, mehr als nur für den täglichen Bedarf ihrer Mitglieder zu produzieren. Zu diesem Zweck wurden Hinterhoföfen eingesetzt, weil sie relativ klein und leicht zu handhaben sind, so fällt es den Bauern leicht, sie für die Produktion von Eisen und Stahl, zur Herstellung von Werkzeugen für die Haus- und Landwirtschaft zu konstruieren und in Gang zu setzen. Da die Qualität des in diesen Hinterhoföfen hergestellten Eisens und Stahls zu

wünschen übrig ließ, war das Experiment nur von kurzer Dauer. Seine bleibende Bedeutung liegt darin, daß damit neue Einstellungen zur Technologie gewonnen werden könnten und zu ihrer Entwicklung neue Formen sozialer Organisationen entstanden sind. Das chinesische Modell der self-reliance basiert auf einem langfristigen Programm der Reurbanisierung der Dörfer und Reagrarisierung der Städte; es fördert die Autarkie (self-sufficient) der Einheiten und versucht damit eine Stadt-Land Polarisation zu vermeiden."

9) Zum Stand der gegenwärtigen Diskussion vgl. auch Jean-Paul Bârfuss, „Technologies Douces", in: La fin des outils, Zeitschrift des Instituts für Entwicklungsfragen, Universität Genf, No 5, 1977. Siehe auch die Sondernummer: Options Méditerranéennes No 27, Societés Rurales: Technologies et Développements, mit dem Titel 'Transferts de technologie'. Die Ausgabe enthält wertvolle Artikel, besonders Werner Ruf's ('La technologie comme culture et idéologie universelles', pp. 17-28); und Daniel Thery's ('Crise du développement par transfert mimétique et recherches d'alternatives', pp. 35-41).

10) Die gegenwärtig beste Analyse zum Problem der Nahrungsmittelabhängigkeit gibt Joseph Collins et al., Institut für Nahrungs- und Entwicklungsfragen; siehe besonders Lappe, F.M. und Collins, J., 'Beyond the Myth of Scarcity', Boston, Houghton-Mifflin 1977.

11) Unseres Wissens gibt es zu diesem wichtigen Grundbedürfnis bislang noch keine hinreichende Analyse der Produktions- und Konsumstruktur. Warum wird es bislang ausgeklammert; warum gibt es keine UN-Behörde, noch nicht einmal ein Büro, das für dieses Gebiet zuständig wäre? Vielleicht wirkt sich hier ein niedriger Grad an Befriedigung weniger katastrophal aus als bei anderen Grundbedürfnissen. Außerdem bedürfen Menschen der arktischen Zonen der Kleidung, Menschen in den tropischen Zonen dagegen weniger. Diese Erklärung reicht jedoch nicht aus: Obdachlose in Bombay und Kalkutta sterben in umgekehrter Proportion zu den herrschenden Temperaturen, sicherlich wäre mehr Kleidung eine Lösung. Abgesehen einmal von Péron und seiner berühmten Rhetorik über die 'descamisados' (die ohne Hemd) scheint es bisher keine Ideologie der Textilien zu geben — und keine oder nur sehr wenige empirische Studien.

12) Die Dokumentation der Habitat-Konferenz, Vancouver, Mai 1976 ist sehr beeindruckend — Ähnliches auf dem Gebiet der Kleidung wäre begrüßenswert. (siehe Fußnote 11)

13) Siehe Johan Galtung, Human Settlements: A Theory, Some Strategies and Some Proposals, Papers No. 19, Lehrstuhl für Friedens- und Konfliktforschung, Universität Oslo, 1975.

14) Zum Problem 'Bürgerinitiative und Wohnen' siehe Hassan Fathy, 'Construire avec le peuple', La Bibliothèque arabe, Paris Editions Jerome Martineau, 1970, und John F.C. Turner 'Housing by People, Towards Autonomy in Building Environments', London, Marion Boyars, 1976. Ein interessanter Versuch der Interpretation urbanen Soziallebens, wenn auch nicht unbedingt auf der Ebene konventioneller Begriffe wie 'Stadt', 'City', 'Metropolis' oder sogar 'Megapolis', sondern auf der lokalen Ebene eines Wohnblocks oder -viertels, ist: Manual for Urban Organizing, Manila, Asian Committee

for the People's Organization, 1974 (erhältlich bei: Asian Committee Community Organization, 1-551-54 Totsuka, Shinju-ku-Tokyo 160, Japan). Das Pamphlet gibt sehr genaue Beispiele zur Organisation maximaler Partizipation und Kontrolle über lokale Verhältnisse.
15) Für einige Zeit wird trotz Mangel an konkreten Lösungsvorschlägen Ivan Illich's „Medical Nemesis" London 1975 (Deutsch: Die Nemesis der Medizin. Rowohlt, Hamburg 1977) ein Standardwerk bleiben.
16) Eine ausgezeichnete Einführung in dieses Gebiet gibt K.W. Newell: „Health by the People", Genf, WHO 1975.
17) Trotz Mangel an Lösungsvorschlägen ein Standardwerk ist Ivan Illich's „Deschooling Society" New York 1970 (Deutsch:„Die Entschulung der Gesellschaft". Rowohlt, Hamburg 1972)
18) Ebenso sein Buch „Energy and Equity", New York 1974 (Deutsch: „Die sogenannte Energiekrise oder die Lähmung der Gesellschaft". Rowohlt, Hamburg 1974)
19) Es ist äußerst wichtig, nicht daran zu glauben, daß die Nutzung der Windoder Sonnenenergie zwangsläufig zu Dezentralisierung führt, nur weil Wind und Sonne an vielen Orten vorhanden sind. Buckminster Fuller zum Beispiel beklagt, daß Windenergie nicht monopolisierbar ist und rät zur „Produktion eines 'Windfang-Apparates' und seiner weltweiten Vermietung, — ähnlich den Computermodellen, Telephonen, Autovermietung- und Hoteldienstleistungsindustrien" (Boyle und Harper, ed., Radical Technology ... p. 58). Das SSPS (Satelliten-Sonnenenergie-Station) bietet ein weiteres Beispiel für die Tatsache, daß „in einem noch größeren Ausmaß als bei allen anderen hochtechnologischen Megaprojekten, solche Stationen nur durch reichste Unternehmen oder Nationen der Welt konstruiert und betrieben werden können, in deren ohnehin schon übermächtigen Hände noch mehr Kontrolle konzentriert wird." (pp. 57-58) Ignacy Sachs erwähnt in seinem Artikel 'The Sun God' (CERES No. 50) weitere Anwendungsmöglichkeiten von Solarenergie. Z.B. Solartrockner für Fisch, Nahrung etc. Allgemein ausgedrückt: 'Häuser und Städte müssen unter bestmöglichster Nutzung ihrer Umwelt und ihres Klimas entworfen werden. So wie die Sonne, ein wesentliches Element tropischen Lebens mit all seiner Vergnügungen und Einzigartigkeit der Allgemeinheit zugänglich gemacht wurde, nachdem die Epidemien, die frühere Geisel der Tropen ausgerottet sind'.
20) Siehe dazu den wichtigen Artikel von Ignacy Sachs 'Environnement et styles de développement', Annales, Mai - Juni 1974.
21) Hier meine ich offensichtlich mein eigenes Herkunftsland — Norwegen.
22) M.K. Gandhi war ein Hauptbefürworter alternativer Energie und hat selbst einige Techniken erfunden: das sog. Yervada Charkha, ein Spinnrad; es wurde zwar zunächst als zu simpel angesehen, führte aber zu einer Weiterentwicklung durch Ambar Nath, dem Ambar Charkha. Gandhi trug weiterhin zur Entwicklung von Produktionstechniken zur Papiergewinnung, Schuh- und Zuckerfabrikation bei, und — in der Folge bedeutsam für die Biogasgewinnung — versuchte, das Hindu-Vorurteil gegen menschliche Exkremente zu überwinden sowie der Verbrennung von Tierdung. Zu seinem Repertoire gehörten auch neue Mühlsteine und Systeme des Parallelpfluges.

23) Zu den Details: Johan Galtung, 'Alternative Lifestyles in Rich Countries', Development Dialogue, No. 1, 1976, pp. 83-96.
24) Grund für die starke Rigidität des chinesischen Entwicklungs-'Stils' (dieser Ausdruck klingt sehr nach 'haute couture') ist wohl der niedrige Grad an individueller Freiheit bei der Wahl des Arbeitsplatzes und des Berufes, der aber durch ein hohes Maß an Gerechtigkeit, Gleichheit und lokaler Self-Reliance kompensiert wird.
25) Einen wesentlichen Beitrag zum Problem 'Entwicklung in Etappen' bringt Randall Baker in: 'The Administrative Trap', Development Studies Discussion Papers No. 5, Norwich, University of East Anglia (2): „Der Haken an diesem Argument ist: die Teilung von Verantwortung in voneinander abgeschlossenen Ressorts bewirkt, daß die Administration weder in der Lage ist, die Natur eines ökologischen Problems wahrzunehmen noch wirkungsvoll zu seiner Lösung beizutragen. Dagegen beeinflußt diese Struktur sowohl den Typ Hilfe, den die Länder suchen, wie den Typ, den sie erhalten, denn Hilfe wird ja nur gewährt, wenn um sie ersucht wird."
26) Bei M.K. Gandhi heißt es: „Ich wünsche, das geistige Wohlergehen der schweigenden Millionen in unserem Land und daß sie glücklich werden. Um dieses Ziel zu erreichen, brauchen wir keine Maschinen ... sollten wir sie benötigen, werden wir sie sicher einsetzen. Maschinen, die dem Menschen helfen, erfüllen ihren Zweck, degradieren sie aber die Mehrheit der Bevölkerung zu „Wärtern" oder zu Arbeitslosen und konzentrieren sie die Macht in wenigen Händen, dann ist hier für sie kein Platz." (Zitiert nach Boyle and Harper, ed. Radical Technology ... p. 250).
27) Fast das ganze Jahr über können die Norweger nach einem kurzen Stück Weges sich bücken, ihre Hände zu einer Schale formen und frisches Wasser trinken. (vielleicht müssen sie zuvor ein Loch in das Eis schlagen). Wasser ist noch kostenlos, hier herrscht direkter Konsum vor, der in seiner Beziehung zur Natur noch nicht durch Menschen-Hand geschaffene Produktionsprozesse, Kapitalisierung etc. gestört ist. Könnte Stromenergie nicht auf die gleiche Weise zugänglich gemacht werden, auf automatisiertem Wege, (es ist fast soweit: Die Elektrizitätsversorgung von Oslo wird bereits von nur 25 Angestellten überwacht), wie wäre es also mit anderen Worten, wenn eine Art künstliche Natur eingeführt und allen zugänglich gemacht würde?
28) Folgende Illustration beruht auf einer Geschichte von Ignacy Sachs (der allerdings für die hier vorgetragene Version nicht verantwortlich ist); sie mag diesem Zweck dienen. Stellen Sie sich einmal unterernährte Menschen vor, die nahe an einem Sumpf leben, mit hungrigen Fröschen darin, und krankheitserregende Moskitos schwirren umher. Eine starke Lampe nahe an der Oberfläche treibt die Frösche in die Höhe und zieht die Moskitos herunter in die Reichweite der Frösche; so finden Frösche ihre Nahrung, der Mensch ist die Moskitoplage los und kann sich letztlich von Fröschen ernähren. Ökologischem und ökonomischem Denken würde sich sofort das Problem der Gewährleistung frischen Nachschubs von Fröschen und Moskitos wie der Beseitigung des Abfalls stellen; ideal wäre, der Abfall würde sowohl Moskitos wie Fröschen als Nahrung dienen, wie die Moskitos den Fröschen, die Frösche dem Menschen — und im ganzen Prozeß würde soviel Energie gewonnen (durch die Entstehung von Methan im Biogas), daß damit die Lam-

pe angetrieben werden könnte. Das würde allerdings eine positivere Einstellung gegenüber Moskitos erfordern als die der Ausrottung.

29) Tsurumi unterscheidet 'Ethno-Wissenschaft' und 'Ethno-Technologie'. Er versteht darunter, zum einen lokale Versionen, zum anderen 'einen anderen Typ von Wissenschaft und Technology, der sich in einer Meta-Sprache ausdrückt, etwa in mathematischen Symbolen, der universal akzeptiert und von Menschen unterschiedlichster Gesellschaften benutzt wird" (Some Potential Contributions ...' p. 2). Diese Unterscheidung unterschätzt, wie sehr 'moderne' Wissenschaft bereits zur westlichen 'Ethno-Wissenschaft' geworden ist. Aus der Sicht der UN siehe hierzu: Silviu Sigal, 'Economic and Socio-Political Aspects of the Implementation of a Programme of Concerted Research on the Transfer of Knowledge', UNESCO, Paris, SHC-75/Conf. 617/Col. 4.

30) In seinem Artikel 'Homespun Philosophy' (Boyle and Harper, ed. 'Radical Technology', pp. 254-56) deutet Satish Kumar auf ein wesentliches Element im Denken Gandhis hin: Will man die Fremdherrschaft im eigenen Land schwächen und zerstören, so ist dies nur auf einem Weg möglich, Erfindung und Unterstützung einer eigenen, unabhängigen Technologie, d.h. Befreiung von der Abhängigkeit zentralisierter Industrietechnologie. In einem hochorganisierten und -industrialisierten Land sind die Möglichkeiten zur Beschäftigung äußerst festgelegt. Die Arbeitskräfte sind hochspezialisiert. Da sie nur im Umgang mit bestimmten Maschinen geschult wurden, können sie ihren Arbeitsplatz auch nicht so einfach gegen einen anderen austauschen; Arbeitslosigkeit wird daher zum Problem. Zentrale Technologie bedeutet Abhängigkeit für die Massen und Privilegien und Monopole für einige wenige. Dagegen ist dezentralisierte Technologie 'Technologie der self-reliance für alle'.

31) Peter O'Brien hat mich darüber hellhörig gemacht, daß es möglicherweise einen Widerspruch gibt zwischen Befriedigung der Grundbedürfnisse (da linear, nicht-zyklisch) und ökologischem Gleichgewicht (nicht-linear und zyklisch).Dieser Widerspruch trifft jedoch nur auf die Befriedigung materieller, nicht aber auf immaterielle Grundbedürfnisse zu, da für letztere kein materieller Faktor benötigt wird. Der lineare Charakter materieller Grundbedürfnisbefriedigung stimmt allerdings bestens überein mit dem für westliche Zivilisation typischen Wettbewerbscharakter zwischenmenschlicher Beziehungen und der Anschauung, der Mensch sei 'Herr der Natur'. Wahrscheinlich liegt die beste Definition einer Unterscheidung materieller und nichtmaterieller Bedürfnisse darin, ob es sich aus ihrer Befriedigung eine Nullsummen-Beziehung ergibt oder nicht.

32) Diejenigen, die das vorrevolutionäre Shanghai und Havanna gekannt haben und über ihre (unbestreitbar) gegenwärtige Trostlosigkeit klagen, mögen einmal darüber nachdenken, wie in einer Gesellschaft jahrhundertealter Ausbeutung ländlicher Gegenden diese wieder in Schwung kommen sollen ohne daß man den Zitadellen dieser Ausbeutung nicht etwas von ihrem Schein nimmt. Nur so können im absoluten Sinn annähernd gleiche Ausgangsbedingungen hergestellt werden.

33) Eine wichtige Frage lautete zum Beispiel: ,,Auch die politischen Implikationen industrieller Technologiegüter sollten mit in Betracht gezogen werden.

Erhalten wir sie auf Kosten der Lebensverhältnisse und -standards der Menschen in anderen Teilen der Erde? Oder auf Kosten der Arbeits- und Gesundheitsbedingungen derer, die sie herstellen? Läßt sich das System nur mit Hilfe großer, allmächtiger Unternehmen am Leben erhalten? Werden wir durch den Gebrauch dieser Güter von ihnen abhängig und wer wird letztendlich jeden Schritt unseres Lebens kontrollieren?" (Boyle and Harper, ed. Radical Technology ... p. 173) Zu wertvollen Analysen zu diesem Thema siehe auch „Das aktuelle Magazin 'Technologie und Politik' ", Rowohlt, Hamburg.

34) Diese Ansicht betrifft verschiedene Aspekte der heutigen Frauenbewegung: Sie drückt die Hoffnung aus, daß sich ihre soziale Energie nicht darin erschöpfen soll, Alpha-Strukturen zu erobern, um sie neu zu legitimieren und zu stärken, sondern daß sie diese Strukturen zurückdrängen, wenn nicht sogar völlig zerstören. Es erübrigt sich wohl besonders zu betonen, daß sich dies nur mit Hilfe gleichgesinnten und gleichgestellten Männern gemeinsam erreichen läßt.

IV. Self-Reliance als Politik

Es soll von Anfang an nachdrücklich darauf hingewiesen werden, daß eine Diskussion über Self-Reliance keine Diskussion über eine Übergangsstrategie zu etwas Utopischem, sondern eine Diskussion über einen sehr lebendigen Prozeß ist, den heute jedermann in der ganzen Welt beobachten und diskutieren, und den jeder unterstützen – oder bekämpfen kann, wie es bereits viele tun und noch tun werden, je mehr die Bewegung an Bedeutung gewinnen wird. Grob geschätzt umfaßt der Prozeß der Self-Reliance bereits eine Milliarde Menschen, d.h. *ein Viertel der Menschheit* bildet eine aktive Avantgarde, während die restlichen drei Viertel apathisch daneben stehen oder die Entwicklungsprozesse vergangener Jahre diskutieren. Von dieser Milliarde Menschen ist die Mehrheit chinesisch (1), gefolgt von vielen Völkern des früheren Indochina, von großen Teilen Indiens und Sri Lankas, wo Gandhis *sarvodaya* in Theorie und Praxis noch lebendig ist, von der *juche* in der Volksrepublik Korea (Allerdings stärker auf der nationalen als auf der lokalen Ebene (2), der *ujamaa* in Tansania, dem Beginn einer solchen Bewegung in Madagaskar, ähnlichen Bestrebungen in Somalia, den Entwicklungen in Albanien, den wachsenden Bestrebungen in vielen Teilen Westeuropas, besonders in den nordischen Ländern (3), und anderen, über die ganze Welt verstreuten Bewegungen, die bis jetzt noch gar nicht registriert wurden, da sie für uns noch schwer zu erkennen sind. Daraus folgt, daß die Politik der Self-Reliance eine wichtige Rolle in der Geschichte unserer heutigen Welt spielt – *Self-Reliance ist der Versuch, fünf Jahrhunderte Abhängigkeit vom Westen zu revidieren.* Sie will den Kurs korrigieren, der eingeschlagen wurde, als Columbus nach Westen und Vasco da Gama nach Osten reiste (beide zu zweit) und für eine Welt kämpfen, in der jeder Teil ein Zentrum ist (4).

Entwurf einer Welt der Self-Reliance

Zum besseren Verständnis der oben festgestellten Tatsache, daß Self-Reliance das Gegenteil von Abhängigkeit ist, kann eine nähere Untersuchung des Begriffes „Abhängigkeit" im englischen Sprachgebrauch beitragen: In der englischen Sprache hat das Wort „dependence" zwei Negationen, die beide implizit in der Idee von Self-Reliance enthalten sind: *in*dependence (Unabhängigkeit) und *inter*dependence (gegenseitige Abhängigkeit). Unabhängigkeit bedeutet Auto-

nomie, diese unschätzbare Kombination aus Selbstvertrauen, einem hohen Maß an Selbstversorgung und Furchtlosigkeit, die jeden unangreifbar macht. Gegenseitige Abhängigkeit bedeutet eine auf Gleichheit gegründete Form der Zusammenarbeit, die keine neuen Strukturen von Abhängigkeit hervorbringt. Sie läßt sich am ehesten mit einem geographischen Nachbarn verwirklichen, aber auch in der weiteren Umgebung kann es tolerante, soziale Partner geben.
Wir sollten daher künftig eine Struktur anstreben, die auf einer Zusammenarbeit jener Länder basiert, die man heute *Entwicklungsländer* nennt sowie den Entwicklungs*regionen* der reichen Länder — wo der Nutzen gleich verteilt ist, wie es in jeder auf Gerechtigkeit gegründeten Beziehung der Fall ist. Doch wie auch immer, *der wirklich Autonome fürchtet niemals die Zusammenarbeit mit anderen*, da er weiß, daß er sich wieder *ab*koppeln kann, falls die Beziehung vertikale Formen annimmt. Er wird eine Politik der *An*koppelung erst dann wieder verfolgen, wenn ausreichende Veränderungen im System stattgefunden haben.
Das alles ist in keinem Fall unproblematisch: Die Welt hat zwar viel Erfahrung mit Unabhängikeit und Abhängigkeit, aber nur wenig mit jener Art von gegenseitiger Abhängigkeit, wie es bei einer partnerschaftlichen Beziehung der Fall ist. Die Dritte Welt hat sich einfach zu schnell aus der gerade gewonnenen Unabhängigkeit in eine erneute Abhängigkeit der selbsternannten Zentren des Westens begeben. Erst jetzt entwickeln sich allmählich autonome Strukturen im Kontext einer (weltweit) wachsenden Interdependenz. Wir müssen alle erst langsam lernen, wie man in der Praxis Unabhängigkeit (Interdependenz), Autonomie und Gleichheit miteinander verbinden kann (5). *Diese Kombination nennen wir dann Self-Reliance.*
Setzen wir nun voraus, daß Self-Reliance immer weitere Kreise zieht, so wird dieser Prozeß sicher nicht ohne Rückschläge vonstatten gehen (wie alle menschlichen Unternehmungen), aber mit einer größeren Geschwindigkeit als in den letzten 25 Jahren — und zwar auf allen Ebenen: lokal, national und regional. *Wie würde unsere Welt dann aussehen?* Es würde eine Welt mit vielen Zentren sein: Aber es würde kein „Zentrum" im heutigen westlichen Sinne geben, das sich auf die Kontrolle abhängiger Peripherien stützt, sondern es wäre auf gegenseitige Partnerschaft gegründet — nach chinesischem Vorbild. Jedes dieser Zentren wäre autark in seinen Produktionsmöglichkeiten zur Befriedigung der materiellen Grundbedürfnisse — wie Kleidung, Wohnung, Bildung und medizinische Versorgung. Jedes Zentrum hätte außerdem ein, diesen Bedürfnissen angepaßtes Energieversorgungssystem. Darüberhinaus würde nicht nur ein Warenaustausch stattfinden, sondern auch ein Austausch von Erfahrungen — immer auf der Grundlage gegenseitiger Gerechtigkeit. Und all dies würde auf verschiedenen Ebenen entstehen, angefangen beim Einzelnen und bei kleinen Gruppen wie *Familien* (Größe 10^{0-2}), über die *lokalen* (Größe 10^{2-4}) (6) und *nationalen*

Ebenen (Größe 10^{5-7}) (7) bis zu *regionalen* Ebene (Größe 10^{8-10}) (8). Am Ende würde Self-Reliance die ganze Welt umfassen, ob „sie" dies nun will oder nicht. Strenggenommen wäre diese Welt genau das Gegenteil unserer heutigen Welt mit all ihren Abhängigkeitsketten, die immer von den westlichen (und bis zu einem gewissen Grade auch von den sozialistischen) Metropolen ausgehen und zwar über ein System vielschichtig miteinander verbundener Regionen, Nationen und Destrikte bis hin zum entlegendsten Dorf. Am Ende dieser Kette steht fast immer eine alte, unterernährte, obdachlose, immer kranke Frau in Lumpen, die Analphabetin ist – ausgebeutet von jedermann, ob nah oder fern. Grundlage der heutigen Politik der Abhängigkeit ist die Ausbeutung der Ressourcen in den Peripherien durch Abzug von Kapital, Bodenschätzen, Arbeitskräften und der Intelligenz. *Grundlage der Politik der Self-Reliance ist die Rückgewinnung der Kontrolle über diese Ressourcen* – über Kapital, Rohstoffe, Arbeit und über das Wertvollste von allem, die menschliche Kreativität. Der ganzen Theorie der Self-Reliance liegt folgende Hypothese zugrunde: Alle Ressourcen zusammen bilden ein Reservoir, das *ausreichen* würde, weltweit alle menschlichen Grundbedürfnisse zu befriedigen. Würden sie nicht – wie heute – teilweise abgezogen, fehlgeleitet und größtenteils verschwendet – und das Ganze wäre schon nach einer relativ kurzen Umstellungszeit von, sagen wir, fünf bis 25 Jahren machbar! Die notwendige Voraussetzung wäre allerdings eine Kontrolle durch lokale Kräfte sowie die aktive Partizipation der Massen. Diese Bedingungen sind gleichzeitig auch ein Schlüssel zur Befriedigung der nicht-materiellen Grundbedürfnisse, denn man ist wieder *Subjekt* der eigenen Bedürfnisbefriedigung, und nicht Objekt, d.h. Kunde am Ende einer neuen Abhängigkeitskette, an deren Spitze Manager unterschiedlichsten Typs stehen. Kurz, eine ganz andere Welt – so verschieden von unserer heutigen, wie diese von der Welt vor Columbus und da Gama.

Self-Reliance bedeutet Kampf

Die obige Aussage hat eine Bedeutung, die an sich trivial und doch zugleich außerordentlich bedeutsam ist: Der Pollitik der Self-Reliance wurde und wird von allen Seiten Widerstand entgegengesetzt. Aufgrund der in der heutigen Weltordnung herrschenden Interessen wird Self-Reliance daher immer eine Politik des Kampfes bleiben. Dies sollte nicht nur in rein materiellem Sinn interpretiert werden, d.h. daß die Ressourcen von den kleineren und größeren Industrie-Zentren ausgebeutet werden, sondern auch in einem nicht-materiellen Sinn, Macht als *bene per se* (gut an sich) betrachtet wird. Wenn die Peripherien der Welt ihre Ressourcen tatsächlich selbst kontollieren und nutzen könnten, würde die Welt

eine tiefgreifende Umgestaltung erfahren (9). Der Fall China zeigt dies ganz deutlich: In den Jahren 1948-49 war China noch ein Teil jener Elendsgebiete, die durch Übergriffe des Westens entstanden sind — und 25 Jahre später ist das Land ein selbstständiges Zentrum, das kein Politiker der führenden Nationen übersehen kann — nicht nur, weil es ein neuer Absatzmarkt ist, sondern auch deshalb, weil man von China lernen kann, wie und warum ein nichtwestliches Zentrum Wirklichkeit werden konnte. Kein Wunder, daß diese die chinesische Errungenschaft einstimmig mit der „chinesischen Kultur", „der 5000jährigen Geschichte" oder „mehr als 2000 Jahre als zentral verfaßten Staatswesen" zu erklären versucht und nicht, oder nur kaum mit dem Kampf um lokale, nationale und regionale Self-Reliance. Ein Kampf , der seine Gültigkeit auch über die Grenzen Chinas hinaus unter Beweis stellen könnte (10). Die Vorstellung, auch in Lateinamerika, Afrika, der arabischen Welt, Süd- und Südostasien — um nur einige regionale Möglichkeiten aufzuzählen — könnten sich ebenfalls solche Zentren nach chinesischem Muster bilden, muß all jenen zutiefst suspekt erscheinen, die — einzeln oder gemeinsam — bisher in den Kategorien von Washington, London, Paris, Moskau und Tokyo (mit ihren jeweiligen Subzentren) gedacht haben, und die sich beinahe naturgesetzlich als Zentren der ganzen Welt verstehen. Kein Wunder also, wenn die Eingliederung Chinas so energisch vorangetrieben wird.
Es ist unter diesen Umständen zu erwarten, daß der Kampf um Self-Reliance, der mit den Entkolonalisierungskämpfen und -prozessen nach dem 2. Weltkrieg begann, erbittert weitergeführt werden wird. Das heißt allerdings nicht, daß alle Phasen gleich heftig verlaufen werden. Aber so notwendig es ist, etwas über die Strategie der Self-Reliance zu wissen, so notwendig ist auch, eine Vorstellung von den möglichen Gegenstrategien zu haben, um für alle Fälle gerüstet zu sein. Das nun folgende ist mit dem doppelten Ziel geschrieben, mit der besonderen Absicht Strategie und Gegenstrategie zu erklären, falls es zu einer kämpferischen Auseinandersetzung kommt — eine Dialektik, die vermutlich ihre Höhen und Tiefen haben wird. Denn wir gehen in keinem Fall von einem einfachen linearen oder gar gleichmäßig exponentiellen Wachstum des Phänomens Self-Reliance in der Welt aus, da der Widerstand ebenfalls an Stoßkraft gewinnen wird.

Self-Reliance bedarf einer vielschichtigen Ideologie

Im folgenden werden wir davon ausgehen, daß Politik ein Phänomen mit verschiedenen Phasen ist (die nicht notwendigerweise in einer bestimmten zeitlichen Abfolge auftreten) und das anhand von fünf Komponenten beschrieben werden kann: Bewußtseinsbildung, Mobilisierung, Konfrontation, Kampf und Transzendenz (Übergang) (11). Doch viele politische Offensiven bleiben in der ersten, zweiten, dritten oder vierten Phase stecken und erreichen nie den krönenden Abschluß. Auch müssen wir zwischen der individuellen und kollektiven (lokaler, nationaler, regionaler) Ebene der Self-Reliance unterscheiden. Dabei dürfen wir nicht vergessen, daß auch nichtterritoriale Zentren (Zusammenschlüsse, Organisationen) mehr oder weniger selbstbestimmt (self-reliant) handeln können. Das erste Problem, das sich uns nun stellt, ist das Problem der Bewußtseinsbildung: Wie geht dieser *Prozeß der Bewußtwerdung*, das innere Erwachen, vor sich?

An dieser Stelle möchte ich vom editorischen „wir" zur Ichform überwechseln: Ich möchte in subjektiver Form darlegen, wie *meine* Ideologie der Self-Reliance aussieht — sozusagen als eine Anschauung unter vielen: Meine Ideologie besteht aus einer Kombination von einer gewissen Vorstellung über den Menschen, von lokalen Organisationen — besonders unter dem Aspekt ihres Verhältnisses zum Staat, von Strukturen sozialer Interaktion im allgemeinen und wirtschaftlicher Produktion / Konsumtion im besonderen sowie internationaler Beziehungen. Meiner Theorie liegen verschiedene Quellen zugrunde: die aus dem buddhistischen Denken des Ostens und dem existenzialistischen Denken des Westens gewonnenen Einsichten in die Seele des Menschen, das anarchistische Gedankengut über die Bedeutung lokaler Autonomie, das liberale Denken über Freiheit und die äußeren Lebensbedingungen der Menschen im allgemeinen sowie in der Gesellschaft, die marxistische Betrachtungsweise der sozialen Strukturen und die anti-imperialistische Theorie und Praxis der letzten Jahre. All dies zusammen ergibt eine moderne Version des Föderalismus, wobei ich großen Nachdruck auf die Entscheidungsfindung an der untersten gesellschaftlichen Ebene lege sowie auf ökologischer Rücksichtnahme aufgrund meines Respektes vor der Natur und meiner Solidarität mit gegenwärtig und künftig lebenden Generationen. Das ist mehr, als in den Umweltprogrammen der Vereinten Nationen postuliert wird, denn diese versuchen nur die inneren Bedürfnisse (Grundbedürfnisse) der Menschen zu befriedigen, nicht aber die äußeren Schranken zu durchbrechen (die unser Planet setzt) (12). Jede Ideologie der Self-Reliance muß also jedes nur denkbare Vakuum mit eigenen Vorstellungen über Produktion und Verteilung füllen, ebenso wie mit Strukturen, die wahrscheinlich am ehesten die gewünschten Resultate hervorrufen.

Daher muß meine Ideologie einen vielschichtigen Charakter haben — aus Gründen, die ich im folgenden näher erläutern möchte: Meine Ideologie ist zwar inspiriert von jeglicher Art von Neo-Marxismus — mit dem sie auch häufig verwechselt wird — doch sie beinhaltet mehr: Auf globaler Ebene stimmt sie in vielem mit der Position überein, die die Dritte Welt hinsichtlich einer nicht nur ökonomischen Neuordnung der internationalen Beziehungen einnimmt. Auf

nationaler Ebene weist sie eine große Nähe zu dem herkömmlichen sozialistischen Gedankengut auf: Nationalisierung einiger Schlüsselbereiche der Wirtschaft, um die Befriedigung der materiellen Grundbedürfnisse der Bedürftigsten als oberstes Gesetz von Produktion und Surplus durchzusetzen. Und auf lokaler Ebene zeigt sie viel Ähnlichkeit mit anarchistischem Denken, aber auch mit liberaler und teilweise sogar kapitalistischer Praxis. Grundlegend für die gesamte Idee der Self-Reliance ist daher die Selbstverwaltung aller Ressourcen durch lokale Gemeinschaften und die Förderung von Kreativität und Initiative – man kann sogar sagen von Unternehmergeist. All dies kann sich nur in einer Atmosphäre totaler Freiheit voll entfalten, dabei kommt der Redefreiheit eine besonders große Bedeutung zu (13). Die Menschen müssen Ideen und Einsichten entwickeln und umsetzen können, zum Nutzen der lokalen Ebene – etwa einer Gemeinschaft mehrerer Dörfer oder städtischer Bezirke. Jede Idee, die Aussicht auf Erfolg und die Möglichkeit zur Identifikation und Partizipation verspricht, wird konsequent verfolgt. In der Betonung von Kreativität und Initiative ist meine Ideologie durchaus dem Kapitalismus verwandt. Die Forderung nach Partizipation der Massen (der „Unternehmer" ist in diesem Fall keine Privatperson oder oberster Manager in einer privaten oder staatlichen Kooperation, sondern Teilhaber der ganzen Gesellschaft) und nach der Herstellung gleicher Beziehungen zwischen allen Einheiten weisen dagegen in eine ganz andere Richtung. Die Produktion beruht nicht auf der Aneignung einer Peripherie, die das nötige Kapital, die Bodenschätze und gelernte wie ungelernte Arbeiter bereitstellt (indem alles in die Zentren transportiert wird und nur gewisse standarisierte Produktionsformen in den Peripherien zugelassen werden). Wir beginnen die Produktion auf lokaler Ebene mit den dort vorhandenen Reichtümern und schaffen von Grund auf Bedingungen gleicher Tauschmöglichkeiten.
Vielen mag diese Ideologie in ihrer ungestörten Kombination „ekklektisch" erscheinen. Dieser Ausdruck steht in seiner negativen Bedeutung für eine nichtintegrierte Form unterschiedlichster ideologischer Elemente ohne echten Bezug zur Realität und ohne Möglichkeit, diese wirkungsvoll in die Praxis umzusetzen. Gäbe es nicht die chinesische Erfahrung, es würde schwerfallen, die Vorwürfe gegen eine derartige Ideologie zu entkräften. Daß dies für all jene, die gewohnt sind, in engeren ideologischen Bahnen zu denken, eine verwirrenden Kombination ist, das ist verständlich – aber nur von geringem Interesse. Es hat etwas mit der westlichen Tradition des Denkens zu tun: Die Tendenz, die Aufmerksamkeit auf eine sehr begrenzte Auswahl an Variablen zu lenken und diese mit einer Ideologie zu umkleiden – in der Anahme, daß eine Veränderung der Variablen alle anderen Möglichkeiten ausschließt – und so eine nachhaltige Veränderung im Gesamtsystem zur Folge hat. So bleibt marxistisches Gedankengut auf den kollektiven Besitz an den Produktionsmitteln und liberales Gedankengut auf das

Gegenteil, auf Privatbesitz und ausgeglichenen Wettbewerb, fixiert. Keine der beiden Denkrichtungen hat bisher erkannt, in welchem Maße ihr jeweils angestrebtes System von einem Staatswesen in Anspruch genommen wurde, wie es der „Westfälische Friede" von 1648 hervorgebracht hat, und wie sehr sie einander angeglichen wurden. Beide gehen von der Annahme aus, daß es vorrangig auf die Entwicklung der nationalen Ebene ankommt, da sich sowohl die lokale als auch die internationale Ebene ohne äußere Einflußnahme entfalten würde. Beide Ideologien sind also in ihren wesentlichen Punkten nur auf einer Ebene angelegt. Annahmen dieser Art liegen dem Konzept der Self-Reliance gegenwärtig nicht zugrunde. Stattdessen ist man beeindruckt, in welchem Ausmaß lokale, nationale und internationale Ebenen zusammenwirken, *wenn die menschliche Entwicklung und nicht etwa die nationale Ausdehnung zum Maßstab des Fortschritts erhoben wird.* Noch klarer formuliert: Wenn Self-Reliance nur auf einer Ebene verwirklicht wird, kann man nicht von echter Theorie und Praxis der Self-Reliance sprechen. Aber wir werden diesen Punkt weiter ausführen, um einer gedanklichen Verkürzung unseres ideologischen Konzepts entgegenzuwirken.

**Self-Reliance auf höherer Ebene
reicht nicht zu ihrer Verwirklichung auf unterster Ebene aus**

Stellen wir uns einmal vor, Self-Reliance kann sich in der gesamten Dritten Welt auf kontinentaler oder subregionaler Ebene durchsetzen: Praktisch würde dies die vollständige Kontrolle der ökonomischen Produktionsmittel für und durch Gruppen der Dritten Welt bedeuten. Wer aber sind diese Gruppen? So wie die heutige Welt strukturiert ist, dient das Zentrum-Peripherie-Gefälle dem Stärkeren unter den augenblicklich ärmeren Ländern. Es ist zwar möglich, daß regionale Self-Reliance die Dritte Welt vor einer Abhängigkeit von der Ersten und Zweiten Welt bewahrt (darum wird sie von diesen auch so vehement abgelehnt), aber sie bietet keinen Schutz vor Ländern wie Brasilien, dem Iran, Indien und (auch bald) Nigeria. Aus den subimperialen Beziehungen von heute entstehen vielleicht schon morgen neue Strukturen imperialistischer Herrschaft, mit der gleichen inneren Logik, denselben Grundmechanismen − in einigen Fällen sogar mit Visionen einer *„mission civilisatrice"*, die alte Mythen und längst vergangene Reiche wiedererstehen lassen (wie der iranische Fall zeigt).[*]

[*] Obzwar sich dies auf das Schah-Regime bezieht, gilt die Aussage auch für den heutigen Iran, wenngleich mit anderen Vorzeichen: nämlich die Intention der iranischen Geistlichkeit eine „Glaubensgemeinschaft aller Muslime" zu bilden, wie es im Grundsatz 11 der Verfassung der Islamischen Republik heißt. Näheres hierzu, siehe meinen Beitrag in Nohlen/Nuscheler (Hrsg.): Handbuch der Dritten Welt, Band 6, Hamburg 1983 (Ferdowsi).

Entsprechend gering ist auch der Erfolg, mittels nationaler Self-Reliance eine Veränderung zu erreichen, einzuschätzen. Tatsächlich haben viele nationalistische Regime auf der Grundlage der Landwirtschaft als Quelle des nationalen Reichtums oder in Form eines „ökonomischen Nationalismus" diesen Versuch unternommen. Aber ob sie nun links oder rechts tendierten, das Resultat war meist das gleiche: zunehmende Zentralisierung. Das eben angeführte Argument läßt sich durchaus eine Ebene tiefer wiederholen: Nationale Self-Reliance kann zwar vor Übergriffen ausländischer Mächte schützen, aber zugleich innerhalb der nationalen Grenzen weiterhin die Ausbeutung der Masse durch eine kleine nationale Elite zulassen. In manchen Fällen werden sogar die während der kolonialen Eroberung (gestern) entstandenen und im Neo-Kolonialismus (heute) weiterentwickelten Abhängigkeitsstrukturen zu einem soliden Netz künftiger Ausbeutung zusammengeknüpft. Als Ideologie ist Self-Reliance durchaus mit Handelsbeziehungen zwischen technologisch gleichgestellten Ländern (was immer das bedeuten mag) vereinbar. Aber zwei Gründe verdeutlichen warum die Versuchung immer wieder groß ist, die eigene Bevölkerung statt für die Produktion zur Befriedigung ihrer eigenen Grundbedürfnisse für die Exportindustrie einzusetzen: Zum einen scheint es einfacher, den ökonomischen Mehrwert in Form finazieller Mittel, wie Geld, und mit Hilfe nationaler Banken statt in Form lokal produzierter Güter zu kontrollieren, zum anderen kann der erwirtschaftete Mehrwert auf diese Weise leichter im Sinne der nationalen Eliten verwendet werden.

Der Unterschied zwischen rechts- und linksorientierten Systemen läßt sich in diesem Zusammenhang nur aus der Häufigkeit erklären, mit der die „wahren" Interessen des Volkes herausgestellt werden — ist also im wesentlichen rein theoretischer Natur. Gewöhnlich ist es die ländliche Bevölkerung, die am meisten leidet, da sie sich am wenigsten wehren kann: Aufgrund ihrer Siedlungsstruktur ist sie kaum organisiert und aufgrund der herrschenden Subsistenzwirtschaft bleibt ihr meist nur ein Minimum an Nahrungsmittel für den Eigenbedarf (es ist daher verständlich, daß die nationalen Eliten an einer Fortsetzung dieser rückständigen Produktionsformen interessiert sind) und da die Eliten ihrerseits in der Lage sind, die Städte notfalls mit importierten Nahrungsmitteln zu versorgen, sind sie auch vor Lieferboykotts seitens der ländlichen Bevölkerung hinreichend geschützt.

Falsch ist auch die weitverbreitete Ansicht, es sei leichter, die eigene Elite zu bekämpfen als eine imperiale Fremdherrschaft, da sich — im Fall eines nationalen Befreiungskrieges — die heimische Bourgoisie auf die Seite der Massen schlägt. Das trifft auch auf die lokale Ebene der Self-Reliance zu: Aufgrund unserer genauen Kenntnisse über die Funktionsweise von Dörfern und Dorfgemeinschaften darf nicht leichtfertig angenommen werden, daß sich autonome Dörfer automatisch zum Ort der Erfüllung menschlicher Grundbedürfnisse entwickeln. So bietet lokale Self-Reliance den Dörfern vielleicht Schutz vor parasitären Elementen der nationalen Elite, etwa vor den heute herrschenden Planungsexperten, die ihre Strategien „nicht im Interesse der einzelnen Gemeinden" entwerfen, sondern für die „gesamte Nation" (14) und den erzielten Mehrwert daher den urbanen, industrialisierten, kommerzialisierten und bürokratischen Zentren zufließen lassen. Dies aber macht die Dörfer gleichzeitig anfällig für die Ausbeutung des Schwächeren durch den Stärkeren. Und die Stärkeren sind jeweils jene, die beide Hauptproduktionsmittel kontrollieren: das *Kapital* (Güter) und das *Land* (im Zeitalter der Sklaverei kontrollierte man sogar die menschliche Arbeitskraft, bis man entdeckte, daß eine gewisse Lockerung der Kontrolle von Vorteil sein könnte, ebenso wie man etwas später herausfand, daß man die Kontrolle über Grund und Boden abgeben konnte — solange man die Kontrolle über die Produktionsgüter behielt). Und damit sind wir wieder auf der untersten Ebene angelangt: Bei Massenpartizipation und individueller Self-Reliance und der offenkundigen (sozialistischen) Schlußfolgerung, daß es eine lokale Kontrolle über alle lokalen Produktionsmittel geben muß (15).

Ohne Zweifel beruht eine Partizipation der Massen darauf, daß diese die gesellschaftliche Macht — einschließlich der Produktionsmittel — übernehmen und mit der Produktion für die Befriedigung ihrer eigenen Grundbedürfnisse beginnen. Dazu ist nicht unbedingt eine Revolution *strictu sensu* (im eigentlichen Sinne) erforderlich, oft wird bereits durch eine bestimmte Form genossenschaftlicher Bewegungen das notwendige und ausreichende Maß an Kontrolle erreicht. Das allerdings setzt die Institutionalisierung lokaler Entscheidungsfindung auf der Basis direkter Demokratie voraus. Derartige Entscheidungsprozesse können aber nur in einem Zusammenschluß verwirklicht werden, in dem durch eine ausreichende ökonomische Basis ein Existenzminimum im Sinne der materiellen Grundbedürfnisse garantiert werden kann. Darin unterscheidet sich Self-Reliance grundlegend von *Selbstverwaltung (Autogestion)* (16). Letzteres impliziert allgemeine Partizipation und direkte Demokratie bei Entscheidungsprozessen auf der Ebene einer Produktionseinheit (einer Farm, einer Fabrik, einer Firma), Self-Reliance setzt dagegen die Kontrolle über den gesamten Wirtschaftskreislauf — einschließlich der Entscheidungsprozesse — voraus. Auf dieser Grundlage, und hier schließen wir uns der marxistischen Forderung nach einer adäquaten materiellen Basis an, könnten eine ganze Reihe Aktivitäten und Institutionen auf unterschiedlichsten sozialen Gebieten entstehen, z.B. im Bereich der Kultur und im Bereich dessen, was man heute „Freizeit" nennt, aber stärker in die Arbeit integriert ist, und nicht wie in unserer arbeitsteiligen Gesellschaft, die beides voneinander trennt.

Self-Reliance auf unterer Ebene
reicht nicht zu ihrer Verwirklichung auf der höheren Ebene aus

An dieser Stelle können wir die Argumentation gegen Self-Reliance auf nur einer Ebene wieder aufnehmen und nach oben fortsetzen: Demnach reicht lokale Self-Reliance nicht aus. Selbst wenn jede Gemeinde den idyllischen Charakter trüge, der ihr von utopischer Literatur im allgemeinen und anarchistischer im besonderen zugewiesen wird – z.B. die Integration von Farmen und Fabriken (17) – bleiben noch mindestens zwei Probleme ungelöst: In einer zufünftigen Welt mit etwa 150.000 solcher Gemeinden von gleicher politischer Bedeutung (anstelle der heute 150 Staaten) wäre ein System lokaler Self-Reliance im heutigen Sinne denkbar, doch so sieht unsere Welt nicht aus. In der heutigen Welt kann eine Gemeinde auf dieser Basis nur funktionieren, wenn sie, neben Inspiration von aussen, lokal in ausreichendem Maße über dauerhafte Begeisterung und ständige Opferbereitschaft verfügt. Sobald der ideologische Output mehr oder weniger spärlich fließt und sich eine gewisse Routine ausbreitet, zerfällt die Bewegung, wie die Hippie-Kommunen der 60er Jahre (und in geringerem Maße auch die europäischen Kommunen, vielleicht weil sie nie einen Totalitätsanspruch geltend machten) deutlich zeigen. Heute brechen Transnationale und andere Kräfte – dank ihres in Produktion und Konsumtion durchschlagenden Demonstrationseffektes – in ungeschützte lokale Gemeinden ein, wobei es der stärkeren Gemeinde leicht fällt, über die schwächere die Oberhand zu gewinnen. Gewiß, auch in einer künftigen Welt ist dieser Verlauf denkbar: Anarchistisches Denken hatte schon immer Schwierigkeiten, wenn es um das Problem ging, all diese Gemeinden in eine vernünftige, friedliche Welt zu integrieren. Dieses Problem, die Beziehung zwischen nationaler und lokaler Planung in einer auf Self-Reliance gegründeten Gesellschaft, haben bisher nur wenige Studien behandelt.

Die Rolle des Staates

Wir kommen also zu dem Schluß, daß eine Bewegung der lokalen Self-Reliance in der Praxis nur bestehen kann, wenn sie sich auf die breite Masse der Bevölkerung stützen kann, d.h. nur im Rahmen nationaler Self-Reliance. Dabei geht es in einem Programm der nationalen Self-Reliance nicht nur um wichtige und schwierige negative Forderungen, z.B. daß es nicht die Aufgabe des Staates ist, sich einzumischen, wenn lokale Gemeinden versuchen, sich auf der Basis von Self-Reliance zu entwickeln. Es gibt auch eine Reihe positiver Forderungen, die am besten auf nationaler Ebene (eben vom Staat) gelöst werden können, denn es wird immer ökonomische Zyklen geben, die die lokale Ebene überschreiten. Die Produktion von Düngemittel muß z.B. nicht auf lokalen Biogas-Formeln allein basieren, auch eine begrenzte Anzahl chemischer Werke ist durchaus noch zu vertreten. Doch sollten diese Wirtschaftskreisläufe der Kontrolle von Personen unterstehen, die jenen Menschen verantwortlich sind, die von den Entscheidungen betroffen sind. Mit anderen Worten, Manager solcher nationalisierten Betriebe sollten einer direkten Kontrolle unterstehen und nicht länger auf indirekte Weise kontrolliert werden, durch Politiker (die wiederum ihrerseits durch institutionalisierte Wahlen an die Macht gekommen sind). Das uns bekannte System der „Selbstverwaltung", *samo upravljenje*, reicht zu diesem Zweck auch nicht aus, aus dem einfachen Grund, weil Manager und Arbeiter in solch einem Werk ein gemeinsames Interesse daran finden könnten, den aus der Ausbeutung anderer Wirtschaftskreisläufe erwachsenden Gewinn zu teilen (18). Weder parlamentarische Wahlen noch Arbeiterselbstverwaltung haben sich bisher als wirksam erwiesen. Das chinesische Modell, bzw. Nicht-Modell einer „Kultur-Revolution" ist wahrscheinlich besser, aber wesentlich schwerer zu institutionalisieren, da dies zugleich auch sein Untergang wäre. Es erübrigt sich zu sagen, daß dieses Modell mit den westlichen Paradigmen nationalstaatlicher Entwicklung, die auf Institutionen unter der Kontrolle eines kleinen elitären Kreises basieren – und daher wenig Raum für spontane Entfaltung lassen, nicht zu vereinbaren ist.

Es ist ebenfalls die Aufgabe des nationalen Zentrum, eine gute Infrastruktur für jede Art der Kooperation unter den lokalen Ebenen bereitzustellen. Transport- und Kommunikationsstrukturen eines abhängigkeitsorientierten Landes sind bekanntermaßen viel weniger zentralisiert. Daher wäre es eine der vordringlichsten Aufgaben für eine Regierung, die Self-Reliance verwirklichen will, den Surplus für den Ausbau eines Straßennetzes zwischen weitauseinanderliegenden Dörfern zu verwenden, um Peripherie mit Peripherie zu verbinden, und somit auf der Grundlage umfassender Solidarität Interdependenzen zu fördern. Erst an zweiter Stelle sollten Straßen und telegraphische Verbindungen eingerichtet werden, die die Hauptstadt mit den Distriktmetropolen und diese wiederum mit einem „zuverlässigen Zentrum auf dem Land verbinden. Es ist daher naiv zu glauben, daß praktizierte Self-Reliance auf lokaler Ebene nicht auch tiefgreifende Veränderungen auf nationaler Ebene mit sich bringt. Dabei handelt es sich jedoch nicht allein darum, ob der Staat sich von seiner Machtposition zurückzieht – zugunsten eines romantischen *laisser-faire* dörflicher Idylle, deren Beitrag Fahrräder und verbesserte Schubkarren (mit Gummirädern vom Typ eines Fahrrades und mit einem handlichen Griff, der bequemeres Ziehen ermöglicht) sind. In manchen Fällen wird nämlich gerade hier eine staatliche Subvention unumgänglich sein, zum Beispiel in gebirgigen Gegenden, wo der Ausbau eines Straßennetzes

zwar dringend erforderlich ist, dies aber die lokalen Mittel bei weitem übersteigt (ein Beispiel ist die *Sierra Maestra* in Kuba).
Doch da ist noch eine weitere sehr wichtige, aber auch sehr schwierige Funktion, die der Staat zu erfüllen hat. Selbst wenn die Beziehungen zwischen den lokalen Einheiten auf den ersten Blick ausgewogen erscheinen, müssen sie nicht notwendigerweise gerecht sein. Auch wenn keine Einheit die andere ausbeutet, unterscheiden sie sich dennoch in ihrer „Grundausstattung": Einige besitzen mehr, andere weniger ergiebige materielle und menschliche Ressourcen. Daher kann eine Einheit z.B. viel eher in der Lage sein, hemmende Bewußtseinsfaktoren zu überwinden und eigenes Potential an Kreativität freizusetzen, ebenso wie sie es besser versteht, schöpferisch auf die Massen einzuwirken und sich selbst von diesen inspirieren zu lassen, als andere. In der konkreten Praxis werden zwar alle „dem Volk dienen", aber „dem Volk vertrauen" werden nur diejenigen, die entdecken, daß sie reichlich belohnt werden. Zudem hat der Staat genügend Spielraum, um die Erfolgreichsten daran zu hindern, durch weitere Gewinnmaximierung die Ungleichheit zu verstärken. Ein Staat, der lokale Self-Reliance auf sehr niedriger Ebene ansetzt, würde wahrscheinlich eine zentralisierte Bürokratie und einen Machtapparat benötigen, um mittels Besteuerung und sozialstaatlicher Maßnahmen den reichen (Individuen) zu nehmen und den armen (Individuen) zu geben. Diese Einflußnahme kennt ein Land, das total auf Self-Reliance gründet, nicht: Hier geht es nicht länger um die Gleichstellung von Individuen, sondern von lokalen Einheiten. Diese Einheiten einer kollektiven Steuer zu unterwerfen, die ausschließlich den weniger Glücklichen zugute kommt, würde jedoch beiden, arm und reich, zugleich schaden. Andererseits entsteht ein destruktives Ungleichgewicht, wenn diese Maßnahmen nicht ergriffen werden. Für diesen Widerspruch haben die Chinesen eine Lösung gefunden: Bei ihnen wird der staatlich kontrollierte Industriesektor (der neben unzähligen kleinen „Fabriken" existiert) durch den Mehrwert reicherer Kommunen gefördert, während die über ihn ausgeübte Kontrolle zur Behebung gesellschaftlicher Ungleichheit dient. Für ein Land, in dem 80 % der Bevölkerung in der Landwirtschaft tätig sind, mag dies die richtige Lösung sein – ein Land, in dem weniger als 20 % in diesem Sektor beschäftigt sind, wird einen anderen Weg suchen müssen. Daraus folgt, daß nicht nur eine große Möglichkeit, sondern eine dringende Notwendigkeit besteht, die soziale Kreativität zu entfalten!
Die Verwirklichung nationaler Self-Reliance beinhaltet also wesentlich mehr als nur die Sicherstellung lokaler Autonomie und die Durchsetzung gerechter Tausch- und Kooperationsstrukturen *im Sinne der lokalen Einheiten*. Dem Staat kommt dabei die Aufgabe zu, die lokalen Produktionsstrukturen soweit zu stützen und zu ergänzen, daß die Doktrin des „ökonomischen Gleichgewichts" sinnvolle Anwendung findet und nicht zur ideologischen Stütze wirtschaftlicher Ex-

pansion und Zentralisierung wird. Besondere Bedeutung wird dabei der Herstellung arbeitssparender Geräte zukommen, die unnötig harte und erniedrigende Arbeit überflüssig machen. Der Staat wird neue Formen des Ausgleichs finden müssen, und nicht zuletzt muß er eine eigene Ideologie zum Schutz gegen äußere Übergriffe entwickeln. Ein Teil dieser Aufgaben wird anfangs von den nationalen Zentren gelöst werden müssen, weil die Massen zu lange in ihrem Selbstvertrauen erschüttert und ihre Ressourcen angegriffen wurden. Zum einen wird die Produktion zur Befriedigung materieller Grundbedürfnisse so lange auf nationaler Ebene durchgeführt, bis alle lokalen Einheiten im Lande selbst dazu in der Lage sind (dies kann allerdings angesichts der Stärke des innerstaatlichen Zentrum-Peripherie-Gefälles eine Weile dauern); zum anderen muß gegen jede Art von Interventionismus, der die sich herausbildenden Strukturen von Self-Reliance zerstören will, eine nationale Verteidigung errichtet werden. Dabei kann die Verteidigung nicht-militärisch oder militärisch, national (konventionelle „moderne" Armee) oder lokal (Guerilla) sein — es ist aber vorzuziehen, eine Kombination aus allen vier Möglichkeiten zu wählen. Das gemeinsame Ziel und der Wille auf diese Art durch eigene Kraft zu überleben, das *ist* Self-Reliance.

Wir betonen noch einmal, nationale Self-Reliance — besonders in der Dritten Welt — reicht nicht aus. Gemessen an den nationalstaatlichen Riesen des Westens (und Japan) sind viele nationale Einheiten allein zu klein und zu schwach. Zu leicht können sie — ebenso wie lokale Einheiten — von den großen Zentren erobert werden, wenn sie allein, fragmentiert und marginalisiert sind. Ohne jegliches Selbstvertrauen sind sie von materiellen Gütern und Dienstleistungen der Zentren abhängig (jedenfalls glauben sie das) und vor Furcht teilweise gänzlich gelähmt. Angesichts der vielen Interventionen, die die Dritte Welt — einschließlich vieler kleiner osteuropäischer Staaten — in den Jahren nach dem 2. Weltkrieg erleben mußte, ist dies in keiner Weise verwunderlich. Kein Zweifel, die einzige Chance, diese Strukturen zu durchbrechen, ist solidarisches Handeln, d.h. regionale Self-Reliance der Dritten Welt und ihrer Untergruppierungen, die zum einen für gerechtere Tauschbedingungen und zum anderen für ein höheres Maß an Autonomie kämpfen (im ökonomischen Bereich drückt sich dies *bislang* im Kampf um bessere „terms of trade" und um wachsenden Fortschritt in der Dritten Welt aus). Es bedarf wohl kaum des Hinweises, daß die OPEC-Aktion niemals nur von einem ölproduzierenden Land allein hätte durchgeführt werden können, ebenso wie es offensichtlich ist, daß die OPEC-Aktion mit aller Deutlichkeit gezeigt hat, daß regionale Self-Reliance allein nicht ausreicht die menschlichen Grundbedürfnisse zu befriedigen — siehe das Beispiel Iran. Diese Einsicht führt uns an den Ausgangspunkt unserer Argumentationskette gegen eine, nur auf einer Ebene angelegte und von oben nach unten durchgeführte Self-Reliance zurück.

Self-Reliance als dreidimensionale, dynamische Untersuchungsmethode

Zweifellos liegt demnach die Lösung – und dies *ist*, sofern es überhaupt eine gibt, die Doktrin der Self-Reliance – in der Kombination aller drei Ebenen: der regionalen, nationalen und lokalen; in einem dreidimensionalen Untersuchungsansatz, der die allgemeine menschliche Entwicklung zum Ziel hat. Doch dies ist eine Betrachtung allgemein strategischer Art – wie läßt sich diese nun in konkrete politische Strategie umsetzen? Präziser gefragt: Wenn es nicht möglich ist, alle drei Ebenen zum gleichen Zeitpunkt zu verändern, welcher Ebene soll dann der Vorrang gegeben werden? Soll man mit individueller *Bewußtseinsbildung*, mit Mobilisierung, Konfrontation oder Kampf auf der lokalen, nationalen oder regionalen Ebene beginnen?
Die Antwort darauf kann nicht auf allgemeinen, theoretischen Spekulationen beruhen. Alles hängt von der jeweiligen „politischen Situation" ab. Dennoch ist dies nicht nur eine Frage der „objektiven äußeren Zustände", auch subjektive Zielvorstellungen, Bewußtseins- und Mobilisierungsgrad spielen dabei eine wichtige Rolle. Die politische Situation bietet nur dann eine Gelegenheit zur Konfrontation, wenn bereits ein Minimum an Bewußtseinsbildung und Handlungsbereitschaft entwickelt wurde. In diesem Sinne war der Oktober 1973 eine solche politische Situation, die den Grad der Solidarität wesentlich erhöhte: Viele der arabischen Nation zuzurechnenden Staaten waren und sind schon immer erdölproduzierende Staaten gewesen. Allerdings ohne klare Vorstellung grundlegend verbesserter „terms of trade" wäre diese Tatsache – zumindest noch für einige Zeit – bedeutungslos geblieben. Doch sie hatten ein Ziel und nutzen die Stunde der Konfrontation, die eine ganz andere Ursache hatte, zur Mobilisierung – um die in ihrem Bewußtsein entwickelten Zielvorstellungen in den Kampf einzubringen. Ohne Zweifel führte dies zu einer partiellen Transformation der bestehenden Weltordnung. In anderen Fällen werden entwickeltes Bewußtsein und Mobilisierungsbereitschaft nur auf eine Gelegenheit warten (z.B. wenn ein alter Mann, Symbolfigur eines *ancien régime* eines sozialen oder biologischen Todes stirbt). Weitere Kombinationen wären denkbar – bis auf zwei: Bewußtsein ohne Aktion und Aktion ohne Bewußtsein. Aber wir haben es hier ja nicht mit vorgegebenen, statischen Richtlinien zu tun, sondern mit der dialektischen, nicht-linearen Entfaltung eines Prozesses.
Daraus läßt sich die Schlußfolgerung ableiten, *jede sich bietende Gelegenheit zu ergreifen*, besonders wenn die Kräfte der Abhängigkeit, ganz gleich, ob auf lokaler, nationaler oder internationaler Ebene, nachlassen. In jüngster Zeit erweist sich die internationale Lage als äußerst dynamisch – wenigstens wird dieser Eindruckt von der Presse, die sich um die Gunst der herrschenden Elite bemüht,

erweckt. Die Eliten der Dritten Welt zeigten ein erstaunliches Maß an Solidarität: Sie haben mit ihren Aktionen und Organisationen (Gruppe 77, die Blockfreien) das politische Denken und bis zu einem gewissen Grade auch die Praxis der gegenwärtigen Weltwirtschaftsordnung verändert. Aber diese Solidariät bleibt auf die Ebene regionaler Self-Reliance beschränkt. Steht jedoch die Frage der nationalen Self-Reliance zur Diskussion, bildet sich augenblicklich eine tiefe Kluft zwischen jenen Ländern, deren Eliten sich für einen Verbleib (aber zu besseren Bedingungen) innerhalb des westlichen Systems aussprechen, und jenen mit einer mehr sozialistischen Einstellung. Letztere spalten sich wieder in zwei Gruppen: die eine glaubt, nationale Self-Reliance sei genug, während die andere auch die lokale Ebene in ihren Kampf mit einschließt. Während viele Länder der Dritten Welt heute bereits einem Modell nationaler Self-Reliance entgegensteuern — indem sie wesentliche Bereiche ihrer Schlüsselindustrien verstaatlichen (sie werden gewöhnlich der Kontrolle militärischer Machthaber unterstellt) — versuchen nur wenige den Surplus systematisch in die Richtung der Bedürftigsten zu lenken, und nur eine Handvoll unter ihnen strebt ein Modell lokaler Self-Reliance an. Doch wie bereits in der Einleitung angedeutet, zusammen mit anderen Bestrebungen macht diese ,,Handvoll" Länder etwa ein Viertel der Menschheit aus.

Soll man nun aus diesem Grund eine Gegenposition zur Neuen Weltwirtschaftsordnung (NWWO) einnehmen (19),da diese Self-Reliance offensichtlich nur auf der regionalen — mit einigen Ausnahmen auch auf der nationalen — Ebene anstrebt, und dabei weder die lokale Ebene noch die der einzelnen Menschen mit ihren Bedürfnissen und Idealen (individuelle Ebene) in Betracht zieht? Nein, sie kann nur als einer von vielen notwendigen, aber nicht ausreichenden Schritten betrachtet werden, die in einem langen *Prozeß* den Kampf gegen die Abhängigkeit bestimmen. Ihre Entstehung verdankt die NWWO der Tatsache,daß dieser Kampf auf internationaler Ebene größere Aussichten auf Erfolg hat als auf den beiden anderen — wo auf der einen Seite die weniger entwickelten Länder mehr Kräfte aufbieten und mehr Bewußtsein zeigen denn je, während die Legitimation der anderen Seite in Frage gestellt ist, und diese zu keinen fruchtbaren Ideen mehr fähig scheint. Es war der Vienamkrieg, der mit aller Deutlichkeit den wahren Charakter der westlichen Welt enthüllt hat: sie teilte sich in das Lager derjenigen, die aktiv menschliches Leben vernichteten, und derjenigen, die sie dabei unterstützten und die ihren Protest nicht hinreichend artikulierten — bis sichtbar wurde, daß die Vietnamesen ,,die größte Macht, die die Welt je gesehen hat" schließlich besiegen würden. Natürlich hat es auf lokaler oder nationaler Ebene immer wieder Versuche gegeben, offene Konfrontation zu suchen, doch mit Ausnahme Chinas und des früheren Indochina nahmen diese Versuche in jüngster Zeit einen weniger spektakulären Verlauf. Auf der nationalen Ebene wurden in Ländern wie der Volksrepublik China, Korea und Kuba wesentliche Fortschritte erzielt — aber diese drei Beispiele zeigen deutlich, daß es für ein Land von entscheidender Bedeutung ist, ob sein Führer ein Philosoph ist, oder ein Mann, der sich berufen fühlt, „Spontan-Belehrungen" zu erteilen, ganz gleich, ob es sich dabei nun um Hühnerzucht oder um den Entwurf einer Fabrikanlage handelt. Was bleibt da der Bevölkerung anderes übrig, als „auszuführen und zu sterben" — wenn nicht auf dem Schlachtfeld des Krieges, dann wenigstens auf dem der Produktion, wo die Führung in den Händen eines (selbsternannten) Universalgenies liegt.

Es muß hier noch einmal betont werden, daß die positive Einstellung zur NWWO — als Teil eines umfassenden Prozesses — gegenüber ihren Schwächen nicht blind macht —, oder es jedenfalls nicht machen sollte. Zum Beispiel könnten die Erste und Zweite Welt entdecken, daß die Solidarität der Dritten Welt auch für sie Vorteile bringt, d.h., daß die Mehrheit — die sowohl einer nationalen wie auch lokalen Self-Reliance ablehnend gegenübersteht — die sozialistischen Minoritäten aller Länder der Dritten Welt überstimmen kann, sowohl in den klassischen sozialistischen Ländern (sowjetischer Provenienz) als auch in der neueren Varianten (chinesischer Prägung). Das hat wiederum zur Folge, daß die Dritte Welt als Ganzes wieder in den Mittelpunkt des Interesses rückt — und nicht eine Re-Strukturierung oder Neugestaltung von Strukturen innerhalb der einzelnen Länder der Dritten Welt. Für die kapitalistische Welt bedeutet dies eine Gelegenheit, in neuer Maske aufzutreten, indem ihre Tochtergesellschaften in der Dritten Welt in Gestalt nationalisierter Gesellschaften für Technologie-Transfer etc., für neue Formen von „joint ventures" eintreten (20). Auf diese Weise können die Strukturen der Abhängigkeit erneut gefestigt, und die Verschwendung der Ressourcen für die Produktion nicht-lebenswichtiger materieller Güter ungehindert fortgesetzt werden — was gleichzeitig auch der Befriedigung nichtmaterieller Grundbedürfnisse entgegensteht. Dies ereignet sich heute mehr oder weniger in den Staaten Osteuropas und in der Sowjetunion. Bis es diesen Ländern gelungen sein wird, ihr Versagen einzusehen und wirkliche sozialistische Strukturen hervorzubringen, werden sie diese Praktiken unterstützen und wahrscheinlich sogar für eine weitere Intensivierung des Handels eintreten, obwohl dies im Gegensatz zum ursprünglichen Verständnis von „Entwicklung" steht, nämlich zu der Forderung nach Befriedigung der Grundbedürfnisse der Bedürftigsten.

Es ist verständlich, daß dieser Weg für die westlichen Staaten wünschenswerter ist, als die Haltung jener Länder, die wirkliche nationale Self-Reliance zu verwirklichen suchen, ganz zu schweigen von jenen, die den Wunsch nach lokaler Self-Reliance vertreten — obwohl die der UNCTAD vorangegangene Struktur wesentlich günstiger war. Als Konsequenz läßt sich vorhersagen, daß die Solidarität in der Dritten Welt an einem bestimmten Punkt zustande kommen wird, einem

Punkt, der sich gewissermaßen als regressiv statt progressiv erweist (und der vielleicht schon erreicht ist). Nach dieser Anfangsphase wird vielleicht die Solidarität zwischen Ländern der Dritten Welt, die für nationale Self-Reliance eintreten und solchen Ländern, die auch lokale Self-Reliance befürworten, wachsen und sich zu einem wichtigen Faktor entwickeln – auch wenn diese Länder keine unmittelbaren geographischen Nachbarn sind. Dies mag eher dazu dienen, die Problematik von nationaler und lokaler Self-Reliance zu erhellen, als die dauernde Diskussion um die „terms of trade" (übrigens ein sehr begrenzter Ansatz) und damit mehr Länder für die Durchsetzung fortschrittlicher Entwicklungswege zu gewinnen. Wird dieses Ziel erreicht, dann zeigt sich auch auf einem anderen Gebiet die Notwendigkeit andauernder Solidarität unter den Ländern der Dritten Welt: Im Falle einer Intervention muß Solidarität vom verbalen Stadium (und vom UN-Abstimmungsmodus) in ein Stadium konkreter Aktion übergehen. Die politische Parole kollektiver Verteidigung muß lauten: „Eine Intervention gegen ein Land, das Self-Reliance verwirklichen will, bedeutet einen Angriff auf uns alle".

Daher wird in der Dritten Welt die Solidarität in den kommenden Jahren gleichzeitig anwachsen wie auch abnehmen – aber auf unterschiedlichen Gebieten. Man braucht heute nur ein wenig Phantasie, um sich ein Sekretariat für die Dritte Welt vorzustellen, z.B. mit dem 3. Welt Forum (21) als eine Quelle der Inspiration. Ein Sekretariat dieser Art würde für die Belange der Dritten Welt das bedeuten, was die OECD und die EG-Kommission (mit Unterstützung z.B. der Trilateralen Kommission) für die kapitalistische Welt bedeuten – zugleich aber würden dadurch auch die Risse in der Solidarität deutlich, besonders wenn (oder sobald) sich Länder wie Brasilien, Iran und Indien in einer Weise verhalten, wie man es bisher von den Großmächten in der UN seit deren Gründung gewohnt ist. Zudem herrscht ein großes Ungleichgewicht, was akademische Entwicklungsexperten betrifft – die Quote ist nur in Lateinamerika und Südasien hoch – sonst aber sehr niedrig.

Der Punkt, um den es hier geht, ist, sich diese Probleme vor Augen zu führen. Getragen und gelöst werden müssen diese Widersprüche von der Dritten Welt. Es ist anzunehmen, daß die regionale Ebene der Self-Reliance an Bedeutung gewinnen und sich stabilisieren wird, ebenso werden alle anderen Ebenen überall in den Entwicklungsländern in Bewegung geraten. Ein Grund dafür ist negativer Art: Es wird sich bald herausstellen, daß der Lebensstandard der Massen durch Maßnahmen wie z.B. die Verstaatlichung der Schlüsselindustrien, nicht wesentlich gehoben werden kann, da die Grundverteilungsstruktur dieselbe bleibt. Ein anderer Grund ist positiver Natur: Der Fall China zeigt, daß die Errungenschaften eines Systems, das auf Self-Reliance basiert, zunehmend Anerkennung findet und es wird für andere Regime immer schwerer werden, nicht wenigstens auch ein paar Schritte in diese Richtung zu machen.

Die Bewegung läuft jedoch bald Gefahr, auf der Ebene nationaler Self-Reliance zu stagnieren, da die gesellschaftliche Gruppe, die am ehesten in der Lage wäre, ein kapitalistisches System zu stürzen, nämlich die Armee, erfolgreich jedem Versuch widersteht – besonders wenn der Kampf eine ethnische Komponente enthält – Autonomie auf lokaler Ebene herzustellen.
Folglich reduziert sich die Politik der Self-Reliance in vielen Ländern auf die Politik, die innerhalb der Armee gemacht wird – von den Angehörigen jener Gruppen, die sich aus der nationalen Peripherie rekrutieren (oft Mitglieder des Heeres) und jenen, die aus den Zentren kommen und eine professionellere, weniger populistische Vorstellung von Entwicklung vertreten (gewöhnlich in der Marine und Luftwaffe überrepräsentiert). Bis heute hat die Welt keine Erfahrung mit einem Volksaufstand gegen ein nationales, sogar sozialistisches Regime mit einwandfrei anti-imperialistischen Tendenzen – außer vielleicht in Osteuropa. Doch diese Erfahrung wird bald ein Teil unserer gegenwärtigen Geschichte sein. Aller Wahrscheinlichkeit nach wird sie uns lehren – wie bereits angedeutet – daß es eher schwieriger sein wird, gegen eine gut abgesicherte, selbstgerechte, „progressive" nationale Elite zu kämpfen, als gegen die alten imperialistischen Strukturen – unter anderem, weil bei letzterem viele Anhänger der nationalen Elite auf der Seite des Fortschritts standen.

Die Reaktion der kapitalistischen Welt

Wie wird nun der kapitalistische Westen auf all diese Bestrebungen reagieren? Anfänglich – das bedeutet *heute* – wird er zusehen und Self-Reliance als „Marotte" abtun (22). Unter ständigen Hinweisen auf eine Rückkehr zur Steinzeit und zum Mittelalter wird er versuchen, das Ganze ins Lächerliche zu ziehen. Die Grundaussage „Wir werden unsere Ziele selbst bestimmen und unsere eigenen Mittel wählen" wird zwar registriert, allerdings mit einer Mischung aus Unglauben und Ärger. Die schnelle Anhebung (23) des Lebensstandards der Bedürftigsten in den armen Ländern wird dabei aber nicht an dem Elend gemessen, dem sie gerade entkamen, sondern am Lebensstandard der Reichsten in den reichen Ländern der Erde, die ihren Reichtum aufgrund jahrhundertlanger Ausbeutung erwarben. Wie der Marxismus zu seiner Zeit, wird auch Self-Reliance abgestempelt werden als „eine Ideologie linksorientierter westeuropäischer Intellektueller – den Söhnen und Töchtern von Direktoren und Professoren, die manchmal sogar von ihren Eltern unterstützt werden; etwas, was man sich nur leisten kann, wenn man reich, nicht aber, wenn man arm ist" (24). Die Leute, die so denken, werden sich begeistert mit jenen Gruppen der Dritten Welt zusammentun, die Self-Reliance als etwas Zweitklassiges ansehen. Und alles, was einen gegenteiligen

Eindruck erweckt, besonders bei einem direkten Vergleich einander ähnlicher Länder, wird „besonderen Umständen" zugeschrieben. Alle Fehlentwicklungen und negativen Erfahrungen werden dagegen als typisch herausgestellt. Westliche Eliten haben sich seit dem Jahr 1917 in dieser Praktik geübt und dabei genügend Sachverstand erworben, um derartige Kommentare mühelos zu verfassen. Sie werden in den Denkfabriken der Massenmedien in Auftrag gegeben, die darauf spezialisiert sind, menschliches Desinteresse zu erzeugen (25).

Für unabhängige (self-reliant) Länder in anderen Teilen der Welt ist dies jedoch nicht länger von Bedeutung, denn sie folgen nicht dem Beispiel jener westlichen Länder, die sich nur am Status Quo orientieren. Gerade weil es in keiner Weise Aufgabe des Staates ist, Bestrebungen lokaler Self-Reliance zu unterbinden (solange diese mit Self-Reliance-Maßnahmen auf anderen Ebenen korrespondieren), ist es auch nicht im mindesten die Aufgabe der westlichen Zentren, diesen Ländern im Wege zu stehen. Dies wird ein besonders harter Schlag sein für alle „Entwicklungsbehörden", diese blühende Industrie des Westens, die Bürokraten wie akademischen Fachkräften Arbeitsplätze sichert, Märkte für expansives Kapital und überschüssige Güter etc. öffnet – für die der Staat sogar die Garantie übernimmt, und die unauffällig den Fortbestand westlicher Kolonialpolitik gewährleisten, in dem sie die Lebenserwartung jener künstlich erhöhen, die sich in der Rolle eines Missionars, Wohltäters oder eines über andere Menschen eingesetzten Verwaltungsbeamten und geschickten Drahtziehers gefallen. Auch unter Self-Reliance braucht ein Land weitere Entwicklungshilfe, allerdings mit ganz anderen Mitteln und Inhalten, beispielsweise

— als einen Versuch, den Produktionsapparat so umzugestalten, daß eine größere Unabhängigkeit von äußeren Bedingungen und inneren Marktgesetzen anderer Länder der Dritten Welt erreicht wird,
— als einem gemeinsamen Programm zur Erforschung lokaler Self-Reliance-Technologien sowie dem Austausch von Erfahrungen, die in der Praxis von armen und reichen Ländern gesammelt wurden,
— als Lieferant finanzieller Unterstützung – besonders in Form ungebundener Darlehen, die zur Förderung von nationalen Self-Reliance Programmen verwendet werden können,
— durch die Unterstützung regionaler Self-Reliance, z.B. durch integrierte Handelsabkommen – möglicherweise auch als erweiterte Hilfeleistung: durch Umgestaltung der internationalen Handelsbeziehungen.

Glücklicherweise herrscht unter den Entwicklungsbehörden der westlichen Welt große Konkurrenz was all diese Fragen betrifft, wobei die Holländer, Schweden und Kanadier das Feld jener anführen, die Verständnis für die Politik der Self-Reliance zeigen und den Praktiken der Entwicklungshilfe der 50er und 60er Jahre äußerst ablehnend gegenüberstehen. Auf diese Ablehnung reagiert der

übrige Westen äußerst negativ, da es in seinen Augen doch reine Selbstlosigkeit war (26). Die Reaktion kann leicht eine interventionistische Aggressivität sein, wie sie für die Jahre nach dem 2. Weltkrieg kennzeichned war.
Doch wie auch immer, ebenso gefährlich wie die konventionelle Art der Entwicklungshilfe — sie steht im klaren Gegensatz zu Self-Reliance, weil sie nicht nur die Abhängigkeit von immer mehr Hilfe bewirkt, sondern weil sie ein Grundverhaltensschema internationaler Bittstellerei hervorbringt (China war das erste Land, das sich davon gelöst hat) — ist auch die Möglichkeit, daß kapitalistische Länder „in Self-Reliance investieren". Der Slogan ist treffend, besitzt Anziehungskraft und ist in seiner Semantik der kapitalistischen Idee der „Selbsthilfe" verwandt. Es ist nur der dumme Kapitalist, der diese Bewegung mit dem Aufgebot all seiner militärischen, politischen, ökonomischen und kulturellen Interventionsmittel bekämpfen wird, der kluge wird dagegen seine Spione zu den fortschrittlichen Gruppen schicken, ihre Ideen sammeln und vermarkten: Unter dem Motto „Für Ihre Self-Reliance" oder „Wie man die ersten Hindernisse überwindet". Denn vieles ist durchaus vereinbar mit der jüngsten Umorientierung auf dem Gebiet der technologischen Hilfe, ist ein zusätzliches Mittel, die Strategie des „Wenn du sie nicht schlagen kannst, schließe Dich ihnen an" durchzusetzen — die eine äußerst bedrohliche Form des Angriffs darstellt.
Die Bestrebungen der unter den herrschenden Dominanzverhältnissen in den zentralen Ländern lebenden politischen Linken, die sich in dem notwendigen Prozeß des strukturellen Wandels als Katalysatoren zur Verfügung stellen, können — wenn auch in abgemilderter Form, ähnliche Konsequenzen zur Folge haben. Solange kein klares Programm für einen stufenweisen Rückzug vorliegt, oder Grundstrukturen für ein echtes Zusammengehen mit lokalen Gemeinden erarbeitet sind, werden ihre Aktionen ebenfalls nur die gegenwärtigen Abhängigkeitsverhältnisse verfestigen. Diesen Gruppen bleibt nur eine einzige Alternative: Self-Reliance in ihrer eigenen territorialen und nicht-territorialen Umgebung voranzutreiben, und so eben diese zentralen Länder, die die schwächeren an der Verwirklichung von Self-Reliance hindern wollen, selbst zu schwächen. Diese Feststellung ist außerordentlich wichtig, denn ganz offensichtlich muß ein Programm für lokale und nationale Self-Reliance jeder Methode ablehnend gegenüberstehen, die voraussetzt, daß andere lokale, nationale oder regionale Einheiten in die Rolle von Rohstofflieferanten oder Lieferanten billiger Arbeitskräfte gedrängt werden. Aber eine derartige Politik stößt meist auf massiven Widerstand.

Self-Reliance in kapitalistischen Ländern

Die globale Strategie wird demnach von einem weiteren Faktor bestimmt, nämlich von jenen Bestrebungen in der Ersten und Zweiten Welt, die in eine ähnliche Richtung laufen. Viele kennen bestimmt die in den überentwickelten Ländern ausgebrochene Euphorie bei der Wiederentdeckung lokaler Gemeinschaft, der Landarbeit und dem nicht nur konsumbezogenen, sondern produktiven Miteinander – kurzum bei Self-Reliance mit ihren unterschiedlichen Erscheinungsformen. Längst nicht so bekannt sind ähnliche Bewegungen in der Zweiten, der herkömmlich sozialistischen Welt. Der Appell des 25. Parteitages der Kommunistischen Partei der Sowjetunion, den nicht-materiellen Aspekten des Lebens mehr Beachtung zu schenken, kann wohl in diese Richtung gedeutet werden. Angesichts der generellen Neigung dieser Länder, den Westen zu imitieren, ist die Quelle der Inspiration allerdings wohl eher in der linken Theorie und Praxis kapitalistischer Prägung des Westens zu suchen, als bei einem anderen Mitglied der sozialistischen Gemeinschaft – nämlich China. Denn die sozialistischen Länder haben im allgemeinen große Schwierigkeiten, von China zu lernen.
Die Zweite Welt, blind vor Angst und voller Komplexe, was eine mögliche westliche Überlegenheit betrifft (27), hat dafür eine – wie es scheint – spezifisch marxistische Ausdrucksform gefunden: Sie werfen den chinesischen Führern eine Neigung zu Kleinbürgertum und Bauernstand vor.
Daher wird sich die Motivationsstruktur von Self-Reliance in den reicheren Gegenden der Erde sehr davon unterscheiden. Was für die Dritte Welt eine Frage der Notwendigkeit, eine Frage des Überlebens – von Leben und Tod – ist, da sich die übrigen Existenzformen als mangelhaft, ja als katastrophal erwiesen haben, bedeutet für die Erste Welt nur einen Ausweg aus ihrer materiellen Überentwicklung und ihrer nicht-materiellen Unterentwicklung. Teilweise wird Self-Reliance hier vorangetrieben durch die allseits bekannten negativen Aspekte der modernen Industriegesellschaft, teilweise wird sie bestimmt durch die Vision einer besseren Zukunft mit höherer Lebensqualität, *weil* der Lebensstandard durchaus etwas reduziert werden kann. Zudem bietet Self-Reliance eine Lösung für das offenkundige Problem beidseitiger Abhängigkeit, denn nicht nur die Dritte Welt ist von Im- und Exporten abhängig, auch die Länder der Ersten Welt sind in gleicher Weise betroffen – und die Lösung für beide Welten lautet wachsende Self-Reliance.
In dem Maße, wie sich die Dritte Welt nicht mehr der alten ausbeuterischen Handelsstruktur bedient, in dem Maße wird das Produktionsvolumen der Ersten Welt nicht länger der Nachfrage entsprechen.

Die alten Methoden, neue Märkte durch die Anwendung mehr oder weniger imperialistischer Praktiken oder zeitweilig durch Launen und gezielte Rückständigkeit zu erobern, haben dem System bisher gute Dienste erwiesen. Doch die Zeiten haben sich geändert: Die Bewußtseinsbildung der westlichen Konsumenten wird nicht auch ohne Wirkung auf die Zweite Welt bleiben: diese wird dann ebenfalls weniger abhängig und weniger manipulierbar — eben selbständiger (self-reliant) sein. Überschußproduktion führt zu allseits bekannten Problemen: Eines davon ist strukturelle Arbeitslosigkeit. Aber es bieten sich auch verschiedene Lösungen an, die alle mit der Durchsetzung unabhängiger (self-reliant) Lebensstile in den überentwickelten Ländern vereinbar wären:
— Erhaltung der Produktivität — aber Verkürzung der Arbeitszeit, damit die Möglichkeit zu reichhaltigeren Lebensformen gegeben wird.
— Verminderung der Produktivität — nicht durch Erhöhung arbeitsintensiver, sondern kreativer Methoden, d.h. das Kunsthandwerk soll wieder an die Stelle der standardisierten Massenproduktion der heutigen Industriegesellschaft gesetzt werden.
Natürlich schließen sich diese beiden Methoden nicht gegenseitig aus, aber sie sind beide sehr sensible Reaktionen auf die sich verändernden Strukturen der weltwirtschaftlichen Beziehungen. Zugleich bieten sie auch die Möglichkeit, die Probleme einer materiellen Überentwicklung und einer nicht-materiellen Unterentwicklung zu lösen. Oder müssen diese Länder erst einen Krieg führen, um Self-Reliance zu entdecken?

Self-Reliance in den sozialistischen Ländern

In den Ländern der Zweiten Welt, der Welt des Sozialismus, manifestieren sich die Probleme auf eine andere Weise, denn diese Länder sind nicht so abhängig vom Handel mit der Dritten Welt; auch von einer materiellen Überentwicklung kann hier kaum die Rede sein — außer vielleicht in einigen Elitekreisen. Im Gegenteil, hier werden Strukturen materieller Unterentwicklung sichtbar, wenngleich nicht auf dem Gebiet der Bildung, der medizinischen Versorgung und der Kleidung, sondern auf dem Gebiet des Wohnens und der Nahrung (28). Gerade der Unterschied in der sowjetischen und chinesischen Leistung auf diesem Sektor macht die Relevanz lokaler Self-Reliance besonders deutlich. Vielleicht wirkt sich diese Tatsache eines Tages besonders motivierend aus. Vor allem bei den Bauern, die schon immer die Avantgarde bildeten mit ihren Aufständen (diese haben vor allem in Osteuropa eine lange Tradition) gegen rückständige Akkumulationsmethoden. Aber auch die nicht-materielle Unterentwicklung der Staaten Osteuropas — wie das Problem der Entfremdung (das sie mit den kapitalistischen Staaten Westeuropas teilen) und der Unterdrückung zeigt, wird die Motivation maßgeblich beeinflußen: Die Reaktion darauf werden Forderungen nach einem größeren Spielraum für lokale Initiativen sein, und danach, das Leben nach eigenen Vorstellungen zu entwerfen und gestalten – ohne gleich aus diesem Grund zum Kapitalismus zurückkehren zu wollen. Wahrscheinlich werden vor allem die Intellektuellen diese Art von Motivation am meisten entwickeln – und dies bringt uns zurück zu der These einer Allianz zwischen der Intelligenz, dem Bauernstand und einigen anderen „Minoritäten" – als eine Möglichkeit, Self-Reliance in diesen Ländern zu entwickeln. Zur gegebenen Zeit wird die Sehnsucht nach größerer Freiheit auch in China zu neuen Formen der Self-Reliance führen (29).

Schlußfolgerungen

Wir fassen zusammen. Analytisch haben wir unterschieden zwischen:
– *drei Ebenen der Self-Reliance*: lokal, national und regional – ihnen allen wurde die individuelle Ebene zugrunde gelegt;
– *fünf Stadien des politischen Prozesses*: Bewußtseinsbildung/Mobilisierung/Konfrontation/Kampf/Transzendenz;
– *zwei Motivationsebenen*: die materielle und die nicht-materielle;
– *drei Welten*: die Dritte, die Erste, die Zweite – und im Hintergrund die Vierte: China.

Wir haben zu zeigen versucht, daß sie nur alle als Teil eines historischen Prozesses gesehen werden können, der sich seit geraumer Zeit vor unseren Augen abspielt, und der aller Wahrscheinlichkeit nach in Zukunft an Bedeutung gewinnen wird. Absicht der vorliegenden Analyse ist nicht eine Anhäufung von Elementen und Ideen, was Self-Reliance sein könnte, sondern der Versuch, ein einigermaßen glaubwürdiges Szenario zu entwerfen, wie sich Self-Reliance auf mehreren Ebenen ausdehnen, verschiedene Phasen des politischen Prozesses erfassen und zu neuen geographischen Räumen vorstoßen kann – auf immer effektivere Weise, teils durch die Zerstörung Anti-Self-Reliance-Strukturen, teils durch praktisches Vorleben in vielen Teilen der Welt, wodurch immer mehr Menschen befreit werden. Zweifellos wird dieser Prozeß häufig auf Hindernisse stoßen, sei es, daß er nur auf eine Ebene begrenzt bleibt (regional oder national), oder nur in einer Phase (Sprach-/Schreibphase, Bewußtseinsbildung allein), auf nur einem Gebiet (der materiellen Grundbedürfnisse der Menschheit) oder nur in einem Teil der Welt (der Dritten) sich vollzieht. Doch mit dieser Aussage beziehen wir uns bereits auf die Vergangenheit, denn wir haben diese Kombinationen bereits weit hinter uns gelassen. Aber wir sind auch noch sehr weit von der Möglichkeit entfernt, die gegenwärtigen Abhängigkeitsstrukturen umzukehren und eine Welt der Self-Reliance auf allen Ebenen, auf allen Gebieten und in allen Teilen der Welt entstehen zu lassen. Doch diese Bewegung wird trotzdem weiter voranschreiten, und zwar nicht allein, weil Self-Reliance der Bestimmung des Menschen in der ganzen Welt eher gerecht wird als alle bisherigen Ideologien im heutigen Arsenal der politischen Slogans. Der Grund ist ganz einfach: *Self-Reliance als Methode ist eins mit Self-Reliance als Ziel.* Self-Reliance unterscheidet sich ebenso grundlegend vom wettbewerbsorientierten, sozialdarwinistischen Kapitalismus wie von einem totalitären, repressiven Sozialismus mit allen hochtrabenden Aussagen und Visionen über die Freisetzung menschlicher Kreativität und der Verbrüderung/Verschwesterung der ganzen Welt – während beide in Wirklichkeit doch nur an den Ketten der Sklaverei schmieden. Der Unterschied ist so bedeutend, daß wir am Ende einem der größten Theoretiker und Praktiker auf diesem Gebiet – neben Mao-Zedong (er ist diesem viel verwandter, als allgemein angenommen wird) – M.K.Gandhi zitieren, dem Mann, der stets die Einheit von Zielen und Mitteln propagiert hat: „*Es gibt keinen Weg zu Self-Reliance – Self-Reliance ist der Weg*" (30).

Anmerkungen

* Dieses Papier entstand im Winter- und Sommersemester 1976 in einem Seminar über Self-Reliance, am Institut für Entwicklungsstudien, Genf. Allen Teilnehmern des Seminars bin ich zu großem Dank verpflichtet, insbesondere Peter O'Brien und Roy Preiswerk. Vor allem möchte ich aber jenen danken, die mir eine Begegnung mit der chinesischen Erfahrung ermöglicht haben, die in Wirklichkeit ein Kampf um eine unabhängige (self-reliant) Existenz nach jahrhundertlanger Unterdrückung ist — er umfaßt alle Ebenen, die des Individuums, der Kommune, der Provinz, des ganzen Landes.

1) Ein anregender Artikel über den chinesischen Weg der Self-Reliance von Tony Durham findet sich in: Peter Harper et. al., Radical Technology, London 1976, "Think Big, Think Little". Die Chinesen unterscheiden seit langer Zeit zwischen *vang fa* („Ausländischen Methoden") *t'u fa* („bodenständige Methoden") und *hsin fa* („völlig neue Methoden") und versuchen alle miteinander zu kombinieren, um so nicht nur auf zwei, sondern vielen Beinen zu stehen.

2) In seinem Artikel "Keeping the Country on his Toes", *The Guardian* v. 20. Mai 1976, schreibt John Gittings: „Der väterliche Führer, Kim Il Sung, hat im Laufe der letzten 30 Jahre 2.896 Orte in Korea aufgesucht, um an Ort und Stelle Ratschläge zu erteilen. Einige Orte hat er mehrmals aufgesucht, so daß er insgesamt 9.030 Mal einen Rat gegeben hat." Leider besteht ein gewisser Zusammenhang zwischen diesem unglaublich hohen Grad an Mobilität eines zweifellos sehr engagierten Führers und der sichtbaren Demobilisierung der breiten Bevölkerung. Gittings wehrt sich auch gegen die Gleichsetzung von *juche* und Self-Reliance; aber sie beinhaltet, daß der Maßstab für Entwicklung der Mensch und nicht Dinge sind."

3) In diesen Ländern kennt man sie unter dem Namen „die grüne Welle", „grüner Sozialismus", „Populismus"; politisch getragen werden diese Bewegungen von der Jugendbewegung, bäuerlichen oder allgemeinen Parteien, die auf dem Land besonders stark vertreten sind und jetzt nach einer neuen umfassenderen politischen Basis Ausschau halten. Für sie ist es charakteristisch, wie einer der bedeutendsten Autoren auf diesem Gebiet, der norwegische Professor der Soziologie und Politiker Ottar Brox feststellt, daß die Basis ihrer politischen Theorie und Praxis die *Gemeinde* ist und nicht wie im Liberalismus/Kapitalismus *Sektoren*, oder wie im Marxismus/Sozialismus *Klassen*. Eine Gesellschaft kann durchaus nach Sektoren und Klassen untersucht werden, aber eine entsprechende politische Praxis, die über der Ebene der Gemeinde, mit der sich die Individuen identifizieren können, ansetzt, muß notwendigerweise abstrakt bleiben. Eine Beschränkung auf die Ebene der Gemeinde blendet allerdings den nationalen Sektor und den Klassenzusammenhang völlig aus. Wir weisen darauf hin, daß Brox selbst führendes Mitglied der Sozialistischen Partei Norwegens ist.

4) Die Erklärung von Cocoyoc zirkuliert als ein Dokument der Generalversammlung (A/C.2/292). Im Wortlaut heißt der Teil, der sich auf Self-Reliance bezieht: „Das Ideal, das wir brauchen, ist eine harmonische, auf Zusammenarbeit ausgerichtete Welt, in der jeder Teil ein Zentrum ist, das auf

niemandes Kosten lebt, in Partnerschaft mit der Natur und in Solidarität mit künftigen Generationen."
(Deutsche Übersetzung in: Jonas, R/Tietzel, M.: Die Neuordnung der Weltwirtschaft, Bonn-Bad-Godesberg 1976, S. 207 - 214).

5) Die Alternative wäre eine weniger geschlossene Welt, was sich angesichts der in Relation zur Welt vor 1500 wegen ihrer hohen Bevölkerungsdichte nur äußerst schwierig verwirklichen ließe. Aus diesem Grund argumentieren wir hier nicht gegen eine Interaktion, sondern gegen ihre gegenwärtige Struktur: sie muß umgestaltet und gerechter werden. Isolationismus ist nicht mit Self-Reliance gleichzusetzen.

6) Wie bereits angedeutet, scheint die Chinesische Volkskommune die Größe von 10^2 (Team), 10^3 (Brigade) und 10^4 (die ganze Kommune – etwa 10 000) zu betragen. Was die Größe des ujama'a-Dorfes (das bedeutet „Sippe" in Suaheli) betrifft: „die Größe eines *ujamaa*-Dorfes hängt von dem zur Verfügung stehenden Land ab, und die Bevölkerung eines Dorfes beträgt zwischen 50 und 4000 Menschen, obwohl eine Anzahl von 500 - 2.500 als wünschenswert betrachtet wird" ("Self-Reliance and ujamaa: Tanzania's development strategy", J.H.J. Maeda und Ibrahim M. Kaduna in: *What now?*, Dag Hamarskjöld Report zur Entwicklung und Internationalen Kooperation, 1975, pp. 54 - 59) Vgl. dazu auch Jimon Omo-Fadaka, "Tanzanian Way to Self-Reliance", *Ecologist*, vol. 2, no 1, Feb 1972. Andere Quellen sagen aus, daß von 7000 Dörfern 700 *ujamaa* sind.

7) Heute existieren bereits viele Länder mit einer Bevölkerung in einer Größenordnung von 10^8 (über 100 Mio). Sie sollten bereits als Region und nicht länger als Land eingestuft werden – manche von ihnen sind erfolgreicher als andere integriert, besonders seit sie starkem multinationalem Einfluß ausgesetzt sind – davon ist China partiell ausgenommen.

8) Daß die Größenordnung von 10^{10} (10 Bil und höher) so starke Beachtung findet, impliziert, daß sie für die Welt als eine akzeptable Bevölkerungsziffer betrachtet wird – dagegen 10^{11} wahrscheinlich kaum.

9) Hier genügen zwei Beispiele: Öl und Sonnenschein sind Energiequellen. Weniger entwickelte Länder besitzen den größten Anteil am Sonnenschein, so daß sich die Energiefrage zu ihren Gunsten entwickelt, sobald diese Quelle zur Grundlage der Energieversorgung von Gesellschaften gemacht wird. Dasselbe trifft andererseits auf das Öl zu, darin liegt der Schlüssel zu der offenkundigen Strategie reicher Länder, die gegenwärtige „Ordnung" aufrechtzuerhalten: die Umwandlungstechnik zu monopolisieren – weil sie annehmen, daß sie den Sonnenschein nicht auf die gleiche Weise erstehen können wie das Öl (aber sie können Wolken in diese Richtung schicken).

10) In dem Buch *Learning from the Chinese People* (Johan Galtung und Fumiko Nishimura, Oslo 1975, Deutsch: Von China lernen? Opladen 1978) wird die Position vertreten, daß die chinesische Kultur und Geschichte notwendige Voraussetzung für die chinesische Art Self-Reliance ist, wenngleich nicht für Self-Reliance überhaupt.

11) Dies wird näher ausgeführt in: Johan Galtung, *The True Worlds*: A Transnational Perspective, New York, 1977, ch 4.3.

12) Vgl. dazu die Erklärung von Cocoyoc

13) Wie Sartaj Azis (in einer Note an die 'Fifth World Future Studies Conference', Dubrovnik, 28. März – 2. April 1976) erläutert, zeigt der Fall China einen deutlichen Bruch zwischen Gleichheit und freier Berufswahl, wahrscheinlich auch des Arbeitsplatzes und des Wohnortes. Auf der anderen Seite herrscht beträchtliche Freiheit des Ausdrucks und des Gefühls. Ob andere Länder ähnliche oder andersartige Bruchstellen auf ihrem Weg zur Self-Reliance hervorbringen, bleibt abzuwarten. Etwas muß wahrscheinlich immer geopfert werden, bevor eine Gesellschaft ein vernünftiges Maß an Sicherheit, ökonomischen Reichtum, Freiheit und Identität für alle hergestellt hat.
14) Der Autor hat persönliche Erfahrung mit dem früheren Indo-Norwegischen Fischerei-Projekt in Kerala, Indien (siehe dazu CERES, No 41, 1974). Durch eine Anschlußstudie im Jan 1976 wurde deutlich, daß die Proletarisierung der lokalen Fischereibevölkerung noch weiter fortgeschritten war, daher ist es durchaus möglich, daß sie in ein paar Jahren nicht länger vom regulären Fischfang leben können, sondern vom Exportmarkt, wenn nicht sogar vom internationalen Markt, abhängig sein wird. Krabben, Garnelen, Hummer – kurz exklusive Meeresfrüchte verhalten sich zu normalem Haushaltsfisch wie 'cash crops' der Luxusgüter zu stapelweise hergestellten Nahrungsmitteln.
15) Dies schließt Self-Reliance auf der individuellen Ebene nicht aus, da auch Individuen oder sehr kleine Gruppen (Familien, oder was der Westen unter einer 'Kommune' versteht) Produktionsmittel, Land und eigene Arbeitskraft besitzen, solange sie für den Eigenbedarf produzieren und dabei andere nicht ausbeuten. Es gibt keinen ideologischen Vorbehalt gegen eine Familienfarm, aber der feudale Landherr hat ausgespielt. Auch gegen Kapitalismus in geringem Ausmaß, wenn möglich, ist wenig einzuwenden.
16) Aus diesem Grund erscheint das jugoslawische Experiment vielen als eine Kombination aus Mikro-Sozialismus und Makro-Kapitalismus: ein hoher Grad an Demokratisierung des Entscheidungsprozesses innerhalb einer Fabrik, z. B. die Rolle der Fabrik als Wegbereiterin von kapitalistischen Märkten.
17) Kropotkins Buch bringt die klassischen Beispiele hierfür, denn es enthält bereits Visionen, die der heutigen Praxis der chinesischen Volkskommune sehr ähnlich sind. Wird eines Tages an den Wänden der chinesischen Volkskommune ein anderer Russe an die Stelle Stalins treten – oder werden im Zuge der Self-Reliance alle Ausländer in dem herkömmlichen Marx-Engels-Lenin-Stalin-Mao Zedong Quintett verschwinden?
18) Betrachten wir uns zum Beispiel eine Reiseagentur. Das jugoslawische Modell würde eine offene Diskussion zwischen Reiseleiter, Sekretärin, Fahrer, Angestellten und Manager fördern – aber nichts garantiert die Einbeziehung einer ziemlich wichtigen Gruppe: die Touristen. Ein Modell der Self-Reliance würde diese Gruppe in jeden Entscheidungsprozeß miteinbeziehen, da es immer auf die Ganze Einheit gerichtet ist.
19) Siehe dazu "Self-Reliance and Global Interdependence: Some Reflections on the New International Economic Order", *Papers*, Lehrstuhl für Friedens- und Konfliktforschung, Universität Oslo, 1976 (siehe Kapitel I des vorliegenden Bandes).

20) Dies ist näher ausgeführt in: Johan Galtung, "East-West Security and Cooperation: A Sceptical Contribution", *Journal of Peace Research*, 1975.
21) Diese wichtige Gruppe unter den Drittweltintellektuellen ist ein gutes Beispiel dafür, daß ein neuer Typ eines Akteurs sich im Zuge der Verwirklichung von Self-Reliance herausbildet. Ihre Schwäche liegt in ihrer Vorliebe – und dies hat durchaus Tradition unter den Intellektuellen – für regionale und nationale Self-Reliance und nicht lokale Self-Reliance, ebenso in der Theorie der Rolle des Intellektuellen bei der Entstehung einer neuen Klasse. Die Herausbildung einer Intellektuellen-Klasse ist eng mit der Entstehung des Nationalstaates und eines zentralisierten Kapitalismus verknüpft; kleine Gemeinschaften sind hingegen weniger von intellektuellen Analytikern abhängig.
22) Man kann zweifellos aus diesen Perioden eine Menge lernen, vor allem was die Befriedigung der Grundbedürfnisse und der Identität betrifft. Aber die Frage ist nicht richtig gestellt: Sie lautet, inwieweit man die positiven Seiten dieser Periode in der Geschichte der Menschheit erleben kann, ohne daß man dafür nicht auch einige negativen Seiten in Kauf nehmen muß. Krankheit ist daher kaum eine notwendige Begleiterscheinung.
23) Die Erfahrung mit den vier bekanntesten Drittweltländern sozialistischer Prägung (Kuba, China, Nord-Vietnam und Nord-Korea) deutet darauf hin, daß eine Zeitspanne von 5 - 25 Jahren völlig ausreicht, um die Massen in den Ländern auf der untersten Stufe des kapitalistischen Weltsystems auf ein angemessenes Niveau zu heben, besonders was die Befriedigung ihrer Grundbedürfnisse anbelangt.
24) Jeder Teil dieser Aussage ist falsch: sicher *spiegelt* sich Self-Reliance in manchen Aussagen linker Intellektueller – und Wertorientierung konservativer Intellektueller – wieder, doch als *Praxis* ist sie ein Produkt des Ostens, von Intellektuellen und Nicht-Intellektuellen zugleich. Vergleicht man unabhängige Länder (self-reliant) mit abhängigen Ländern, so stellt man fest, daß die Massen dieser Länder nicht länger abhängig bleiben dürfen; ein Wandel in Richtung Self-Reliance ist notwendig.
25) Ein Beispiel für einen zynischen, schlechtinfomierten Artikel über Self-Reliance, der sich zudem von hinten bis vorne durch menschliches Desinteresse auszeichnet, ist C.F. Kindleberger, "World Populism", *Atlantic Economic Journal*, Vol III, no 2, 1975, pp. 1 - 7. (ein eher unbedeutender Punkt: der Autor vorliegenden Beitrags wird folgendermaßen bezeichnet „ein marxistischer Soziologe, namens Johan*n* Galtung" – darin sind gleich drei gedankliche Fehler enthalten . Ich bin weder Marxist noch Soziologe. Man kann durch den Marxismus inspiriert werden und doch wissen, daß in unserer komplexen Welt wesentlich mehr zur Anleitung einer Praxis gehört; die Soziologie ist in der Tat zu begrenzt – ebenso die Friedensforschung und Entwicklungsstudien; außerdem ein *n* im Vornamen genügt**)**.
26) Ein typisches Beispiel dafür ist die Katastrophenhilfe und die Aggressivität, mit der China sein mangelndes Interesse bekundet hat, eine derartige Hilfe nach dem Erdbeben von Tangshan, am 26. Juli 1976, zu erhalten. Chinesische Strategien wurden gerade in Hinblick auf diese Notsituation entworfen, um ihnen auf eine unabhängige (self-reliant) Weise begegnen zu können.

Katastrophenhilfe ist für sie nur ein Instrument, das von den reichen Ländern in der Tat dazu benutzt wird, Abhängigkeit zu festigen – obwohl Selbstlosigkeit sicher auch ein Moment ihrer Erwägung ist. Daß Self-Reliance eher eine psycho-politische als ökonomische Kategorie ist, zeigt vielleicht – und dies ist ganz wichtig – die Haltung, mit der die Chinesen solchen Situationen begegnen: praktisch, ohne Panik – unabhängig.

27) Es ist interessant festzustellen, wie die beiden Großmächte, die Sowjetunion und die Vereinigten Staaten annehmen, China sei nicht einer eigenen sozialen Dialektik unterworfen, sondern müsse die gleichen Stadien wie sie selber durchmachen. Die Amerikaner nehmen an, daß mit einer Steigerung des BSP das System der Self-Reliance sich selbst überholt hat; die Russen glauben dagegen, daß diese Bewegung ein Ende findet, sobald China die stalinistische Phase hinter sich läßt und in das technologische Stadium tritt, wie es in der Sowjetunion der Fall war.

28) Jimoh Omo-Fadaka führt in seinem Aufsatz „Fluchtwege der Armen" (in: Radical Technology. Boyle, G., Harper, P., Hrsg., pp. 249 - 253) die Länder China, Tansania, Albanien, Nord-Korea, Vietnam, Burma und Kambodscha als Beispiele eines sich selbstregulierenden, selbsttragenden und regierenden ökonomischen Systems an. Gegen das sowjetische Modell wendet er ein, daß es autoritär und zwangsweise eingeführt wurde, daß die landwirtschaftliche Wachstumsrate sehr niedrig ist ('immer noch dem ungünstigen Stand von 1913 vergleichbar') und das System selbst sich zunehmender Materialisierung ausgesetzt sieht, sowie einer neuen priviliegierten Klasse.

29) Ich denke hier insbesondere an Formen, die eine größere Freiheit bei der Berufswahl, dem Arbeitsplatz und vielleicht überhaupt einer stärkeren Entfaltung menschlicher Kreativität, etwa bei der Entwicklung eines eigenen Lebensstils ermöglichen, der die Solidarität mit anderern einschließt.

30) Im Original lautet der Satz: „Es gibt keinen Weg zum Frieden, Frieden ist der Weg."

V. Grundbedürfnisse, Menschenrechte und die Entwicklungstheorie *

Die Notwendigkeit einer bedürfnisorientierten Entwicklungstheorie

Absicht dieser Studie ist eine Diskussion verschiedener Entwicklungstheorien unter dem speziellen Aspekt der Meßbarkeit von Entwicklung. Mit anderen Worten, wir verfolgen das Ziel, eine entsprechende Entwicklungstheorie zu formulieren, die eine vernünftige Anzahl sozialer Indikatoren berücksichtigt. Um dieses Ziel zu erreichen, gehen wir von einer einfachen Prämisse aus: *Wir legen unserer Analyse keine bereits vorhandenen sozialen, ökonomischen und/oder politischen Indikatoren zu Grunde, da wir verhindern wollen, daß sie unser Denken über Entwicklung in irgendeine Richtung beeinflussen.* Indikatoren dienen uns zwar als Werkzeuge, aber ihre Benützung ist keineswegs ungefährlich, da sie bestimmte Annahmen über Entwicklung enthalten, und in dem Augenblick, in dem man sich auf einen der Indikatoren festlegt, ist bereits eine Reihe von Fragen implizit beantwortet – und sehr oft ist sich derjenige, der die Auswahl trifft, dessen nicht einmal bewußt. Daß vor allem das *Bruttosozialprodukt* Maßstab einer ganz bestimmten Organisationsweise des Produktionssystems ist, welches im wesentlichen auf einem hohen Grad der Weiterverarbeitung von Rohstoffen, der Zirkulation von Ressourcen und Produkten, einschließlich ihrer Vermarktung, beruht, läßt sich heute bereits in überzeugender Weise darstellen. Diese Indikatoren kennzeichnen daher ein ökonomisches System, das die Züge der gegenwärtigen kapitalistischen Gesellschaft trägt: Industrialisierung, freie Marktwirtschaft und Mobilität – unabhängig davon, ob der Entscheidungsprozeß privatkapitalistischer oder staatskapitalistischer Natur ist. Allerdings, diese Organisationsform des Produktions- und Konsumtionssystem ist nur eine unter vielen. Eine andere Möglichkeit wäre ein System mit einem niedrigen Grad an Verarbeitung dessen Schwerpunkte auf der Befriedigung der materiellen Grundbedürfnisse (Nahrung, Kleidung, Unterkunft, Gesundheit, Erziehung) und ziemlich begrenzten Wirtschaftskreisläufen (Produktion für die lokale Konsumtion, Konsum vornehmlich lokaler Produkte) liegen könnte. Ein derartiges System würde, was den Grad seiner Verarbeitung angeht, sicherlich niedriger eingestuft und wahrscheinlich mit der Entwicklung früherer Ökonomiesysteme identifiziert werden, die doch eigentlich der Vergangenheit angehören sollten. Warum sie also fördern?

Weil einige gute Gründe dafür sprechen, sie in den Vordergrund der gegenwärtigen entwicklungspolitischen Theorie und Praxis zu rücken. Erstens lehrt uns die Erfahrung, daß sogar Gesellschaften, die gemessen an der Entwicklung ihres

* Der Beitrag wurde zusammen mit Andres Wirak verfaßt.

Bruttosozialprodukts einen raschen ökonomischen Wandel durchmachen, oft nicht in der Lage sind, die minimalsten menschlichen Grundbedürfnisse weitester Teile ihrer Bevölkerung zu befriedigen (1). Zweitens scheint es, daß ein solches ökonomisches System , wenn es eine direkte Befriedigung der menschlichen Grundbedürfnisse materieller Art anstreben würde, zugleich eine Reihe nicht-materieller Grundbedürfnisse befriedigen würde, die in einer Gesellschaft schnellen wirtschaftlichen Wachstums nur wenig Beachtung finden (2), ja sogar durch gewisse Faktoren unterdrückt werden. Es erübrigt sich zu erwähnen, daß diese Erkenntnisse die Diskussion über Entwicklung sowie die Suche nach neuen Ansatzpunkten wesentlich beeinflußt haben. Ein mögliches Ergebnis wäre ein neuer Indikatorenkatalog. Dieser könnte dabei durchaus einige der ‚alten' Indikatoren — allerdings auf der Basis eines grundlich durchdachten *Grundprinzips*- enthalten.

Ferner behaupten wir, daß unsere gegenwärtigen Vorstellungen von Entwicklung durch einen intellektuellen Trugschluß beeinträchtigt werden, der sich ständig wiederholt. Er lautet: *Statt unter dem Begriff Entwicklung die Entwicklung von Männern und Frauen auf der ganzen Welt zu verstehen, wurde darunter die Entwicklung von Gütern, Systemen und Strukturen verstanden.* Unserem Verständnis nach können dies aber nur Mittel zum Zweck sein; Ziel der Entwicklung muß der Mensch sein, und nicht die qualitative und quantitative Verbesserung von Gütern. So notwendig eine Änderung von Systemen und Strukturen auch ist, sie darf nicht das Ziel einer Entwicklung, sondern nur ihr Instrument sein — nicht Zweck, sondern bestenfalls Mittel dazu (3). Was aber noch wichtiger ist: Fortschritt läßt sich nicht an der Entwicklung von Gütern, Systemen und Strukturen ablesen, sondern allein daran, was in diesem Zusammenhang mit dem Menschen geschieht.

Diese Aussage mag allgemein, ja fast tautologisch klingen; wenn man sich aber ernsthaft mit ihr auseinandersetzt, dann sieht man, daß sie voller Implikationen steckt, die wir im Laufe dieser Arbeit im einzelnen untersuchen wollen. Zuerst wollen wir jedoch vorausschicken, daß es für uns keine „heiligen Kühe" gibt. „Ökonomisches Wachstum", „Demokratie" und „Sozialismus", sie alle sind wichtige Ansätze einer entwicklungstheoretischen Diskussion, d.h. sie alle leisten ihren Beitrag zur Akkumulation von Gütern ebenso wie zur System- und Strukturveränderung — aber sie müssen sich erst einmal in der Praxis als richtig herausstellen. Denn es kommt darauf an, inwieweit sie in der Lage sind, konkret den Menschen zu verändern. So gesehen bleibt schließlich nur noch eine „heilige Kuh": der Mensch selbst (4).

Dies führt uns unweigerlich zu der Frage, was nun eigentlich unter der „Entwicklung des Menschen" — oder anders ausgedrückt — unter „persönlicher Entwicklung" (5) – verstanden werden soll. Wir werden dieses Problem in einem der nachfolgenden Abschnitte erörtern, an dieser Stelle soll der Hinweis genügen, daß dieser Frage in der herkömmlichen Entwicklungsdiskussion bislang keine Beachtung geschenkt wurde,d.h.daß sich uns hier ein völlig neues Wissens- und Forschungsgebiet erschließt. In gewisser Hinsicht geht dies auch aus der grundlegenden Fragestellung hervor, daß sich Theorie und Praxis der Entwicklung bisher auf etwas ganz anderes konzentriert haben. Um entsprechend unserer Aufgabenstellung genauere Einblicke in mögliche Schwerpunkte einer auf den Menschen ausgerichteten entwicklungspolitischen Theorie und Praxis zu gewinnen, machen wir uns im folgenden die einfachstmögliche Einteilung zu eigen: MENSCH–GESELLSCHAFT–NATUR, wobei wir den Begriff der Gesellschaft wiederum in drei Aspekte unterteilen: die *Güter* (darunter verstehen wir im weitesten Sinne alles, was produziert wird), das *System* (hier denken wir vor allem an das System der Verteilung) und die *Struktur* (damit bezeichnen wir das in einer Gesellschaft vorhandene Netz bilateraler und multilateraler Interaktionsbeziehungen).

Daraus ergibt sich folgendes Schaubild:

Schaubild 1:
Brennpunkt einer Entwicklungstheorie

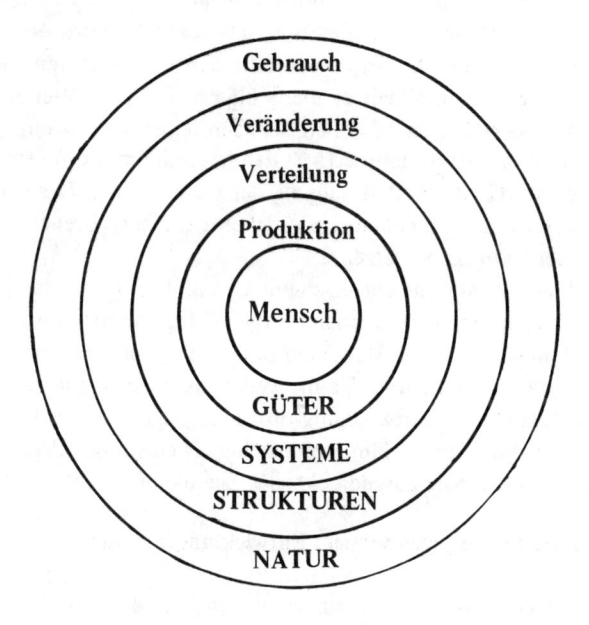

Gebrauch
Veränderung
Verteilung
Produktion
Mensch
GÜTER
SYSTEME
STRUKTUREN
NATUR

Einige Erklärungen zu diesem Schaubild:
Zunächst läßt sich feststellen, daß sich die wichtigsten Entwicklungstheorien der Nachkriegszeit (die wir im nächsten Abschnitt näher analysieren wollen) im wesentlichen auf die drei mittleren Kreise beschränkt haben, mit der Folge, daß weder der Mensch und seine Bedürfnisse noch die Frage, inwieweit die Entwicklung dem Menschen wirklich gedient hat, noch die Natur Gegenstand einer eingehenden Analyse wurde.
Im Zentrum der Analysen standen bislang nur Fragen nach einer besseren Verwertung der Natur für die Produktion sowie nach einer besseren Verteilung der produzierten Güter – sei es nun mit oder ohne struktureller Veränderungen. Erst in jüngster Zeit hat die Idee der *äußeren Grenzen* (outer limits) immer mehr Beachtung gefunden: Gemeint ist damit, daß wir die Erde nur bis zu einer gewissen Grenze ausbeuten und verschmutzen können. Mittlerweile bestimmt diese Erkenntnis den Gang der gegenwärtigen Entwicklungsdiskussion viel stärker, als irgendein neuerwachtes Interesse an der Entwicklung des Menschen an sich, oder an „persönlichem Wachstum".
Nachdem wir den Begriff der „äußeren Grenzen" vorgestellt haben, liegt es nahe, an dieser Stelle einen weiteren Begriff aus dem Sprachgebrauch der UNEP einzuführen: die „inneren Grenzen". Diese Grenzen liegen wahrscheinlich in der menschlichen Natur selbst: Man kann sie nur in Begriffen ausdrücken, die der Beschreibung der Befriedigung menschlicher Bedürfnisse dienen. Ebenso wie die Natur dem Menschen bei der Ausbeutung eine äußere Grenze setzt, die er nicht überschreiten kann, ohne die Natur und sich selbst zu zerstören, liegt die innere Grenze auf der Ebene minimalster menschlicher Existenz: Bei einem weiteren Absinken würde der Mensch erheblich Schaden leiden (6). Dadurch ist der Entwicklungsprozeß eindeutig definiert: Es handelt sich um die Wahrnehmung jener Prozesse, die den Grad der Befriedigung der menschlichen Bedürfnisse über die inneren Grenzen hinaus anheben, ohne dabei die äußere Grenze durch maßlose Ausbeutung der Natur zu verletzen.
Nach den obigen Ausführungen erscheint es uns hier noch einmal angebracht, auf die Einseitigkeit der gegenwärtigen Entwicklungstheorien hinzuweisen. Wenn der Entwicklungsprozeß den Menschen und ihrer gemeinsamen Umwelt dienen soll, dann dürfen Mensch und Natur weder als peripher, noch zwanghaft als „Randbedingungen" des Entwicklungsprozesses begriffen werden, sondern den zentralen Gegenstand entwicklungspolitischer Theorie und Praxis bilden. Dies ist vielleicht, in einem Satz ausgedrückt, das Ziel dieser Arbeit.

Bestimmungsmerkmale gegenwärtiger Entwicklungstheorien

Wir vertreten hier im großen und ganzen die Ansicht, daß sich die bedeutendsten

Entwicklungstheorien der Gegenwart in zwei Richtungen entwickelt haben; man spricht in diesem Zusammenhang vom „liberalen" und „marxistischen" Ansatz. Trotz gewaltiger Unterschiede weisen beide auch einige Gemeinsamkeiten auf. Beginnen wir mit den *Gemeinsamkeiten*:
Beide stellen die Produktion, den gesamten Wirtschaftskreislauf – von der Ausbeutung der Natur, über verschiedene Grade der Verarbeitung und der Verteilung bis hin zur Konsumtion – in den Mittelpunkt ihrer Analysen, einschließlich der Betrachtung des gesamten Überbaus und den grundlegenden und wesentlichen Teilaspekten der Produktion, wie der Finanzen, der Forschung und der Entwicklung, der Administration und nicht zuletzt des Nationalstaats und der darüberliegenden Superstruktur.

Sie machen sich demnach eine äußerst ökonomische Betrachtungsweise zu eigen, und es ist durchaus denkbar, daß es in der Auseinandersetzung zwischen liberalen und marxistischen Ökonomen oder „Produzenten" eine heimliche Interessensallianz bezüglich einer weiteren Vorherrschaft des ökonomisch-produktionistischen Ansatzes gibt: Wir weisen darauf hin, daß diese Sichtweise die von uns in der Einleitung dargestellten Probleme weitgehendst ausklammert: nämlich die Sorge um die äußeren Grenzen der Natur (hier haben die Marxisten ebenso wie die Liberalen „gesündigt") und die Suche nach einer profunden Theorie des Menschen.

Das Gegenteil solch einer Theorie ist eine oberflächliche Betrachtungsweise, die die materiellen Grundbedürfnisse in das Zentrum theoretischer und praktischer Überlegungen stellt, und auf die sich offensichtlich auch ideologische Gegner einigen können. Wir stellen dabei die Bedeutung dieser Bedürfnisse keineswegs in Frage, im Gegenteil: Ihre zentrale Bedeutung für eine Theorie des Menschen wird im folgenden Abschnitt deutlich gemacht – aber sie sind nicht der einzige Brennpunkt. Materielle Grundbedürfnisse, denen größte Aufmerksamkeit gewidmet wird, sind – wie im vorigen Abschnitt gezeigt wurde – Nahrung, Kleidung, Wohnung, Gesundheit und Erziehung. Damit wollen wir keineswegs andeuten, daß sich das marxistische wie liberale Denken auf diese fünf Begriffe reduzieren läßt, aber sollte sich das verkürzte Menschenbild der Ökonomen auch weiterhin und vor allem in der entwicklungspolitischen Theorie und Praxis durchsetzen, dann gehen die gehaltvolleren Ansätze unweigerlich verloren.

Natürlich unterscheiden sich die liberale und marxistische Theorie grundsätzlich in der Wahl ihrer Mittel zur Befriedigung der menschlichen Grundbedürfnisse. Wir werden darauf in Kürze näher eingehen, für den Augenblick wollen wir nur überlegen, warum die vorherrschenden Entwicklungstheorien unsere Aufmerksamkeit in ähnlicher Weise verdienen.

Diese Frage läßt sich zunächst aus der Tatsache erklären, daß offensichtlich beide Denkschulen im wesentlichen von Intellektuellen und Männern aus dem Westen entwickelt wurden. Ferner entspringen beide einer Epoche, in der es vor allem um Industrialisierung, kapitalistisches Wachstum, nationalstaatliche Entwicklung und Gründung von Kolonialreichen ging. Natürlich unterscheiden sich die Ansichten beider Theorien dabei, aber da sie verschiedene Antworten auf ähnlich gelagerte Probleme gefunden haben, und zudem vom gleichen empirischen Kontext ausgehen – wobei sie dieselben Paradigma (Vorstellungen über die Konstitution der ontologischen Einheit) zugrundelegen – ist es kaum verwunderlich, daß sie auch große Ähnlichkeiten aufweisen.

Man kann daraus folgenden Schluß ziehen: Wäre die entwicklungspolitische Theorie und Praxis weniger in den Händen westlicher Intellektueller konzentriert, wären wohl eher die folgenden alternativen Charakteristika vorherrschend:

1) Eine größere Sorge um das, was den Menschen unmittelbar betrifft: um das, wie ein Mensch fühlt, lebt und liebt, handelt und sich verhält, um solche Dinge wie Glück, das Gefühl von Selbstverwirklichung, Sinnerfüllung etc. Der entscheidende Punkt ist, daß das Denken in Kategorien wie Güter, Systeme und Strukturen, sehr abstrakt, und im allgemeinen vom Menschen selbst weit entfernt ist, und *daher eher den Interessen der Intellektuellen dient*. Mit Hilfe von Abstraktionen wird die Komplexität der Wirklichkeit auf eine Reihe von Variablen und Einheiten verkürzt; Menschen, die mit diesen Symbolen entsprechend umgehen können, werden zu Experten. Folglich kommt es dazu, daß liberale und marxistische Intellektuelle in der Konzeptionsphase ihrer theoretischen Vorstellungen übereinstimmen.

2) Beide Schulen erachten die Industrialisierung als etwas Selbstverständliches. Mit anderen Worten: Sie unterscheiden sich nicht wesentlich voneinander, wenn es darum geht, daß Güterproduktion ein hohes Maß an Weiterverarbeitung voraussetzt (7) (der Unterschied liegt in dem Verteilungssystem sowie den veränderten Strukturen). Da beide einer Industrialisierung grundsätzlich positiv gegenüberstehen, haben sie auch die Frage nach ihrer Grenze nie gestellt (diese darf dabei nicht mit der Frage nach den Grenzen des ökonomischen Wachstums verwechselt werden). Diese Frage wurde einfach verdrängt, sowohl Liberale wie Marxisten haben ein sehr enges Menschenbild entwickelt und das breite Spektrum menschlicher Bedürfnisse auf einige wenige (etwa auf die oben genannten fünf Grundbedürfnisse) reduziert. Außerdem bezeifelten sie nie, genannten fünf Grundbedürfnisse) reduziert. Ferner wurde nie bezweifelt, daß ein gewisses Maß an Industrialisierung für die Beschaffung von Nahrung, Kleidung, Unterkunft, „hardware" auf dem Gesundheits- (medizinische Einrichtungen) und Erziehungssektor (schulische Einrichtungen, wie Schulbücher,

Gebäude etc.) unerläßlich ist. Auch hierin kommt etwas typisch Westliches zum Ausdruck. Die Wahl fällt auf einige wenige physische Variablen, viele andere werden damit gleichzeitig ausgeschlossen. Komplexität wird reduziert, und die Variablen auf eine leichter zu handhabende Ebene verlagert, ähnlich der Steuerung eines Wagens (8).

3) Schließlich besteht auch eine grundlegende Übereinstimmung in der Sorge um den *Nationalstaat als der Grundeinheit von Entwicklung*. Charakteristische Entwicklungsindikatoren werden auf der Basis eines Landes erstellt; dabei steht der Nationalstaat oder das, „was sich entwickelt", im Vordergrund. Für die Liberalen ist der Staat der Ort ökonomischen Wachstums und der Verteilung, für die Marxisten ist er der Schauplatz von Revolutionen. Beide betrachten den Nationalstaat als die maßgebliche Einheit von Entwicklung; für beide besteht er aus „Gütern, Systemen und Strukturen". Das Problem der Entwicklung läßt sich demzufolge in ein Paradigma fassen, nach dem die Welt im wesentlichen aus miteinander kooperierenden oder in Konflikt liegenden Staaten besteht; damit wird entwicklungspolitisches Denken gleichbedeutend mit strategischer Analyse.

Wir wollen hier keineswegs die Relevanz der vielen verschiedenen Probleme, die in den drei oben genannten Punkten angesprochen werden, in Frage stellen. Wir vertreten jedoch die Ansicht, daß es gemeinsame Berührungspunkte gibt, die die miteinander streitenden Parteien vielleicht derartig vereint, daß die Konflikte zwischen ihnen wie die Spitze des berühmten Eisberges erscheinen. Aber natürlich existieren auch Unterschiede in ihren jeweiligen Weltanschauungen hinsichtlich der Entwicklung von Gütern, Systemen und Strukturen — oder anders ausgedrückt: der Produktion, Verteilung und gesellschaftlichen Veränderung.

In einem ersten Versuch der Annäherung läßt sich der *Unterschied* wie folgt beschreiben:

DIE LIBERALE SICHT: *Steigerung der Produktion, dann Verteilung*, Einleitung sozialer Reformen soweit diese für eine Produktionssteigerung erforderlich sind und die Sammlung von Informationen darüber, welche Strukturveränderungen den Gesellschaften, die bisher den höchsten Stand der Produktivkräfte entwickelt haben, am dienlichsten waren.

DIE MARXISTISCHE SICHT: Hier findet *zuallererst ein grundlegender gesellschaftlicher Strukturwandel* statt, der dann später zu einer parallel verlaufenden Steigerung der Produktion und einer gerechteren Verteilung führt.

Die liberale Entwicklungstheorie ist in gewisser Hinsicht optimistisch zu nennen: Fortschritt ist hier ohne grundlegende Veränderung der Gesellschaft möglich, vorausgesetzt, daß die weniger entwickelten Länder von den entwickelteren lernen. Vom marxistischen Standpunkt aus wird dies bezweifelt, hier geht es wohl mehr um die Aufteilung des kapitalistischen Systems in zentrale und periphere

Länder, Metropolen versus Satelliten, dominante versus dominierte, autonome versus abhängige Länder. Ohne diese Aspekte unserer gegenwärtigen Welt ist keine Diskussion über Entwicklung möglich. Deshalb sollte darauf unter dem Stichwort globale und nationale *Struktur* näher eingegangen werden. Auch die spezifische sozioökonomische und geopolitische Formation, wie sie der *Kapitalismus* hervorgebracht hat, muß in diesem Zusammenhang gesehen werden. Es erübrigt sich zu erwähnen, daß die liberalen Ökonomen ihre grundlegenden Annahmen, auf denen die kapitalistische Produktions- und Konsumtionsweise basiert, als etwas „Natürliches" ansehen (1o); die Marxisten dagegen weisen dies zurück und verstehen den Kapitalismus lediglich als eine Möglichkeit unter vielen, die sich, nach der marxistischen Stadienlehre (11), wesentlich von feudalen und sozialistischen Gesellschaftsformen unterscheidet. Aus liberaler Sicht findet Entwicklung immer innerhalb einer grundsätzlich kapitalistischen Gesellschaftsformation statt; Marxisten dagegen verstehen unter Entwicklung so etwas wie den Übergang der kapitalistischen Gesellschaftsformation in ein immer „höheres" Stadium. Der Unterschied ist sicherlich gravierend, daneben herrscht aber auch eine Übereinstimmung typisch westlicher Art: die *Idee des Fortschritts*, wie sie immanent in der liberalen Theorie eines kontinuierlich akkumulierenden Systems, wie auch in der diskontinuierlichen, nicht-akkumulativen und systemüberwindenden marxistischen Version zum Ausdruck kommt.

Wirkliche Übereinstimmung kann aber erst dann erzielt werden, wenn das Wesen des Kapitalismus erfaßt ist; es ist dies der Versuch, einige liberale und marxistische Hypothesen über den Kapitalismus miteinander zu verbinden. Kapitalismus ist unter dieser Voraussetzung dann eine Produktionsweise (und Konsumtionsweise) mit vier wesentlichen Merkmalen:

1) Der Kapitalismus ist *kapital-zentriert*, d.h. Erfolg oder Mißerfolg eines ökonomischen Prozesses werden in Begriffen des Kapitals gemessen (z.B. vermehrte Vermögensbildung, erhöhter Umsatz etc.). Dies muß in Relation zu alternativen Erfolgskriterien gesehen werden, z.B., ob der Prozeß denjenigen, der die Arbeit leistet, bereichert und auszeichnet (Humanfaktor-zentriert), oder ob er die Natur – der die Bodenschätze entzogen werden – veredelt (Naturfaktor-zentriert), oder ob er ganz einfach Produkt-zentriert ist (hierbei wird der Schwerpunkt z.B. auf die Erfüllung oder Nichterfüllung von 5-Jahresplänen oder Quoten gelegt); Profit-(Motivations)-Denken ist damit vereinbar.

2) Der Kapitalismus beruht auf der *Arbeitsteilung* zwischen jenen, die die Produktionsmittel besitzen und jenen, die nicht über sie verfügen (kurz: Arbeitgeber und Arbeitnehmer), zwischen denen, die Probleme definieren und lösen (Forscher und Entscheidungsträger etc.) und denen, die die Lösungen in der Praxis

anwenden (Angestellte, Arbeiter). In früheren Stadien des Kapitalismus war diese Trennung eng mit kastenähnlichen Schranken einer Feudalgesellschaft verbunden; in späteren (und gegenwärtigen) Stadien korreliert sie mit dem Grad der Ausbildung, und dieser wiederum mit den residualen Kastenmerkmalen „modernerer" Gesellschaften.

3) Der Kapitalismus ist *mobilitäts-orientiert*, d.h. das System beruht auf einer hohen Mobilität der Produktionsfaktoren, sowohl was den Ort der Verarbeitung als auch die Vermarktung betrifft. Während dieses Prozesses werden den Distrikten eines Landes, oder verschiedener Länder der Welt Rohfaktoren in Form von Rohstoffen, Rohkapital (d.h. Ersparnissen) und Roharbeit (unqualifizierte Arbeitskräfte und ungeschulte „Talente") entzogen und an einen anderen Ort gebracht, an dem die Rohstoffe zu Produkten weiterverarbeitet werden, Rohkapital in Finanzkapital verwandelt sowie Roharbeit eingesetzt und/oder in qualifiziertere Arbeit umgewandelt wird. Diese Mobilität bewirkt ein starkes Zentrum-Peripherie-Gefälle innerhalb und zwischen den Ländern, zwischen den Zentren, wo die Weiterverarbeitung stattfindet, und wo sich die Fabriken, Finanz- und Erziehungsinstitutionen befinden sowie den Peripherien, denen die Rohstoffe entzogen werden.

4) Der Kapitalismus ist *expansionistischer Natur*, d.h. die Mobilität, wie sie unter dem vorherigen Punkt beschrieben wurde, kennt keine politischen Grenzen, sondern wird jede vorhandene Grenze überschreiten, und konstituiert somit eine Struktur von „globaler Reichweite" (12). Die Quintessenz all dessen sind die gegenwärtigen transnationalen Unternehmen, die mit ihren wirtschaftlichen Aktivitäten möglichst viele Teile der Welt und möglichst viele Segmente des Wirtschaftszyklus unter einer administrativen, integrierten Führung zu vereinen suchen.

Der entscheidende Punkt ist, daß diese vier Merkmale sehr oft mit dem eigentlichen Entwicklungsprozeß verknüpft werden, der dann in Begriffen der Kapitalbildung beschrieben wird, ebenso wie mit der Entstehung einer Gesellschaftsformation, die dieser besonderen Organisation der Produktion entspricht; dazu gehört eine Oberschicht, die die unterschiedlichen Verarbeitungsweisen, wie wir sie oben beschrieben haben, beherrscht sowie eine Mittel- und Arbeiterschicht, die die von der Oberschicht getroffenen Entscheidungen ausführen; diese Gesellschaftsformation weist in absoluter und relativer Hinsicht einen hohen Grad an Verarbeitung von Rohstoffen, Rohkapital und „roher" menschlicher Arbeitskraft auf, da sie über Fabriken, Finanzinstitutionen und Schulen auf der Primar-, Sekundar- und Tertiärstufe verfügt. Ferner sei darauf hingewiesen, daß das ökonomische Wachstum teils als Ursache, teils als Folge eines entsprechenden Prozesses des politischen Wachstums und der Herausbildung eines modernen Staates begleitet wurde . Der moderne Staat ist in administrativer/politischer Hinsicht das, was der Kapitalismus in sozioökonomischer Hinsicht verkörpert: ein, in die geografische Landschaft eingebautes Zentrum-Peripherie-Gefälle; sein Zentrum ist die Hauptstadt, seine Peripherie erstreckt sich woanders, besonders in Richtung der Grenzen (allgemein gesagt), begleitet von einem hohen Grad an Arbeitsteilung zwischen dem Zentrum und der Peripherie. Bisher haben wir hauptsächlich davon gesprochen, was die Peripherie in das Zentrum entsendet, nämlich Produktionsfaktoren (im Rohzustand), doch entsendet auch das Zentrum etwas in die Peripherie: nämlich fertige Konsumartikel, Investitionskapital, qualifizierte Arbeitskräfte, besonders Funktionäre. Wenn dieses System ein ‚spill-over', über seine Grenzen hinweg erzeugt, und andere Länder peripherisiert, dann spricht man von Kolonialismus; die entsprechende ökonomische Erscheinungsform eines ‚spill-overs' ist als (kapitalistischer) Imperialismus bekannt.

Nun ist hier aber nicht der Ort, um den politischen Kolonialismus sowie den ökonomischen Imperialismus der letzten 5oo Jahre zu diskutieren – grob gesagt, von jenem Zeitpunkt an, als Kolumbus von der Iberischen Halbinsel aus westwärts und Vasco da Gama ostwärts segelten. In unserem Zusammenhang interessieren nur die Folgen, die sich daraus für die Entwicklungstheorie ergeben und von denen wir nun einige näher benennen wollen:

Erstens war die westliche Expansion derart durchgreifend, daß man sie, bis vor noch nicht allzulanger Zeit, als einen ganz normalen Prozeß ansah, so daß ,,Verwestlichung" mit ,,Modernisierung" und ,,Entwicklung" verwechselt wurde. Selbstverständlich war diese Verwestlichung nicht die einzige denkbare Konsequenz westlicher Expansion. Sicher wäre der Entzug von Rohstoffen, Rohkapital (durch die äußerst praktische Methode der Steuererhebung) und Roharbeit (durch Deportation) möglich geworden, ohne daß in der Peripherie Länder mit gleichen Strukturen entstehen. Die Besetzung dieser Länder mit gezielt verteilten Garnisonen wäre für Raub und Steuern ausreichend gewesen. Es scheint allerdings in der Natur des westlichen Expansionismus zu liegen – vielleicht im Gegensatz zum Expansionismus anderer Kulturen – daß dies nicht genug war, und daß die westlichen sozioökonomischen und geopolitischen Formationen Modellvorstellungen hervorbrachten, die eine Verwestlichung nicht nur zum Recht, sondern geradezu zur Pflicht des Westens erklärten (14). Lange Zeit ging man davon aus, daß der Westen nicht nur die besten Gesellschaftsmodelle hervorgebracht hatte, sondern auch im Besitz des wahren Glaubens, der richtigen Wissenschaften und der idealen Produktionsweisen etc. ist. Das führte dazu, Entwicklung *grosso modo* als Grad der Verwirklichung westlicher Modellvorstellungen anzusehen, während Unterentwicklung als ein davon abweichendes Phänomen definiert wurde – in einfacheren Fällen auf eindimensionale Weise (das BSP-Pro-Kopf-Einkommen oder die simplifizierenden Theorien wirtschaftlichen

Wachstums sind dafür gute Beispiele) oder aber in komplizierteren Fällen auf mehrdimensionale Art und Weise.

Zweitens, all dies brachte eine unilineare Entwicklungstheorie hervor, die die westliche Gesellschaft zum Modell erhob; nach dem 2. Weltkrieg wurde es durch die Vereinigten Staaten als ,,das beste Modell" verkörpert. Da die USA zum Leitbild erkoren wurden, wurden die Entwicklungindikatoren denjenigen angeglichen, die man dort als die wichtigsten erachtete. Ideen wie ,,aufholen", ,,die Kluft überbrücken", ,,Entwicklungsprozeß" — alles Ausdruck einer unilinearen Vorstellung von Entwicklung — setzten sich überall durch. Fragen, die in der Vergangenheit gar nicht gestellt wurden, bzw. die erst in jüngerer Zeit Berücksichtigung fanden, sind:

— Würde die Nachahmung eines Modells nicht auch zu einer Übernahme der weniger erstrebenswerten Aspekte des Modellandes sowie dessen Wachstum führen?

— Erfordert die Nachahmung des Modells nicht auch den Einsatz ähnlicher Methoden, und würde dies nicht voraussetzen, daß man andere Länder zur Peripherie erklärt und ausbeutet?

— Steht es fest, daß das westliche Modell transkulturelle Gültigkeit besitzt, oder gibt es kulturelle Unterschiede verschiedenster Art, die eine Übertragung des westlichen Modells unmöglich machen?

Anders ausgedrückt, nicht nur die Frage, ob eine Übertragung des westlichen Modells *möglich* sei, sondern auch die, ob diese überhaupt *wünschenswert* ist, wurde nicht gestellt.

Drittens, erstaunlicherweise hatte all dies auch eine bedeutende Schwäche des marxistischen Ansatzes zur Folge. Die Sowjetunion war das erste Land, das sich nach der Oktoberrevolution im Jahre 1917 von der kapitalistischen Produktionsweise lossagte. Der Bruch wurde also in der Peripherie und nicht, wie vorausgesagt und erwartet, im Zentrum des westlichen Kapitalismus vollzogen. Dies beinhaltet im wesentlichen zwei Dinge: Die marxistische Entwicklungstheorie wurde vor allem von den peripheren Ländern des kapitalistischen Systems übernommen; sie entspricht in etwa der liberalen Vorstellung über ,,sich entwickelnde Gesellschaften" (im Sinne absoluter Merkmale wie BSP-Pro-Kopf-Einkommen, Industrialisierungsgrad, Einschulungsrate etc. anstelle von strukturellen Merkmalen wie beispielsweise ein Land in die internationale Arbeitsteilung einbezogen werden kann, wie stark seine Abhängigkeit ist, etc.). Ebenso bedeutet es, daß inmitten der russischen Peripherie des kapitalistischen Systems eine Weltmacht, nämlich die Sowjetunion die ebenfalls ein westliches Land ist, entstand, und die, wie es scheint, bis zu einem gewissen Grad von der Idee beherrscht wird, ein Entwicklungsmodell zu sein und für die eigene Peripherie, die ehemals eine kapitalistische war, unilineare Entwicklungswege vorzugeben.

Die Zeit nach dem 2. Weltkrieg wurde demnach von zwei unilinearen Entwicklungswegen bestimmt: der eine basiert auf der Rostow'schen Theorie der Stadien ökonomischen Wachstums — Entwicklungsmodell sind die Vereinigten Staaten — der andere folgt der marxistischen Theorie der Entwicklung verschiedener Stadien von Gesellschaftsformationen und hat die Sowjetunion zum Vorbild. Beide Entwicklungswege scheinen einander zu bekämpfen, wie die Entwicklung mancher Länder zeigt, andererseits aber zeigen sich auch bemerkenswerte Parallelen. In beiden Fällen kann es sein, und es ist bereits hinreichend erwiesen, daß es den Interessen des Modellandes dient, wenn die Peripherie seine Entwicklungstheorie nachvollzieht. Anders ausgedrückt: Eine Peripherie, die ihrem Modell möglichst nahe kommt, wird in zweierlei Hinsicht auch eine bessere Peripherie sein: zum einen kann das Zentrum mit größerer Leichtigkeit eine Arbeitsteilung einführen (diesem Zweck dienen die Brückenköpfe in den Zentren der peripheren Länder), zum anderen finden die zentralen Länder in den Anstrengungen der peripheren Länder, ihr Bestes zu geben, und entlang der ihnen vorgegebenen Entwicklungslinien voranzuschreiten, eine Wertschätzung ihrer eigenen Systeme und Strukturen, d.h. eine Art Bestätigung.

Wir sind auf diese Punkte so ausführlich eingegangen, weil Entwicklungstheorien, wie jede andere Gesellschaftstheorie, nur aus ihrem sozialen Kontext heraus verstanden werden können. Unsere obigen Ausführungen lassen sich wie folgt zusammenfassen: Aus den vielfältigen Möglichkeiten liberalen und marxistischen Gedankenguts sind Entwicklungstheorien hervorgegangen, die zu einem entwicklungspolitischen Denken und Handeln geführt haben, daß sich nicht nur mit der Grundstruktur des gegenwärtigen Machtgefüges auf dieser Welt verträgt, sondern oft sogar damit identisch ist. Dies ist auch für ein Verständnis jenes Materials, aus dem alternative Entwicklungstheorien entstehen könnten, bedeutsam: Auch sie müssen in einem allgemeinen gesellschaftlichen Zusammenhang gesehen werden. Dies erklärt zum Teil die Bedeutung, die die Volksrepublik China als Entwicklungsmodell bei vielen Menschen in vielen Ländern erlangt hat; China ist das einzige Land von größerer Bedeutung, das beide Entwicklungswege abgelehnt hat. Fast könnte man sagen, daß die Chinesen damit nicht nur das amerikanische *und* sowjetische Modell verworfen haben, sondern auch den generellen Anspruch der gesamten westlichen Welt, ein allgemein nachahmenswertes Modell zu sein, zurückweisen. Es ist durchaus mit dem oben Gesagtem vereinbar, wenn sich ein dritter Entwicklungsweg nach chinesischem Vorbild herauskristallisieren würde. Eine Hypothese wäre, daß China wie auch sein asiatischer Nachbar Japan, wenig an Nachahmung gelegen ist — sondern daß es andere Länder, die einmal unter westlichem Einfluß standen, sind, die zur Nachahmung neigen.

Grundzüge des liberalen und marxistischen Entwicklungsmodells

Wir wollen nun, vor dem Hintergrund der Diskussion in den beiden vorangegangenen Kapiteln, wesentliche Unterschiede zwischen liberalen und marxistischen Entwicklungstheorien herausarbeiten; wir unterstellen, daß bei beiden die industrielle Produktion im Vordergrund steht und ein schwachentwickeltes Verhältnis von Mensch und Natur vorliegt.

Eine Möglichkeit, diese Unterschiede darzustellen, geht aus dem folgenden Schaubild hervor:

Schaubild 2:
Liberale versus marxistische Entwicklungstheorie: Zwei Entwicklungswege

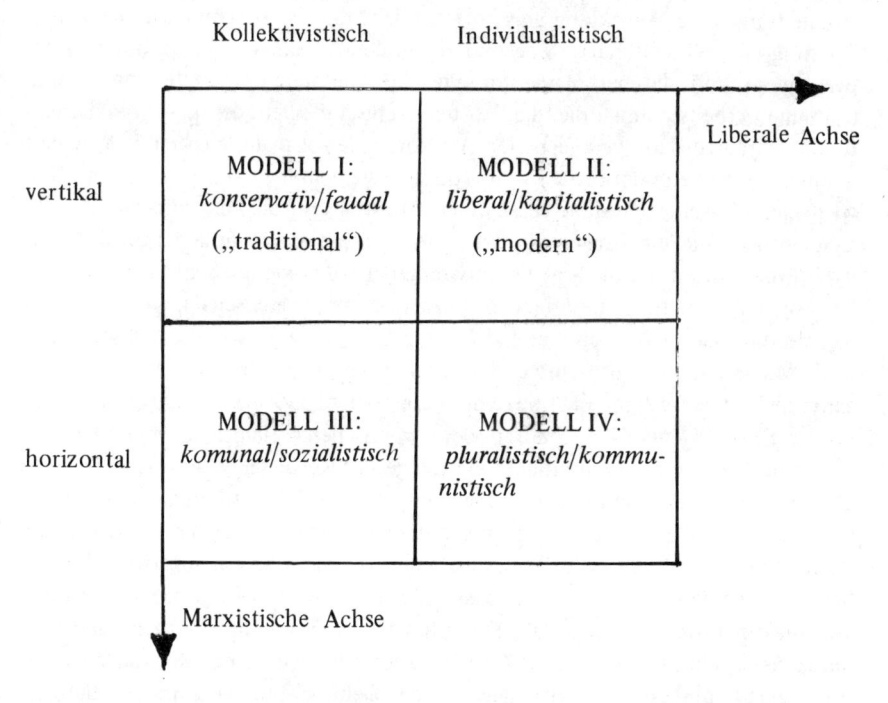

	Kollektivistisch	Individualistisch	
vertikal	MODELL I: *konservativ/feudal* („traditional")	MODELL II: *liberal/kapitalistisch* („modern")	Liberale Achse
horizontal	MODELL III: *komunal/sozialistisch*	MODELL IV: *pluralistisch/kommunistisch*	
	Marxistische Achse		

Beginnen wir nun unsere Analyse, indem wir die beiden Achsen erläutern.
Die horizontale, die „liberale Achse" verkörpert die Dimension zunehmender

Individualisierung, im Sinne einer inter-individuellen Vielfalt wie individuellen Mobilität. Auf die europäische Geschichte übertragen, markiert sie den Übergang der mittelalterlichen Gesellschaft in die frühe moderne – mit der Renaissance als eigentliche Übergangsperiode. Nehmen wir an, wir stimmen mit der Idee überein, daß diese Übergangsperiode eine Art der Befreiung des Individuums aus dem Kokon mittelalterliche/feudalen Kollektivismus' darstellt – beides im Sinne einer Kultivierung der *Vielfalt* (und der kreativen Originalität) sowie im Sinne eines sehr viel höherem Maßes an *individueller Mobilität*. Das verweist auf einen weiteren Grund, der ebenfalls eine Akzentuierung verdient (er wurde bereits oben erwähnt): Unter anderem trat diese Mobilität bereits in den von Europa ausgehenden Entdeckungsreisen zu Tage, die dem latent vorhandenen westlichen Expansionismus neue geografische Räume eröffneten. Demzufolge fallen Individualismus und Expansionismus zeitlich zusammen.

Die andere, die „marxistische Achse" zeigt, daß es der marxistischen Entwicklungstheorie um eine weitreichendere Dimension geht, die einer ganz anderen Vorstellung von Entwicklung angehört. Es geht um die zunehmende Horizontalisierung einer Gesellschaft, insbesondere um den Abbau von Macht und Klassenprivilegien, und darüberhinaus um eine horizontalere Arbeitsteilung – d.h. um eine Arbeitsteilung, die die Vorteile, einschließlich der psychologischen, durch Herausforderungen jeglicher Art sowie den Zugang zu kreativer Arbeit – unter allen, die in der Produktion tätig sind, gerechter zu verteilen. Produktion wird hier im weitesten Sinne verstanden: darunter fällt die künstlerische Produktion ebenso, wie die Frage, wie der Leser/Betrachter an diesem Prozeß beteiligt werden und mit dem Künstler zusammenarbeiten kann. Es gibt also die Vorstellung einer vertikalen und einer horizontaleren Gesellschaft, wie jene, die mit der Oktoberrevolution von 1917 entstanden ist. Man sollte annehmen, daß auch Marxisten, mit Ausnahme der Dogmatiker unter ihnen, hier von *Übergangsperioden* sprechen, statt nur eine derart kurze Zeitspanne von einigen Jahren oder einer Generation – z.B. in der sowjetischen Geschichte – herauszugreifen. Eine Periode sollte zumindest die Länge der Renaissance umfassen, und die gleiche Vielfalt an Phänomenen aufweisen – wie z.B. die Individualisierung religiöser Erfahrungen durch den Protestantismus, der durchaus als Teil des in der Renaissance stattfindenden Prozesses, wie wir ihn oben beschrieben haben, begriffen werden kann. Viele Marxisten haben nur ein sehr enges Verständnis von diesem Prozeß; Horizontalisierung hat für sie etwas mit Besitz an den Produktionsmitteln zu tun – diese Ansicht entspricht dem oben explizierten Ökonomismus – und läßt sich durchaus mit der Denkrichtung vereinbaren, die den geschichtlichen Prozeß in Übergangspunkte, „Revolutionen", statt Perioden „Evolution" einteilt.

Unsere These ist nunmehr, daß Entwicklungstheorie von einer Annäherung beider Achsen profitiert, und daß die liberale wie marxistische Schule die Tendenz gehabt haben, den jeweils eigenen Standpunkt auf Kosten der anderen überzubewerten. Diesen Punkt wollen wir im folgenden überprüfen.
Charakteristisches Merkmal des Liberalismus ist sein unerschütterlicher Glaube an das Individuum. Seine Vorstellung ist *akteur-orientiert*: Entwicklung ist im wesentlichen das Werk besonders fähiger und aktiver Einzelpersonen. Diese Individuen sind *Unternehmer* und zwar auf allen Gebieten: in der ökonomischen Produktion, in der Politik sowie im militärischen und kulturellen Bereich. Sie sind wie eine Lokomotive, die einen schweren Zug zieht. Damit sie diese Funktion auch wirklich ausüben, müssen zwei Bedingungen erfüllt sein: Man muß ihnen genügend Bewegungsfreiheit lassen, damit sie ihre Initiative voll entfalten können, und sie müssen durch ein Gratifikationssystem hinreichend motiviert werden. Letzteres wird den unterschiedlichen Talenten nur durch eine sorgsame Abstufung gerecht. Dieser unterschiedliche Lohn *ist* Ausdruck der vertikalen Gesellschaftsstruktur, die zugleich auch die Voraussetzung für Entwicklung verkörpert.
Oder anders ausgedrückt: Die liberale Theorie der Entwicklung beschäftigt sich im wesentlichen mit dem Übergang einer konservativ/feudalen (Modell I) in eine liberal/kapitalistische Gesellschaft (Modell II); oder in der Sprache der Entwicklungstheorie der 50er und 60er Jahre: mit dem Übergang von einer „traditionalen" in eine „moderne" Gesellschaft. Diese Vertikalität wird von keiner Seite in Frage gestellt, doch ihre Mechanismen können sich im Laufe der Zeit durchaus verändern. Grob gesagt, bei einem Belohnungssystem mit durch Geburt zu erwerbenden Positionen („wie der Vater, so der Sohn") lag der Gedanke an angeborene Fähigkeiten nahe; dies hatte zur Folge, daß man Begabung nicht nur messen wollte (hier tauchen Binet und Simon mit ihrem IQ-Test auf), sondern auch eigens dafür eintrat, daß die Korrelation zwischen Begabung und Belohnung in einem System kummulativer Bildung von der Primar- über die Sekundar- bis zur Tertiär-Stufe institutionalisiert wird, wodurch dann die neue Elite geformt und legitimiert wurde. Mit der Parole von der „Chancengleichheit" hat das System eine Lösung dafür gefunden, wer in der Gesellschaft die Stufen höchster Legitimation durch Bildung erreichen kann, und wer auf der untersten Stufe der Modell I - Gesellschaft zurückbleibt: Einzig und allein entscheidend ist die Begabung. Dies ist mehr oder weniger eine Zusammenfassung der von den Konservativen, Liberalen und Sozialdemokraten in einer Gesellschaft des Modells II geführten Diskussion; die Vertikalität an sich wird von ihr nicht berührt.

Soviel zum ersten Aspekt der Individualisierung: der Entdeckung (durch ein Netz von Schulen) und Förderung (durch Weiterbildung auf immer höheren Ausbildungsstufen) der Fähigen und Aktiven. Der zweite Aspekt: Die Idee der individuellen Mobilität, spielt in der liberalen Entwicklungstheorie ebenfalls eine entscheidende Rolle.
Wenn etwa der führende Soziologe der Vereinigten Staaten und der gesamten Nachkriegszeit, Talcott Parsons, Entwicklung als Übergang von einer partikularistisch/diffusen zu einer universalistisch/spezifischen Orientierung begreift, dann gelingt ihm mit bemerkenswert wenigen Worten eine wesentliche Aussage; zumindest zu dem Aspekt, was der Übergang von der „traditionalen" in eine „moderne" Gesellschaft für die Nicht-Eliten bedeutet (16). Diese Übergangsperiode wird auch dadurch gekennzeichnet, daß sich in ihr der Kapitalismus als die entscheidende Produktionsweise herausbildet, und daß Faktoren, einschließlich der menschlichen Arbeitskraft, einen hohen Grad an Mobilität erreichen. In diesem ökonomischen Denken, das den Menschen als „Faktor" (der den Rohstoffen und dem Kapital gleichgestellt ist) begreift, ist der Gedanke Parsons bereits enthalten. *Mobilität wird erleichtert durch Ersetzbarkeit* — besonders seit die moderne Physik/Chemie/Geologie und Biologie Mineralien, Tiere und Pflanzen etc. auf einer abstrakteren Ebene als zu einer Klasse gehörig, und damit als austauschbar ansieht, weil ihre grundlegenden Charakteristika die gleichen sind.
Die entscheidende Veränderung dieser Übergangsperiode, die Parsons mit seinen „pattern variables" (sie sind eigentlich Sorokins monumentalem Werk *Social and Cultural Dynamics* entnommen) zu charakterisieren versuchte, ist die Gründung von Institutionen, die auch den Menschen austauschbarer erscheinen lassen. „Universalismus" steht für die Vorstellung von der Möglichkeit einer intersubjektiv vermittelten und geteilten Beurteilung einer anderen Person — in der „modernen" Gesellschaft erhält der schulische „Output" ein Diplom; dieses stellt, im Gegensatz etwa zu Verwandschaftsverhältnissen (nicht universal, denn diese Person ist *mein* Neffe und nicht der eines anderen) oder zu persönlicher Sympathie (besitzt ebenfalls keine universale Gültigkeit), ein universal anerkanntes Beurteilungskriterium dar.
Entsprechend wird unter der Überschrift „Spezifität" (Orientierungsalternative im Sinne der Parson'schen „pattern variables") die Bedeutung einer möglichst eindimensional-ausgerichteten Beurteilung herausgehoben, da sie sich sonst als zu kompliziert, und somit als eine Bedrohung des Universalismus erweisen könnte. In der „modernen" Gesellschaft wird diese Aufgabe von der Schule übernommen: Es wurde ein Beurteilungsverfahren entwickelt, das eine bestimmte intellektuelle Fähigkeit mißt, die im allgemeinen aus einer hohen Merkfähigkeit sowie in einem besonderen, von der Schule geförderten Ver-

halten besteht; letzteres wird vor allem an den eigens dafür angesetzten Prüfungsterminen bewertet. Schließlich machen die Begriffe „achieved" (erworben) und „ascribed" (zugeschrieben) eines deutlich: Das Individuum muß seinen Status durch „Leistung" erwerben; die von Geburt an zugeschriebene, beispielsweise durch den väterlichen Status bedingte Position verliert an Bedeutung: Es herrscht eine individuelle Orientierung vor. Die Individuen werden selektiert und in eine vertikale Ordnung gestellt. Mit der Durchführung entsprechender Leistungstests übernimmt die Schule in diesem Prozeß eine sehr wichtige Funktion; in einer liberalen Gesellschaft wird diese aber auch noch von anderen Institutionen wahrgenommen. Parson hat demnach soziologisch das auf einen Begriff gebracht, was sich seit langem (sogar in der frühen Geschichte der im Modell I repräsentierten Gesellschaften) abgezeichnet hat: die Leichtigkeit, mit der ein Individuum durch ein anderes ersetzt werden kann; wird bei seinem biologisch oder sozial bedingtem (17) Tod eine Stellung frei, weiß man, wo man nach Ersatz Ausschau halten muß. Der Tod der Großfamilie, ja sogar der Kleinfamilie, ist ein weiterer Ausdruck dieses allgemeinen Phänomens.

So hat sich die liberale Entwicklungstheorie vor allem mit der „Irrationalität" der „traditionalen" Gesellschaft und deren Überwindung befaßt. Was jedoch aus der Sicht einer bestimmten ökonomischen Formation als „irrational" erscheint, kann sich aus dem Blickwinkel eines umfassenderen Menschenbildes durchaus als höchst „rational" erweisen; diese Erkenntnis verdanken wir der gegenwärtig immer lauter werdenden Kritik an einer Gesellschaft, wie sie im Modell II dargestellt wird. Hinter der chemischen Formel $CUSO_4$ verbirgt sich also für den Chemiker/Mineralogen ein bestimmtes Mineral, nämlich Kupfersulfat; nach seiner Aussage sind Mineralien dann gleichwertig, wenn sie bei einem bestimmten Test die gleichen Merkmale aufweisen; demzufolge legt eine chemische Formel eine Gleichwertigkeit/Klasse von untereinander austauschbaren Objekten fest. Aber es kann passieren, daß innerhalb einer Klasse eine Einheit extreme Schönheit, eine andere (so wird behauptet) magische Kräfte besitzt, und wiederum eine andere in einer Person emotionale Bezüge wachruft etc. „Traditionale" Gesellschaften weisen vielleicht institutionalisierte Eigenheiten auf, die der westlichen Wissenschaft unverständlich bleiben, d. h. von dem Standpunkt, den die „moderne" Gesellschaft als gegeben und „normal" ansieht, können diese nur als „Entwicklungshemmnisse" begriffen werden. Ähnlich ist es mit dem Geld: Ökonomen haben ja bekanntlich eine mathematische Theorie erarbeitet, in der Kosten, Preise und das Kapital als wichtige Variablen fungieren. Die Mathematik erweist sich hier als sehr mächtig, da sie sich beispielsweise auf Gesetze bestimmter mathematischer Systeme beruft — wie auf das Gesetz des Tausches und das Gesetz der Assoziation:

Gesetz des Tausches: $a + b = b + a$

Gesetz der Assoziation: $a + (b+c) = (a+b) + c$

Der westliche, „moderne" Verstand wurde in einer Weise trainiert, daß die meisten, die einen bestimmten Bildungsprozeß durchlaufen haben, nicht nur beide Gesetze als erwiesen annehmen und anerkennen, sondern auch deren Anwendung auf das Geld als selbstverständlich hinnnehmen. Wendet man das Gesetz des Tausches aber auf das Geld an, so wird damit implizit ausgedrückt, daß der Höhe der Ein- und Auszahlungen selbst nur eine geringe Bedeutung zukommt, da sie sich ja ohnehin addieren lassen. Wenn mir zwei Menschen – A und B – Geld schulden, so spielt es demnach keine Rolle, ob A oder B zuerst zahlt. Aber dies ist ein soziokultureller Anspruch und sicherlich nicht allgemein gültig; bestimmt nicht in den meisten „traditionalen" Gesellschaften – das nehmen wir jedenfalls an. Überträgt man die Gültigkeit dieser Gesetze auf das Geld, dann ist das soziale Dekor, sozusagen der Schmuck vieler „traditionaler" Gesellschaften, nicht mehr vorhanden, und der Rest ist zum größten Teil einfaches, mit modernen Methoden hergestelltes Tuchwerk (clothesworks).
Die dramatischste Folgerung ergibt sich bei der Einbeziehung der menschlichen Faktoren: die Austauschbarkeit des Menschen. Es ist heute allgemein bekannt, daß dieses Phänomen erstmals während des Übergangs von der handwerklichen Produktion zur industriellen Massenfertigung in Erscheinung trat. Der Punkt ist also nicht, daß dies auch ein Übergang von arbeitsintensiven zu kapital- und forschungsintensiven Produktionsmethoden war, der solche Methoden, wie allein mit Spaten, Schaufeln, Körben und nackter Körperkraft einen Damm zu bauen, abschaffte. Der Punkt ist, daß dieser Übergang auch einen höheren Grad an Austauschbarkeit zur Folge hatte, d. h. daß der einzelne Arbeiter immer weniger Gelegenheit hatte, seiner Arbeit einen eigenen Stempel aufzudrücken (18). Nur dem Intellektuellen bleibt noch diese Möglichkeit, und der Autor dieses Artikels ist sich beispielsweise relativ sicher, daß er nicht zu ersetzen ist, in dem Sinne, daß niemand anderer als er genau dieses Arbeitspapier, das der Leser vor sich liegen hat, produzieren würde. Aber die meisten Menschen in den „modernen" Gesellschaften haben diese direkte Beziehung zwischen Arbeiter und Produkt verloren. Der Arbeiter oder die Arbeiterin ist ihrem Produkt entfremdet; *ihre Austauschbarkeit wurde institutionalisiert*. Es erübrigt sich zu erwähnen, daß dieser Zusammenhang auf das Marx'sche Konzept der „Entfremdung" verweist – ohne allerdings dessen vielfältigem Anspruch zu genügen. Konkret werden hier Entfremdung und Austauschbarkeit als objektive Kategorien eingeführt, die in der Sozialstruktur selbst verankert sind – inwieweit sich diese auf die individuelle Psyche auswirken, sei es als Unglück, Langeweile, Streß sowie möglicherweise als Neurose oder Psychose, einschließlich der Schizophrenie, *oder* als Glück, sich von der Arbeit befreit, ganz den Freizeitaktivitäten hingeben zu können, ist eine andere Frage.
Daraus läßt sich ganz allgemein folgern, daß die liberale Theorie ebenso eine

vertikale Struktur aufweist wie die liberale Gesellschaft: *Sie unterscheidet zwischen den Eliten und den Massen.* Die Eliten sind nicht nur hinreichend durch Erziehung und/oder andere Leistungen legitimiert, sondern ihnen wird auch Individualität gestattet; sie werden unersetzbar. Sie werden zum Modell, das man nachahmt, bewundert, beneidet, liebt oder haßt. Den Massen wird die Chance nicht gegeben, „sie müssen arbeiten und sterben" – ihre Austauschbarkeit ist institutionell verankert. Universalismus, Spezifität und Leistung heißen die Alternativen ihrer Orientierung – Partikularismus (wer kennt wen), Diffusität (viele Beziehungen, nicht nur geschäftlicher Art – in der Politik wie in der Freizeit, in Komitees wie in Ausschüssen) und zugeschriebene Positionen (ascription) sind nur an der Spitze der Gesellschaft anzutreffen (wer auf einem Gebiet erfolgreich ist und an der Spitze einer Gesellschaft, wie sie das Modell II beschreibt, steht, wird auch auf anderen Gebieten immer höher eingestuft, auch wenn dies seine/ihre Kompetenz oft garnicht rechtfertigt).

All dies wird dann mit der Arbeitsteilung im oben beschriebenen Sinn in Korrelation gesetzt, so daß der Elite nicht nur die Lösung, sondern auch die Definition eines Problems zufällt, während den Massen als Ersatz dafür nur noch die praktische Umsetzung der von den Eliten erarbeiteten Lösungsvorschläge bleibt. So übernehmen die Massen die Rolle von Statisten mit der Elite als Hauptdarsteller (eine der Bühnen sind die Massenmedien) und/oder die Zuschauerrolle bei den Aktionen der Elite. Die Elite rechtfertigt ihre Position mit der Hypothese des „trickling down": D. h. über kurz oder lang würden auch die Massen von den Leistungen der Elite profitieren, beispielsweise durch eine bessere Verteilung des wirtschaftlichen Wachstums, oder allgemein durch eine bessere Ausbildung. Es wird wenig oder gar kein Zweifel daran gehegt, ob eine Gesellschaft, wie im Modell II beschrieben, in der Lage ist, ökonomisches Wachstum auch über einen längeren Zeitraum hinweg zu produzieren. Die Entwicklungsstudien der 50er und 60er Jahre haben versucht, die Korrelationen zwischen den verschiedenen im Modell II enthaltenen Aspekten und dem wirtschaftlichen Wachstum nachzuweisen; diese tendierten alle dazu, positiv zu sein, manche sogar sehr stark (19). Dies wird für synchrone ebenso wie für diachrone Beziehungen behauptet, bei Tests von vielen Gesellschaften zum gleichen Zeitpunkt wie auch bei einer Gesellschaft über einen längeren Zeitraum. Aber (20), wie jeder Methodologe warnen würde, jede Korrelation kann unecht sein. Vielleicht beruht ökonomisches Wachstum auf „etwas ganz anderem", wenn der oben beschriebene Wandel auch in einer Modell II-Gesellschaft stattfindet, und vielleicht liegt dieses „andere" ebenfalls jener anderen Art des Wandels zugrunde. Aber was könnte dieses „andere" möglicherweise sein? Eine Möglichkeit wäre der wachsende Umfang des Zentrum-Peripherie-Gefälles, das mit der Ausdehnung der kapitalistischen Produktionsweise einhergeht. Demnach, so unsere Argumentation (und diese Idee ist mit Sicherheit zentral für alle modernen Imperialismustheorien), ist das ökonomische Wachstum in einem zentralen Land, wie es das Modell II zeigt, nur möglich geworden, weil es die Ressourcen der ausgedehnten Peripherie ausbeutete, *und damit Erfolg hatte, weite Teile der Peripherie sich selbst zu entfremden*, eine Praxis, die man gewöhnlich mit Kolonialismus und Neokolonialismus bezeichnet. Zur gleichen Zeit erlebten die zentralen Länder den Übergang ihrer Gesellschaften von Modell I zu Modell II; doch das ist kaum entscheidend. Entscheidend ist, daß eine leicht zu erobernde und formbare Peripherie zur Verfügung stand. Deswegen kann Japan bis heute noch nicht als eine typische Gesellschaft des Modells II angesehen werden. Japan weist immer noch wesentliche Merkmale einer Gesellschaft des Modells I auf, vor allem in der Art und Weise, wie der Grad und der Typ der Ausbildung noch im zugeschriebenen Sinne (ascriptively) angewandt wird, und in dem Sinne, wie beruflicher Aufstieg immer noch mit dem Alter korreliert (ein weiteres zugeschriebenes Merkmal, wenn auch universalistisch), mehr als mit Leistung. Aber Japan errichtete eine Peripherie; diese Phase begann mit dem Japanisch-chinesischen Krieg von 1894 - 95 und wurde mit der Niederlage von 1945 mit mehr neo-kolonialistischen Methoden fortgesetzt (21). Ein weiteres Argument wäre im übrigen, daß die wahre Funktion — beabsichtigt oder nicht — einer Liberalisierung der Gesellschaft, von Chancengleichheit und Mobilität innerhalb und außerhalb der Klassen, die das Kastensystem der Modell I-Gesellschaften zerstört, die ist, in den Zentren Gesellschaften zu errichten, in denen die Klassen ein gemeinsames Interesse daran haben, die Kontrolle über die Peripherie aufrecht zu erhalten. Wenn dieses Argument zutrifft, dann müßte die Peripherie ihren Widerstand konsequenter aufbauen. Konkret müßte sie die Ausbeutung ihrer Ressourcen verhindern, durch eine verminderte Abnahme von Waren aus den zentralen Ländern deren ökonomisches Wachstum bremsen, und zugleich alle Gruppen ihrer Gesellschaft zum Kampf gegen das entstandene Zentrum-Peripherie-Gefälle mobilisieren sowie für das gemeinsame Interesse an „einen Platz an der Sonne", um es einmal unmißverständlich auszudrücken. Die Ereignisse nach der Ölkrise scheinen in diese Richtung zu deuten.

All dies verweist bereits auf den dritten Kreis entwicklungspolitischen Denkens (s. Schaubild 1): die Verteilung innerhalb des Systems. Es ist unbestritten, daß die liberale Theorie, insbesondere in ihrer sozialdemokratischen Spielart, wie sie im Norden Westeuropas zum Ausdruck kommt, der sozialen Gerechtigkeit und Gleichheit große Bedeutung beimißt. Ein Beispiel *sozialer Gerechtigkeit* wurde bereits erwähnt: die Idee der gleichen Chancen. Diese darf allerdings nicht mit Gleichheit verwechselt werden: sie beinhaltet lediglich, daß in einer vertikalen Gesellschaft jeder eine Chance erhält, den Wettkampf um eine Position zu gewinnen. Was andere Formen der sozialen Gerechtigkeit angeht, so ist die liberale Theorie auch hier sehr stark; sie lassen sich ganz allgemein auf folgende Formel bringen: *Es existiert nur eine geringe oder gar keine Korrelation zwischen zugeschriebenem und erworbenem Status.* Weder der Bildungsgrad noch die Machtposition innerhalb einer Mikro- oder Makrogesellschaft sollten davon abhängen, ob man männlichen oder weiblichen Geschlechts ist, auch sollte es keine Rolle spielen, ob man auf dem Lande oder in der Stadt aufgewachsen ist, ganz zu schweigen von der Irrelevanz rassischer oder ethnischer Faktoren. Im Sinne der liberalen Theorie wird eine Gesellschaft wohl kaum allein aufgrund ihres ökonomischen Wachstums als entwickelt betrachtet werden können, wenn soziale Ungerechtigkeiten im oben beschriebenen Sinne weiterexistieren.

Doch wie auch immer, die Efinition von sozialer Gerechtigkeit ist bewußt offen. Man ist seit langem mit dem Problem des Rassismus konfrontiert, in jüngster Zeit auch mit dem des Sexismus, und das Problem des „agism", damit meinen wir die institutionalisierte Herrschaft der mittleren über die jüngere und ältere Altersgruppe, die jeweils in völlig voneinander getrennte Gettos abgeschoben werden (Kindergarten und Schule; Altersheim und Ruhestand), wird noch auf uns zukommen. Wenn die Behauptung mancher Vertreter der liberalen Theorie zutrifft, daß es so etwas wie einen angeborenen Mangel an Intelligenz gibt, der sich mit Hilfe von IQ-Tests feststellen läßt, dann käme dies unserer Auffassung nach ebenfalls einer Zuschreibung von Fähigkeiten gleich, die dringend eine Bewegung zur Abschaffung der Diskriminierung von weniger Begabten zur Folge haben müßte. Wir erwähnen dies, um die Notwendigkeit eines ständigen (open-ended nature) Bemühens um mehr soziale Gerechtigkeit mit all ihren Implikationen deutlicher hervorzuheben: Dies wird der Gesellschaft des Modells II noch eine ganze Weile zu weiteren Theoriebildungen und politischen Reaktionen Anlaß geben.

Anders das Problem der *Gleicheit*. Hier handelt es sich um den Abbau von Macht und Privilegien im Sinne einer Einkommensverteilung. Man könnte das Problem auch in der Dimension des „Habens" ausdrücken, in der Verteilung verschiedenster Konsumgüter, wie Nahrungsmittel, Kleidung, Unterkunft, Zugang zu Gesundheits- und Erziehungsinstitutionen, Transport und Kommunikation etc.

Hierbei liegt die Schwierigkeit natürlich darin, daß die gesamte *Problematik* vom Produktions- in den Konsumtionsbereich verlagert wird, und Gleichheit unter rein ökonomischen Gesichtspunkten betrachtet wird. Letzteres hat das liberale Denken jedoch bereits transzendiert: Zum einen existiert die traditionelle Vorstellung von Entwicklung im Sinne der Errichtung von Institutionen zur effektiveren Kontrolle der Peripherie (die so auch mit einbezogen ist), ausgedrückt durch Arbeitsteilung, zum anderen die Idee der Partizipation, die vom Konzept des Bürgers, über die Ausdehnung des allgemeinen Wahlrechts, bis hin zur Beteiligung am unternehmerischen Entscheidungsprozeß – heute bekannt als „Industriedemokratie" – reicht. Wir weisen darauf hin, damit nicht der Eindruck entsteht, die liberale Entwicklungstheorie sei nur auf ökonomische Aspekte ausgerichtet, obwohl ihr Schwerpunkt sicherlich auf diesem Gebiet zu suchen ist. Stabilität basierend auf dem ökonomischen Machtgleichgewicht (anti-monopolistisch) gehört ebenso zu dieser Theorie wie politische Macht (Parteibildung) und militärische Stärke und kulturelle Entfaltung (Pluralismus). Wie auch immer, auch die Bildung von Gewerkschaften und im generelleren Sinne von Organisationen für Unterpriviligierte – basierend auf der Solidarität – sind wichtig, um die Fragmentierung zu überwinden; ebenso wie das Wahlrecht etc. wichtig ist, um eine Marginalisierung zu verhindern, und eine Gesellschaft mit höherem Maß an allgemeiner Partizipation zu schaffen, wobei sich *die grundsätzliche Vertikalität, die sich auf dem Produktionsaspekt des ökonomischen Zyklus bezieht, weiterhin unverändert* bleibt.

Hier ist nun der Punkt, wo die marxistische Kritik ansetzt. Wie der Liberalismus ist auch der Marxismus ein Bündel unterschiedlichster Theorien, man kann hier wie dort auf fast alle Probleme eine Antwort finden, wenn man nur genügend Texte mit ausreichender Gründlichkeit untersucht. Unsere Kritik richtet sich hierbei auf die gegenwärtig in der Praxis sichtbar werdende marxistische Entwicklungstheorie, ohne den Anspruch zu erheben, damit dem Reichtum und der Tiefe des marxistischen Gedankengutes, das sich ja grundlegend von der liberalen Weltanschauung unterscheidet (wie der Gegensatz Dialektik versus Positivismus deutlich zeigt), gerecht zu werden.

Aus der Sicht der Entwicklungstheorie liegt die Stärke des marxistischen Ansatzes in der Analyse der ökonomischen Produktionsstrukturen. Die marxistische Kritik setzt dabei auf mindestens drei Ebenen an: innerhalb einer Produktionseinheit (dem Betrieb), innerhalb des Landes und auf globaler Ebene. Die marxistische Kritik setzt sich zudem eingehender mit den letzten drei der vier weiter oben aufgeführten Merkmale des Kapitalismus auseinander: der Arbeitsteilung innerhalb einer Produktionseinheit (dem Betrieb); zwischen den Entscheidungsträgern, die für Problemlösungen zuständig sind, und denjenigen, die diese Lösungen und Entscheidungen in die politische Praxis umsetzen; mit der das starke Gefälle zwischen Zentrum und Peripherie erzeugenden Arbeitsteilung innerhalb und zwischen den Ländern sowie mit der expansionistischen Natur des Kapitalismus im allgemeinen und seiner zunehmenden Kontrolle über alle ökonomischen Zyklen durch Bildung von Monopolen. Das wichtigste Hauptmerkmal — das Kapital als Meßgröße — ist implizit, aber seit der Marxismus relativ unflexibel in der Schaffung alternativer Meßgrößen geworden ist, benehmen sich die Marxisten ebenso wie die Liberalen wie Buchhalter, d. h. sie erstellen Kosten-Nutzen-Analysen im monetaristischen Sinne, mit dem einzigen Unterschied, daß die Eingänge und die Art wie diese kontrolliert werden, zu unterschiedlichen Ergebnissen führen.

Da der Liberalismus akteur-orientiert, der Marxismus dagegen *struktur-orientiert* ist, sind auch ihre Entwicklungsstrategien unterschiedlich: Während die Vertreter einer liberalen Entwicklungstheorie für die Freisetzung des Individuums eintreten (der Starke wird in vertikaler, der Schwächere in horizontaler Richtung mobil), setzen die Vertreter einer marxistischen Entwicklungstheorie einen grundlegenden Strukturwandel *voraus*, und schlagen damit eine dem liberalen Weg entgegengesetzte Richtung ein: Erst wird das periphere Land aus der Abhängigkeit vom Zentrum befreit, um wieder ein Zentrum nach eigenem Recht zu bilden, d. h. es übernimmt die Verarbeitung aller lokalen Faktoren wie Rohstoffe, Kapital und menschliche Arbeit; diese erste Phase ist durchaus noch mit lokalem und nationalem Kapitalismus vereinbar. In einer zweiten Phase wird dann durch die Kollektivierung der Produktionsmittel, die Verwendung des sozialen Surplus für die Befriedigung grundlegender Bedürfnisse und durch die Erstellung eines gesamtgesellschaftlichen Entwicklungsplans das interne Zentrum-Peripherie-Gefälle reduziert. Möglicherweise folgt darauf ein drittes Stadium, in dem ein grundlegender Wandel der Arbeitsteilung innerhalb einer Produktionseinheit selbst stattfindet. Vielen mag das wie „Politik" und nicht wie „Entwicklungstheorie" erscheinen — ebenso hören sich für denjenigen, der eher einer marxistischen Interpretation folgt, liberale Theorien wie Apologien und Rationalisierungen, um nicht zu sagen wie extreme Mystifikation an. Wir ziehen es an dieser Stelle vor, beide Richtungen als Entwicklungstheorien mit einer entsprechenden Praxis anzusehen, um dann den marxistischen Ansatz einer kritischen Würdigung zu unterziehen.

Es soll gleich zu Anfang darauf hingewiesen werden, daß fast die gesamte marxistische Entwicklungstheorie und -praxis aus einer Kritik der kapitalistischen Gesellschaft und theoretisch geführter Aktion in diesen Gesellschaften besteht. Dagegen scheint es, als wäre die liberale Entwicklungstheorie vor allem mit einer Kritik der mittelalterlichen und frühkapitalistischen Gesellschaftsformation beschäftigt, anstatt mit der Bildung einer revolutionären post-industriellen Gesellschaft im Westen. Die Asymmetrie, die zwischen beiden Denkrichtungen herrscht, läßt sich ganz einfach darauf zurückführen, daß die liberale Theorie in der Geschichte der Menschheit über einen längeren Zeitraum hinweg wichtig war,

ganz zu schweigen für größere Teile der Welt, während die marxistische Theorie (im positiven Sinne einer Entwicklungstheorie, die sich mit einer *post*-kapitalistischen Gesellschaftsformation auseinandersetzt) nur auf ein halbes Jahrhundert an Erfahrungen zurückblicken kann, die zudem nur in einem kleinen Teil der Welt gesammelt werden konnten, und das auch nur in Ländern, die ehemals einen Teil der Peripherie des kapitalistischen Weltsystems (die nun bis zu einem gewissen Grad vielleicht re-integriert werden) bildeten. Noch liegen keine Erfahrungen vor, wie der Sozialismus in einem zentralen kapitalistischen Land aussehen würde (22). Von unserem Standpunkt aus wäre die grundlegende Kritik an der marxistischen Entwicklungstheorie nicht die, daß sie einen radikalen Bruch mit der gegenwärtigen Weltstruktur bedeutet, sondern daß sie nicht radikal genug in ihrer Konzeption ist – und aus diesem Grund auch nicht in ihrer Praxis – mit einer möglichen Ausnahme (23). Schließlich richtet sich unsere Kritik auch gegen die unsichtbare Tendenz, die grundlegenden Erkenntnisse liberalen Denkens einfach nicht zur Kenntnis zu nehmen, denn in der Tat erhebt sich die Frage, ob eine Art Synthese der beiden Denkrichtungen eines Tages vielleicht eine wesentliche Komponente für eine viel reichhaltigere Entwicklungstheorie sein könnte (es wäre typisch westlich, nun zu glauben, daß eine Synthese des liberen und marxistischen Ansatzes – sofern überhaupt möglich – das gesamte Universum entwicklungspolitischen Denkens umfassen würde – aber mehr darüber im nächsten Abschnitt).
Den grundlegenden Punkt, den der Marxismus nicht in den Griff bekommt, ist der Umstand, daß die post-kapitalistischen Gesellschaftsformationen, die im östlichen Europa und der Sowjetunion gegründet wurden, ebenso wie in manchen sozialistischen Ländern der Dritten Welt (Kuba, die Mongolei und vielleicht auch Nord-Korea) vollständig mit den Gesellschaftsformationen, wie sie das Modell II zeigt, vereinbar sind. In der Tat kann man sie als Variationen innerhalb dieser Formation betrachten, allerdings mit staatskapitalistischen statt mit privatkapitalistischen Zügen. Diese Aussage basiert auf dem Gedanken, daß die vier bereits oben erwähnten Merkmale des Kapitalismus auch in diesen Gesellschaften anzutreffen sind: Das Kapital als Meßeinheit, eine Arbeitsteilung im Sinne von Entscheidungsfindung und Problemlösung (daß nur die oberste Ebene sich auf eine andere Weise rekrutiert), einem hohen Maß an Mobilität der Ressourcen aus der Peripherie in Richtung lokaler und nationalen Zentren sowie der fertigen Produkte in die umgekehrte Richtung *und* einem expansionistischen Element, wenn auch (in vielen Fällen) nur innerhalb der eigenen Staatsgrenzen. Daher sind die Individuen immer noch isoliert und ersetzbar und weisen einen hohen Grad an vertikaler und horizontaler Mobilität auf, und nur die Kriterien des Fortschritts sind wegen des proletarischen Hintergrunds verschieden; formelle Bildung und teilweise Solidarität sind wichtige Faktoren (24).

Dies vorausgesetzt, scheint die Erfahrung darauf hinzuweisen, daß solche Gesellschaften in erstaunlich kurzer Zeit in der Lage sind, die Grundbedürfnisse der Masse ihrer Bevölkerung zu befriedigen; mit anderen Worten, die Armut auszurotten. Dies ist eine wesentliche Errungenschaft, die im großen und ganzen den Unterschied zwischen den sozialistischen Ländern der Dritten Welt und der peripheren kapitalistischen Welt ausmacht, und die sich zum allgemeinen liberalen entwicklungspolitischen Denken nicht komplementär verhält (25). Die liberale Schule löst dieses Problem auf eine auch für sie selbst in zunehmendem Maße unbefriedigende Weise: durch das Messen von Entwicklung in Durchschnittswerten, beispielsweise des BSP-Wachstums, wobei ein geringes, Null- oder sogar Negativ-Wachstum der untersten Ebene, oder sogar der Mehrheit der Bevölkerung durch die Einnahmen der sich rasch vergrößernden und ausbreitenden Klassen, Segmente oder Sektoren dieser Länder kompensiert wird. Schon dieser Umstand allein würde heute entscheidend für den marxistischen Ansatz sprechen (26).

Einige werden nun sagen, daß dies schon überzeugend genug ist; daß es die Aufgabe war, die materielle Lage der Massen durch die Kollektivierung der Produktionsmittel zu verbessern, und nicht einen Bruch mit den sozialen Strukturen einer Modell II-Gesellschaft herbeizuführen. Das mag richtig sein, aber zwei Probleme bleiben dabei bestehen, zwei Gründe warum der marxistischen Theorie und Praxis nachgesagt werden kann, sie sei nicht radikal genug: *Was geschieht, nachdem die materiellen Grundbedürfnisse befriedigt worden sind?* Und *ist eine Modell-II-Gesellschaft ein erstrebenswertes entwicklungspolitisches Ziel?* Diese beiden Fragen sind eng miteinander verknüpft, denn manche der zwar weniger materiellen, doch grundlegenden Bedürfnisse lassen sich mit der Gesellschaft von Modell II vielleicht nicht vereinbaren. Wie diese Bedürfnisse aussehen, werden wir im nächsten Abschnitt näher erläutern; hier mag der Hinweis genügen, daß man sie einfachheitshalber in zwei Klassen unterteilt; die erste entspricht etwa den „Menschenrechten", die zweite umschreiben wir in Ermangelung eines präziseren Begriffs mit „nicht-materielle Bedürfnisse". Es erübrigt sich zu sagen, daß jedermanns entwicklungspolitisches Denken und Handeln davon geprägt ist, was eine Person oder eine „Schule" implizit oder explizit in diesen Listen aufführt.

Hieraus erklärt sich auch, warum sich die Stärke des marxistischen Ansatzes nach einiger Zeit in sein Gegenteil verkehrt: Der Schwerpunkt liegt auf der Befriedigung der materiellen Grundbedürfnisse aller Menschen, zuallererst aber derjenigen, die die größte Not leiden. Es stimmt nachdenklich, wenn man sich einmal vor Augen führt, daß diese Bedürfnisse auch bei den Tieren in einem gutgeführten Zoo befriedigt werden: Die Tiere erhalten eine regelmäßige Pflege, einen physiologisch notwendigen Input in Form von Nahrung, Luft, Wasser und Schlaf und ihren Output in Form von Bewegung und Verdauung. Gewöhnlich erhalten Sie auch eine entsprechende Behausung; die berühmtesten zoologischen Gärten weisen sogar eine erstaunliche Vielfalt an Käfigen auf. Die Kleidung bereitet meist keine Probleme, denn bis auf den „nackten Affen" sind die meisten Tiere durch eine ausreichende Behaarung geschützt; sie sind Vegetarier, die auf ihre Gesundheit achten und ihre Nahrung gewöhnlich regelmäßiger zu sich nehmen, als die Menschen in der Peripherie der kapitalistischen Welt. Und in den meisten fortschrittlichen zoologischen Gärten sowie für die „intelligentesten" Tiere, wie beispielsweise die Delphine, existiert sogar eine Form von institutionalisierter Erziehung.

So *können* Gesellschaften, die ihre produktive Kreativität mittels eines radikalen Strukturwandels freisetzen, um die Kontrolle über den gesellschaftlichen Mehrwert zu bekommen, mit der Absicht, die Grundbedürfnisse aller zu befriedigen, leicht Ähnlichkeiten mit zoologischen Gärten aufweisen, solange nicht auch andere Entwicklungsziele, die man gewöhnlich nicht mit zoologischen Gärten verbindet, sichtbar ihre Richtung bestimmen. Die liberale Antwort ist ein freiverfügbares Einkommen, das dem Individuum zwar die Planung seines Markt- und Austauschverhaltens (trade-offs) erlaubt, aber nur eine partielle Antowrt auf das Problem ist.

Diese Art der Kritik wendet sich allerdings nicht allein an die marxistische Schule des entwicklungspolitischen Denkens; sie richtet sich gleichermaßen an die liberalen Schulen, die den Grad des Pro-Kopf-Wachstums bis zur Idee der Befriedigung der Grundbedürfnisse *für alle* weiterentwickelt haben. Der ganze Ansatz drängt den Ökonomen in die Rolle eines Zoowärters oder eines Wildhüters. Er wird zum Subjekt, die Bevölkerung zum Objekt, zum Klienten – und der befriedigt *seine* nicht-materiellen Bedürfnisse (z. B. nach Kreativität, Aktivität und sogar nach Selbstverwirklichung), indem er zur Befriedigung *ihrer* materiellen Bedürfnisse beiträgt. Zweifellos liegt hier ein Problem vor, das ein Teil der gesamten Entwicklungs*problematik* ist und hängt – völlig unabhängig von der Frage des Besitzes an den Produktionsmitteln – eng mit der Gesellschaft von Modell II zusammen.

Hier nun setzt die zweite Kritik an der marxistischen Theorie an: Der kognitive Bezugsrahmen kann neuere Typen der Klassenbildung nicht erfassen, was zum Teil an dem sehr engen „Klassen"-Begriff (bezogen auf den Besitz an Produktionsmitteln) liegt, den der Marxismus hier zugrunde legte. Er bezog sich auf die Abschaffung der Klassengesellschaft in diesem speziellen Sinn, und dies führte zu einer Ansicht von Entwicklung, die als „Entwicklung der Strukturen" charakterisiert werden kann – und die beispielsweise als Indikator das Ausmaß, in welchem die Wirtschaft in der einen oder anderen Weise bereits vergesellschaftet ist, einsetzt.

Was ist nun die Wurzel einer Klassenformation in solchen Gesellschaften, die einen kapitalistisch-sozialistischen Übergang mitgemacht haben? Zuallererst und grundsätzlich: Geht man von einer Gesellschaft des Modells I oder II oder von einer Mischung beider aus (z. B. einer Gesellschaft mit einigen spätfeudalistischen und frühkapitalistischen Zügen), dann ist die Vertikalität bereits in fast allen sozialen Beziehungen auf der Makro- und Mikro-Ebene dieser Gesellschaft vorhanden (z. B. in der Familie, in der Schule, in den Arbeitsverhältnissen). Die marxistische Praxis wurde vielleicht stärker noch als ihre Theorie von der Tendenz bestimmt, daß die aus dem Besitz an Produktionsmitteln sich ergebende Horizontalisierung auch auf andere soziale Beziehungen übergreift. Dies ist nicht so, und von den vielen Gründen wollen wir die folgenden erwähnen:
— Der allgemeinen Theorie zufolge muß jemand den Aufstand anführen, der eine Veränderung in der Gesellschaftsstruktur herbeiführen soll, jemand muß den Unternehmer spielen, d. h. die fortschrittlichsten Elemente des Proletariats und gewisse nicht-proletarische Elemente haben die Doktrin internalisiert und gegenüber der unternehmerischen Organisation, der Parteien, eine gewisse Solidarität entwickelt. Obwohl dies nirgends explizit behauptet wird, ist man versucht hinzuzufügen, daß für diese Unternehmer auch immer eine Belohnung bereitstehen muß — genau wie in der liberalen Theorie — und diese macht bereits einen Teil der Vertikalität aus.
— Die Idee, daß Gesellschaften derart miteinander verbunden sind, daß ein grundlegender Wandel des Besitzes an Produktionsmitteln etc. fast unweigerlich eine Horizontalisierung zur Folge hat, setzt eine starke und relativ unilinear verbundene Gesellschaft voraus, in der wie in einem Dominospiel die Folgen unmittelbar eintreten. Dies grenzt allerdings fast an Weissagung, und es erhebt sich die Frage, was geschieht, *wenn diese Prophezeihung nicht eintrifft*? In diesem Fall werden, da die Theorie gerettet werden soll, andere Faktoren für die Fehlschläge verantwortlich gemacht: Ausländische Intervention, ungünstige klimatische Bedingungen, Sabotage *oder* die Annahme, daß die Ausgangsbedingungen bis jetzt noch nicht erfüllt wurden. Man kann sich aber auch mit einer Tautologie weiterhelfen: Alles, was zu einer Vergesellschaftung der Produktionsmittel führt, ist per definition sozialistisch. Wie auch immer, unser Punkt ist, daß es zur Durchführung des oben Genannten einer Oberschicht bedarf, die die Mittel der Imagebildung einer Gesellschaft — sowohl als Reaktion auf externe, reale wie eingebildete Feinde — kontrolliert. Darin ist eine wesentliche Quelle der Vertikalisierung zu suchen.
— Schließlich gilt noch das oben angeführte Argument: Angesichts der Natur und Größe des modernen Staates wird die Verwaltung des gesellschaftlichen Surplus und dessen Umverteilung in Richtung auf die Grundbedürfnisbedfriedigung einer Gruppe von Manager, Verwaltungsbeamten und Bürokraten hinaus-

laufen, die vielleicht größer ist, als es der Größe des Landes entspricht. Auf dieser Grundlage kann sich also an der Spitze der Gesellschaft eine neue Schicht in den bereits ausgeführten drei Richtungen bilden: Die erste Gruppe setzt sich aus ehemaligen Proletariern und anderen Revolutionären der vorangegangenen Gesellschaftsformation zusammen, eine weitere besteht aus traditionellen Inhabern der Macht, die an den Propagandaapparat gebunden sind: die Polizei und das Militär, und die dritte Gruppe wird von Managern, Ökonomen und Bürokraten gebildet. Es ist bekannt, daß die beiden letztgenannten im Laufe der Zeit dazu tendieren, sich gegen die erste Gruppe zu wenden, so daß die Zusammensetzung der für den revolutionären Wandel verantwortliche Organisation, die Partei, sich allmählich verändert: aus einer Arbeiterpartei wird eine Partei der Intelligenzia, oder im weitesten Sinne eine von der „weißen Farbe" dominierte Partei. Da all dies einen beträchtlichen Wechsel an Personal erfordert, mit anderen Worten, einen hohen Grad an Mobilität voraussetzt, wird der Prozeß an sich die Individualisierung, Trennung und Mobilität der Menschen auf der Basis von Erwerb, Erziehung und Loyalität mit sich bringen, woraus sich dann schließlich eine Gesellschaft des Modells II entwickelt, die für die Befriedigung der materiellen Grundbedürfnisse aufkommt und gewisse repressive Züge zeigt.

Dies ist der Punkt, an dem der chinesische Beitrag zur Entwicklungstheorie einsetzt, unabhängig davon, ob man ihn nun innerhalb oder außerhalb des marxistischen Denkens ansiedelt. Das grundlegende Argument scheint dabei zu sein, daß die Chinesen eine Gesellschaft vom Typ des Modells II ablehnen und stattdessen eine Gesellschaftsformation von Modell III anstreben – die in unserem Schema als „kommunal" bezeichnet wird, ein Begriff, der von der größten Institution in China, der Volkskommune, abgeleitet wurde. Diese war das fünfte Entwicklungsstadium der ländlichen Gebiete Chinas nach der Befreiung im Jahre 1949 (die anderen vier waren die Landreform, die gegenseitigen Hilfsbrigaden, einfache (elementary) und fortgeschrittene (advanced) Kooperativen). Es muß dabei betont werden, daß die chinesische Tradition bereits ein sehr starkes kollektivistisches Element enthält, was vielleicht mit dem buddhistischen Element zusammenhängt, einer Komponente, die der westlichen Zivilisation, besonders den protestantischen Ländern, fehlt. Weiterhin muß darauf hingewiesen werden, daß aufgrund des dialektischen Denkens, der Idee der immer wiederkehrenden Widersprüche – daß nichts perfekt ist und wert für immer festgehalten zu werden, da alles in sich widersprüchlich ist (yin-yang-Prinzip) – den Chinesen der Umgang mit den neuen Widersprüchen, die das System beim Übergang aus den alten Widersprüchen der Zeit vor 1949 aufwarf, relativ leicht fiel. Demzufolge befanden sich die Chinesen in einer besseren Ausgangsposition, als es darum ging, die Horizontalisierung zu einem nie abgeschlossenen (open-ended) Prozeß auf die Tagesordnung zu setzen; es erhebt sich dabei die Frage, welche neuen Herrschaftsverhältnisse nach der Vergesellschaftung der Produktionsmittel entstehen werden? Im Jahre 1966 wurde darauf eine eindeutige Antwort gegeben, z. B. „auf dem Gebiet der Erziehung und Ausbildung" sowie auf die Frage der Beziehungen zwischen den Menschen im allgemeinen und der Partei im besonderen. Möglicherweise haben sich die Chinesen dabei jedoch zu sehr darauf versteift, daß ihnen diese Elemente durch die sowjetische Penetration aufgezwungen wurden, und daher vielleicht nicht klar erkannt, daß sich diese ohnehin entwickelt hätten, auch ohne sowjetische Präsenz, und daß sie sich vielleicht auf die oben angeführten Unzulänglichkeiten der marxistischen Theorie zurückführen lassen – Unzulänglichkeiten, die heute bereits bis zu einem gewissen Grade durch die chinesische Tradition ausgeglichen werden, besonders, wenn sich diese mit den strukturellen Einsichten des Marxismus verbinden.

Wie dem auch sei, es ist jedenfalls klar, daß die Chinesen Entwicklung mit Vergesellschaftung der Produktionsmittel und der Verwendung des gesellschaftlichen Surplus innerhalb einer gesamtgesellschaftlichen Entwicklungsstrategie zur Befriedigung von Grundbedürfnissen gleichsetzen. Das gilt aber – grob gesagt – nur für die erste Phase zwischen 1949 und 1966; der Kulturrevolution kann dies nicht zugeschrieben werden. Was die Chinesen während der Kulturrevolution in Gang gesetzt haben, scheint sehr eng mit den drei oben genannten Gründen für eine neue Klassenbildung verknüpft zu sein.

Erstens herrschte die Idee vor, daß niemand „rot geboren wird" – jeder, ob Man oder Frau, muß sich das irgendwie selbst beweisen. Dieser Gedanke ist an sich individualistisch und erwerbsorientiert – für die Chinesen ergab sich daher das Problem, wie dies mit einer kollektivistischen und horizontalen Gesellschaftsordnung zu vereinbaren ist; die Lösungsmechanismen sind wohlbekannt: Rotation der Führung auf der lokalen Ebene, Kaderschulen, „Umerziehung der Persönlichkeit" etc.

Zweitens existierte eine gewisse Entdogmatisierung, was in der Formel „nach Zwie-in-eins wird es auch immer Eins-in-zwei geben", zum Ausdruck kommt, einer sehr verkürzten Version des dialektischen Prinzips des Immer-Wiederkehrenden und Niemals-Endenden. Hinzu kam die Idee, daß die Befreiung nicht nur eine notwendige, sondern auch eine hinreichende Bedingung dafür war, daß die Kulturrevolution einen Schritt vorankam, und daß in der Zukunft noch viele entsprechenden Prozesse stattfinden werden.

Drittens war man der Auffassung, daß bloße Spezialisierung (professionalism) und bloßes Verwalten (managerialism) an der Spitze verhindert werden sollte. Dazu wurde die Ökonomie in einem hohen Maße dezentralisiert, Staatsdirigismus durch Kommun(en)-ismus (commune-ism) ersetzt, und zwar nicht nur auf dem Agrarsektor, sondern auch in der industriellen Produktion, seit dort vieles von den Volkskommunen produziert wird. Dadurch wurde das Zentrum-Peripherie-Gefälle des modernen Staates teilweise verringert und der Nachdruck auf lokale Self-Reliance gelegt, statt darauf, Direktiven und Hilfe vom Zentrum zu bekommen. Überdies gingen die Chinesen mit dem brühmten „Arbeiter-Ingenieur" noch einen Schritt weiter, indem sie die Arbeitsteilung innerhalb der Produktionseinheit durch die Verschmelzung von Arbeitern und Ingenieuren in einer Person unterbanden. Damit gelang es ihnen die Kluft zwischen Theoretikern und Praktikern zu überbrücken. Dieses Ziel wurde teilweise durch Rotation innerhalb einer Produktionsheinheit und teilweise durch die Schaffung völlig neuer Typen sozialer Positionen erreicht.

Daher ist der chinesische Beitrag beträchtlich, seit er tiefer in die Entwicklungspraxis eingestiegen ist und einen fundamentaleren Angriff auf den Kapitalismus (in allen seinen 4 Aspekten) darstellt (die Chinesen weigern sich nämlich auch in hohem Maße, den Produktionsprozeß unter monetären Gesichtspunkten zu betrachten, sondern ziehen Maßnahmen zur Ertragssteigerung im Dienste der Bedürfnisbefriedigung vor).

So sieht unserer Ansicht nach das heutige Panorama entwicklungspolitischer Theorie und Praxis aus. Es existieren zwei große Traditionen, innerhalb dieser gibt es konservativere und radikalere Strömungen. Es erübrigt sich zu erwähnen, daß diese Denkrichtungen durch die gegenwärtig existierenden Macht- und Gesellschaftsbeziehungen wie auch durch die historischen Prozesse beinflußt werden: „Sage mir, welcher Gruppe Du in welchem Land angehörst, und ich sage Dir, welche Entwicklungstheorie Du hast". Aber daraus folgt nicht, daß sich die zukünftige Entwicklung der Entwicklungstheorie bereits an der zukünftigen Entwicklung der internationalen Beziehungen ablesen ließe, so als wären „die führenden Theorien Theorien der führenden Länder" (und die führenden Indikatoren jene, die dazu beitragen, diese Länder so hoch einzustufen). Hier ist eine Dialektik am Werk: Entwicklungstheorien beeinflussen in gewisser Weise auch die Machtbeziehungen. Daher wollen wir einige der Möglichkeiten zukünftiger Entwicklung von Entwicklungstheorien aufzeigen.

Wege zu einer bedürfnisorientierten Entwicklungstheorie

Der folgende Text enthält keinesweg eine Alternative zu liberalem und marxistischem Denken, er ist eher als Ergänzung anzusehen. Der grundlegende Punkt ist, den Menschen wieder als Mittelpunkt der Entwicklung zu sehen, als den Sinn und Zweck der ganzen „Übung". Man wird sicher darauf verweisen, daß dieser Gedanke auch dem liberalen wie marxistischen Ansatz zugrundeliegt (27), doch

— sofern man unserer Kritik folgt — kann nur immer wieder betont werden, daß sich die liberale Theorie zu sehr mit der Entwicklung von Gütern und Systemen befaßt, während sich die marxistische Theorie ausschließlich der Entwicklung von Strukturen zuwendet; vor dem Hintergrund, daß sich Güter und Systeme erst entwickeln lassen, nachdem neue kreative oder produktive Kräfte freigesetzt wurden. In der Terminologie des Schaubildes 1 ausgedrückt: Dieses Kapitel ist der Versuch, den Schwerpunkt zum einen in Richtung auf den inneren Kreis, d. h. auf den Menschen, festzulegen, und bis zu einem gewissen Grad auch in Richtung des äußeren Kreises, d. h. in die Richtung vom Menschen zur Natur. Wie auch immer, unser Hauptinteresse gilt jedoch dem ersteren.

Das erfordert ein Menschenbild — nicht nur des empirisch vorhandenen — sondern auch des potentiell möglichen Menschen; sofern man davon ausgeht, daß Entwicklung etwas mit „persönlichem Wachstum" (28) zu tun hat. Dies rückt den Menschen in den Mittelpunkt der Überlegungen, und damit auch die ganze Tradition des philosophischen Denkens, ganz zu schweigen vom technologischen Denken, gegen das die Sozialwissenschaften in gewisser Weise eine Gegenreaktion, wenn nicht sogar eine Überreaktion darstellen, denn Entwicklungstheorie wurde bisher zu sehr mit der Entwicklung der Gesellschaft im Sinne von Gütern und Systemen plus Strukturen (29) verknüpft.

Eine Möglichkeit, ein Bild vom Menschen und seinen Bedürfnissen zu entwerfen ist es, sich ein Bild seiner Bedürfnisse zu machen. Dies ruft unweigerlich die Vorstellung einer kurzen oder langen Liste von Bedürfnissen hervor (30), möglicherweise unterteilt in nicht-materielle und materielle, grundlegende und weniger grundlegende — und alles, was folgt, steht in dieser Tradition.

Auf eine Schwäche dieser Tradition sei hier gleich hingewiesen: sie ist analytisch, fragmentarisch und preßt den Menschen in ein Raster von Bedürfnissen, statt ein holistischeres Konzept vom Menschen zu entwickeln. Dies entspricht sicherlich der westlichen analytischen Tradition, die vielleicht den Menschen intuitiver zu erfassen sucht — ein Mangel, der bereitwillig zugegeben wird. Es ist auch bekannt, wohin dies allzu leicht führen kann: Jedes Bedürfnis wird institutionalisiert, auf nationaler wie auf internationaler Ebene (das Bedürfnis nach Gesundheit erhält sein nationales Gesundheitsministerium und auf internationaler Ebene die Weltgesundheitsbehörde); so wird aus analytischer Fragmentierung auch institutionelle Fragmentierung mit allen nur zu gut bekannten schädlichen Konsequenzen. Diese Entwicklung ist eng mit der Größe politischer Einheiten in unserer geschichtlichen Epoche, den Nationalstaaten sowie der Forderung nach Gründung globaler Institutionen verknüpft, ebenso wie mit dem Hang nach analytischer Abstraktion und der Bildung einer intellektuellen und professionellen Schicht, die sich, wie bereits im 1. Kapital näher erläutert wurde, der Bewältigung der menschlichen Probleme widmet. Als eines der (nicht-materiellen, aber grundlegenden) Bedürfnisse möchten wir das Bedürfnis herausstellen, aktiv zu sein, Subjekt zu sein, autonom zu sein; dieser Prozeß ist konterproduktiv (counterproductive), denn der einzige Ort, an dem holistischere Konzepte und Prozesse zur Befriedigung der Grundbedürfnisse entstehen könnten, scheint mehr auf lokaler Ebene zu liegen, in einer „dezentralisierten" Umgebung, und heutzutage vielleicht nur in nichtwestlichen oder weniger von Männern dominierten Gesellschaften.

Diese einleitenden Bemerkungen erschienen uns deshalb notwendig, weil wir weder an einen Entwicklungsprozeß glauben, der den Menschen je nach seinen Bedürfnissen auf eine Reihe globaler Institutionen verteilt, so einer Art Weltregierung, noch an die heute existierende Fragmentierung der Menschen in geopolitische Einheiten, bekannt als Staaten. Es gibt auch noch andere Möglichkeiten, aber es kann sein, daß sie erst wahrgenommen werden, wenn wir nach einer umfassenderen Vorstellung vom Menschen suchen, und das wäre bereits die Antwort auf die hier vorgebrachte Kritik.

Das nächste Problem, das wir aufgreifen wollen, wieder auf dem Weg der Einleitung, ist das Problem der Vereinbarkeit von Universalität mit spezifischen geografischen und historischen Bedürfnissen. Die Schwierigkeiten liegen auf der Hand: Einerseits existiert der Wunsch nach einem umfassenderen (rich) Konzept vom Menschen mit vielen Merkmalen, dem wir hier mit einer relativ umfassenden Liste von Bedrüfnissen nachkommen. Andererseits sind die Unterschiede in Zeit und Raum (31) so gewaltig, daß jede zwangsweise Einführung dieser Listen als Direktiven für den eigenen Entwicklungsprozeß, durch wen und woher auch immer, einer Art Neo-Imperialismus gleichkäme. Ein Weg, diesen Widerspruch in der Vergangenheit und Gegenwart zu überwinden, war offensichtlich die Einigung auf eine möglichst kurze Liste mit den wesentlichen materiellen Grundbedürfnissen — als ob man dadurch einem universalen Konsens näherkäme. Die Schwierigkeiten, die ein solcher Konsens mit sich bringt, wurden im vorigen Kapitel dargestellt, er bietet also auch keine Lösung.

In der Tat, wir sind der Auffassung, daß es keine Lösung im Sinne einer feststehenden, anerkannten Liste geben wird. Die Liste der Bedürfnisse selbst ist ein Teil des allgemeinen Entwicklungsprozesses, und in dem Maße, wie dieser voranschreitet, ist sie ständig korrekturbedürftig und zugleich sensitiv gegenüber räumlichen Unterschieden aller Art. Wie die Revision ausgeführt wird, ob durch Experten oder durch die Massen selbst — entsprechend den Gesellschaftsformationen des Modells I, Modells II oder III — macht ebenfalls einen Teil des Entwicklungsprozesses aus. Ein interessanter Ansatz wäre, eine Liste mit maximalen und nicht mit minimalen Forderungen aufzustellen. Diese Liste müßte nicht in allen Einzelheiten erfüllt werden, sondern würde bei Initiierung oder bei

Evaluierung eines Entwicklungsprozesses als Bezugsrahmen dienen. Allerdings, während eine minimale Liste keine ausreichende Orientierung bieten würde, könnte eine maximale Liste zu einer Übersteuerung, und wegen Nichterfüllung und unglücklichen „trade-offs" zu Frustrationen führen. Unsere Option wäre daher eine flexible, indikative lange Liste menschlicher Bedürfnisse.

Das Problem ist nun offensichtlich: welche Bedürfnisse sollen in diese Liste aufgenommen werden. Welche Kriterien müssen erfüllt sein, um etwas als menschliches Bedürfnis zu klassifizieren? Und nach welchen Meta-Kriterien werden diese Merkmale ausgesucht (32)? Die Antwort darauf ist auf einer höheren Abstraktionsebene zu suchen, aber wir wollen es dennoch versuchen: das Kriterium lautet *conditio sine qua non*, die Idee einer notwendigen Bedingung. Aber wovon? – von einer Art „Systemerhaltung"; in erster Linie der des menschlichen Körpers und an zweiter Stelle der Gesellschaft selbst.

Mit anderen Worten, wir würden folgende zwei Kriterien bei einer Bedürfnisbestimmung zugrunde legen:

1. *Wenn es für den Menschen eine notwendige Bedingung ist, zu existieren, dann ist dies ein Bedürfnis*; anders ausgedrückt; wenn die Nichterfüllung zu einer Desintegration, zu Zerstörung und Nicht-Existenz des *Menschen* führt.

2. *Wenn es für eine Gesellschaft eine notwendige Bedingung ist, über einen längeren Zeitraum zu existieren, dann ist dies auch ein Bedürfnis*; mit anderen Worten: wenn die Nichtbefriedigung zum Bruch, zur Desintegration und zur Auflösung einer Gesellschaft führt, etwa durch eine Revolte oder durch Nicht-Partizipation, Aphatie oder Anomie.

Dies bedeutet, daß wir, was die Kriterien betrifft, auf zwei Ebenen operieren, die beide zutiefst mit dem Menschen und nicht mit einer Güter/System/Strukturen-Abstraktion verbunden sind. Auf der einen Ebene ginge es um die Existenz des Menschen schlechthin, auf der anderen Ebene würde man die Bedürfnisse des Menschen aus der Beobachtung dessen ableiten, wofür er kämpft, wovor er zurückschreckt und was ihn veranlaßt, die soziale „Ordnung", in der er lebt, zu zerstören. Dieses Kriterium ist zweifellos problematisch – und auf einige Probleme werden wir später näher eingehen – aber es ist besser, als gar kein Kriterium zu haben, wenigstens am Anfang. Nehmen wir ein Bedürfnis oder eine Klasse von Bedürfnissen, etwa das Bedürfnis nach Freiheit: Wie immer man es ansieht, der Mensch lebt offensichtlich weiter, auch wenn er seiner Freiheit – in des Wortes verschiedenster Bedeutung – beraubt wurde; ebenso ist aber auch bekannt, daß er sich manchmal erhebt und seine Freiheit erkämpft. Beide Kriterien sind empirischer Natur, in dem Sinne, als sie uns die Möglichkeit geben, Bedürfnisse aus empirischen Beobachtungen abzuleiten. Ihre empirische Natur macht sie auch sensitiv gegenüber Variationen in Zeit und Raum:

Menschen und soziale Ordnungen werden je nach Zeit und Raum, in dem sie leben, aus den verschiedensten Gründen überleben oder untergehen. Physische Desintegration kann durch viele Bedingungen hervorgerufen werden, je nachdem wo man lebt. Ebenso stark variiert im Laufe der Geschichte, wofür Menschen sich erheben bzw. kämpfen.

Diese Kriterien zielen auch auf die Lösung weiterer Probleme ab: Sie setzen der Freiheit der Experten, ihre Vorstellungen von Bedürfnissen anderen Menschen aufzudrängen, gewisse Grenzen. Wie gesagt, das Gewicht der Beweisführung liegt auf dem menschlichen Verhalten und nicht auf den Forderungen der Elite. Andererseits, wie bereits erwähnt: Es sind eher die Eliten, als die Massen im allgemeinen, die in den Begriffen dieser Listen denken; obwohl wir ziemlich davon überzeugt sind, daß solche Listen eher dem entsprechen, wie die Menschen – wenn sie Zeit und Ruhe hätten – über Entwicklung denken würden, als die meisten Listen mit ökonomischen Indikatoren, wie sie Spezialisten in einer abstrakten, ökonomischer Terminologie ausarbeiten.

Das nun folgende ist der Versuch, eine solche flexible Maxi-Liste aufzustellen. Wie der Leser sehen wird, enthält sie viele Elemente, die in der üblichen Weise in vier Kategorien eingeteilt sind: von den grundlegenderen bis hin zu den weniger lebenswichtigen. D. h., Bedürfnisse auf der unteren Ebene müssen *bis zu einem gewissen Grad* befriedigt sein, bevor eine Befriedigung der Bedürfnisse auf einer höheren Ebene erfolgt (33): Man muß am Leben sein, damit der Nahrung eine Bedeutung zukommt (34), man muß ernährt sein, damit Politik eine Rolle spielt; gewisse politische Strategien sind notwendig, um die letztgenannten 10 Bedürfnisse auf der Liste zu befriedigen, etc.

Tabelle 2: Grundbedürfnisse, materielle und nicht-materielle

Kategorie	Bedürfnisse und/oder Rechte	Güter
Überleben	des Individuums – gegenüber Unglücksfall, Selbstmord des Kollektivs – gegenüber Angriff, Krieg	Sicherheit
Physiologisch	Input: Ernährung, Luft, Wasser, Schlaf Output: Bewegung, Ausscheidung	Nahrung, Wasser
Ökologisch	Klimatisch: Klimaschutz Körperlich: Krankheitsschutz, Gesundheit	Kleidung, Obdach Gesundheitswesen

Sozial	Gemeinwesen: Liebe, Sex, Nachkommenschaft Kultur: Selbstausdruck, Dialog, Erziehung	Schulwesen
Freiheit	Recht auf Aus- und Einreise Recht auf Meinungsfreiheit (Meinungsäußerung und Information)	Beförderung Kommunikation
Politik	Recht auf Gewissensbildung Recht auf Mobilisierung Recht auf Konfrontation	Tagungen, Medien Parteien Wahlen
Gesetzlich	Recht auf angemessenes Rechtsverfahren	Gerichte usw.
Arbeit	Recht auf Arbeit	Arbeitstellen

Arbeit	Bedürfnis nach Kreativität und Selbstausdruck in der Arbeit
Beziehung zur Gesellschaft	Bedürfnis, die eigenen Lebensumstände zu verstehen Bedürfnis nach Aktivität; danach, Subjekt zu sein und nicht nur Objekt, Klient. Bedürfnis nach unprogrammierter Zeit, nach neuen – auch intellektuellen, ästhetischen – Erfahrungen
Beziehung zu anderen	Bedürfnis nach Gemeinsamkeit, Zugehörigkeit, Freundschaft, Solidarität, Beistand
Beziehung zum Selbst	Bedürfnis nach Wohlbefinden, Glück, Freude Bedürfnis nach Eigenantrieb, Verwirklichung von Möglichkeiten Bedürfnis nach einem Sinn des Lebens, nach (s)einer Zielsetzung
Beziehung zur Natur	Bedürfnis nach Zugang zur Natur Bedürfnis nach einer Art Partnerschaft mit der Natur

Hier scheint nun ein kurzer Kommentar angebracht.
Erstens, aus dieser Liste wird der Versuch ersichtlich, neben der *Tradition der menschlichen Bedürfnisse* auch die *Tradition der Menschenrechte* einzubeziehen; Entwicklung ist damit nicht nur Aufgabe der Biologen/Physiologen (sie wurden bereits im Zusammenhang mit der Nahrung erwähnt), sondern auch der Psychologen, Sozialsphychologen *und* Juristen. Dahinter verbirgt sich folgende Absicht: Wenn Entwicklung den ganzen Menschen und alle Menschen betrifft, dann sollten sich alle, Sozialwissenschaften, Naturwissenschaften und möglichst viele Humanwissenschaften in ihre Dienste stellen – sie kann nicht nur das Anliegen einer einzigen Disziplin sein. Und die Tradition der Menschenrechte gehört selbstverständlich dazu: Neben vielen anderen Vorstellungen hat diese die Vorstellung einer „guten" Gesellschaft entwickelt. Demzufolge sollten Entwicklungsindikatoren auch die Situation der Menschenrechte in einem Land widerspiegeln. Dem eben Gesagtem muß jedoch ergänzend hinzugefügt werden, daß die Tradition der Menschenrechte dahin tendiert, die grundlegenderen Bedürfnisse zu ignorieren, oder sie vielleicht eher den residualen Kategorien wie „ökonomische und soziale Rechte" (35) zuzschreiben. Sie nehmen also eher die Rechte der Eliten in liberalen Gesellschaften des Modells II wahr, als die Rechte der Menschen im allgemeinen – ein Punkt, auf den hier jedoch nicht näher eingegangen werden soll (36).
Zweitens, wir haben in der rechten Hälte einige „Dienstleistungen" und „Güter" (mal materiell, mal institutionell) aufgeführt, die in der einen oder anderen Weise der Befriedigung der grundlegenden Bedürfnisse dienen. Bei einigen ist der Bezug nicht so offenkundig, d. h. möglicherweise kommt diesen Bedürfnissen nur in einem bestimmten sozio-kulturellen Kontext, z. B. in den reichen westlichen Ländern, Bedeutung zu. Auf jeden Fall gibt die Liste jedoch Aufschluß darüber, was als Minimum produziert werden muß, damit die Bedürfnisse an der Basis befriedigt werden können. Die Güter und Dienstleistungen der letztgenannten Bedürfnisse auf der Liste sind weniger institutionalisiert – möglicherweise wird man gegen sie angehen.
Drittens, wir sind von dem „fundamentalsten Recht", dem Recht auf Leben und Überleben ausgegangen – dabei erschien es uns unumgänglich, auf die offensichtliche Möglichkeit des Todes durch Unfall, durch Krieg oder Mord hinzuweisen, und diese in das Konzept der Entwicklung einzubauen (37).
Dann setzten wir unsere Liste mit den Bedingungen für gute Überlebenschancen,

unter denen sich *Menschen* erheben, fort. Einige von ihnen sind physiologischer Art, andere dienen dem Schutz vor der natürlichen Umwelt, und einige sind gesellschaftlicher Natur. Wird letztere Bedingung nicht erfüllt, wird der einzelne Mensch zwar biologisch überleben, doch die Grundvoraussetzung *menschlicher* Entwicklung ist die Erfahrung von Zugehörigkeit und der Möglichkeit zum Selbstausdruck, einschließlich des Dialogs — der ja nicht notwendigerweise nur auf der verbalen Sprachbeherrschung beruht. Wir bezweifeln, daß es sich bei dem *Bedürfnis* nach Nachkommen um ein wirklich menschliches, sondern eher um ein gesellschaftliches Bedürfnis handelt (vielleicht sogar um ein Bedürfnis der Eliten, denn gewöhnlich treten diese für ein Wachstum der Bevölkerung ein) — aber ein gewisses Verlangen nach Zugehörigkeit wird zum Bedürfnis erklärt, und in einem sehr engen Verständnis mit dem Wort „Liebe" (nicht notwendigerweise „romantische" Liebe, wie sie im Westen anzutreffen ist; vielleicht waren individuelle Wahl und Mobilität Faktoren, die den Übergang von einer Gesellschaft des Modells I zu Modell II erleichtert haben) und Sex wiedergegeben.

Wir setzen dann unsere Liste mit den Menschenrechten fort, wissend, daß die Liste noch verlängert werden könnte und sich noch weiter fortsetzen ließe. Wie sie deutlich zeigt, gibt es Dinge, für die sich die Menschen einsetzen und für die sie kämpfen; dabei geht es ihnen weniger um die einzelnen Institutionen, die zur Bewahrung des Rechts in westlichen Gesellschaften entstanden sind, als vielmehr um die ihnen zugrundeliegenden Rechtsgrundsätze (38). Es soll hier betont werden, daß dann beispielsweise die Politik nicht länger nur ein Instrument zur Durchsetzung weiser Entscheidungen und sozialer Beziehungen sein kann, sondern ihr Bedeutung für persönliches Wachstum erkannt wird, sozusagen als eine Art der Selbstbestimmung und des Selbstausdrucks des individuellen und kollektiven Selbst.

Schließlich werden 10 weitere, eher „kurzlebige" Bedürfnisse aufgezählt. Wir haben zwischen Beziehungen zum Selbst, zu anderen und zur Gesellschaft sowie zur Natur unterschieden — viele Elemente dieser Liste sind die Maslow'schen Tradition entnommen, die sich wiederum bis zu einem gewissen Grad auf westliche Kulturen stützt (39). Die Liste ist sicherlich nicht endgültig, was nach oben Gesagtem aus zwei offenkundigen Gründen kein Mangel ist. Diese Bedürfnisse werden in Gesellschaften, die in einem hohen Maß auf vertikaler Arbeitsteilung beruhen — mit Folgen, die sich im Begriff der Entfremdung (manchmal auch der Ausbeutung, die den Menschen unter eine unerträgliche Armutsgrenze drängt und sie dort vegetieren läßt) widerspiegeln — nicht befriedigt. Und weil in diesen Ländern die Entwicklungsziele festgelegt

werden, weil die die Zentren, die westlichen Gesellschaften sind, werden diese Bedürfnisse als „unantastbar", „nicht meßbar", „philosophisch" etc. angesehen. Darüberhinaus herrscht diesbezüglich wenig Konsens, da nicht klar ist, ob sie die beiden, am Anfang des Kapitesl genannten Bedingungen erfüllen. Menschen leben weiter, auch wenn sie nur wenig neue Erfahrung sammeln und sie erheben sich nicht, um darum zu kämpfen. Wie auch immer, wir schließen das Kriterium der Nicht-Partizipation mit ein, ebenso wie die Apathie: Eine weniger soziokulturell abhängige Forschung (etwa von den Bedingungen der Gesellschaft des Modells II) könnte hierzu einen wesentlichen Beitrag leisten.
Im großen und ganzen folgt aus den beiden vorherigen Kapiteln, daß das Problem der direkten Gewalt in allen Gesellschaftsformationen vorhanden ist, die Armut jedoch ist ein besonderes Problem der Peripherie des Weltkapitalismus (der Länder der „Dritten Welt"), ebenso wie die Menschenrechte, die allerdings auch in manchen sozialistischen Ländern ein Problem darstellen, während die differentierteren, gehobeneren Bedürfnisse vielleicht das wichtigste Problem der Industrienationen im allgemeinen sind. Möglicherweise sind dies Erkenntnisse, deren systematische Erforschung erst durch umfassendere Entwicklungskonzepte und bessere Indikatoren möglich wird.
Soviel zum Thema Bedürfnisse und ihre Befriedigung, mit anderen Worten; zum Ziel und Zweck von Entwicklung. Mit welchen Methoden kann dieses Ziel nun erreicht werden? Eine Entwicklungstheorie kann nicht nur empirische und theoretische Aussagen über die Gegenwart machen und ein Bild der Zukunft entwerfen, sie muß sich auch zu den Strategien äußern.
Diese Frage bringt uns an den Ausgangspunkt zurück. Solange eine unilineare Entwicklung nicht infrage gestellt wurde, war die Antwort darauf einfach: Das Bild der Zukunft mußte nicht in *Wert*kategorien beschrieben werden, wesentliche Merkmale konnten *empirisch* an den Zielvorstellungen der „entwickelten" Länder, besonders der USA und/oder der Sowjetunion, abgelesen werden. Die Stragegien sind ebenfalls bekannt: Es wurde versucht, diese Länder soweit als möglich zu imitieren. Kurz gesagt, entwicklungspolitische Theorie und Praxis wurde fast ausschließlich zu einer empirischen Disziplin, die die sehr schwierigen Probleme der Anwendung (applicability) und des Transfers untersuchte, und damit das Studium von Entwicklungsfragen in die empiristische, ja positivistische Tradition der Sozialwissenschaften stellte. Die Kritik an den unilinearen Vorstellungen von Entwicklung ist zugleich auch eine Kritik an dieser Tradition, die nicht verworfen, aber als unvollständig angesehen wird.
Eine bedürfnisorientierte Entwicklungstheorie ist weniger festgelegt, da wir kaum wissen, unter welchen Bedingungen der größere Teil der in der Liste enthaltenen Bedürfnisse befriedigt wird. Konkret bedeutet dies, daß jede Gesell-

schaft, ob groß oder klein, frei ihre eigene Politik der Entwicklung bestimmen kann und soll, damit sie so eine höhere Ebene der Bedürfnisbefriedigung erreicht (40). Eine Theorie der Entwicklung würde einige Schritte zu diesem Weg aufzeigen. Da der Ausgangspunkt nicht überall auf der Welt der gleiche ist, scheint es naheliegend zu sein, in Kategorien von Bedingungen, d. h. von „Schritten" sowie besonders in *notwendigen* Bedingungen zu denken, die einer Verwirklichung dieses Zieles nahekommen. Diese Bedingungen wären dann in den Güter/Systeme/Strukturen-Kreisen enthalten, und die Frage würde lauten: Zu welcher minimalen Aussage über diese drei und über die Natur ist eine Theorie der Entwicklung fähig?

Die minimale Aussage über die *Güter* wäre, daß eine gewisse *sozioökonomische Produktion* oder ein *sozioökonimisches Wachstum* zu einer Befriedigung materieller Grundbedürfnisse unerläßlich ist — wobei „Produktion" hier in einem rein materiellen Sinn verstanden wird. *Nahrung, Kleidung, „hardware" des Gesundheits- und Erziehungssektors* erhalten absolute Priorität. Auch „hardware" des Transport/Kommunikationswesens wäre eine Bedingung für die Freiheit in unserer so auf Mobilität und andere Dienstleistungen angewiesenen Geschichtsepoche.

Was die *Systeme* betrifft, in denen der Aspekt der Verteilung von Entwicklung zum Ausdruck kommt, wäre die minimale Voraussetzung ein hoher Grad an *Vielfalt* innerhalb der Gesellschaft; aus dem einfachen Grund — wie die allgemeine ökologische Theorie lehrt — weil die Anfälligkeit einer Gesellschaft wächst, sobald sie sich nur auf einen Ansatz stützt (z. B. was die Probleme des Gesundheits- und Erziehungssektors angeht). Spitzen sich die Widersprüche innerhalb dieser Gesellschaft zu, wird sie möglicherweise handlungsunfähig, wogegen sie sich bei einer Vielfalt an Systemen unterschiedlicher Ansätze sowie einer freien Entfaltung aller Widersprüche zu einer reicheren Gesellschaft entwickeln würde.

Dazu kommt, auch aus der Sicht des Systems, das Problem von *Gleichheit* und *sozialer Gerechtigkeit* — wie es oben definiert wurde. Die Annahme ist, daß die Forderung nach Bedürfnisbefriedigung für jeden Menschen gilt, zunächst völlig unabhängig von den ihm zugeschriebenen Eigenschaften, und wenn sie nicht für jeden auf der gleichen Stufe stattfindet, so sollte sie nicht allzuviel Ungleichheit erzeugen. Tatsächlich kann man heute sowohl vom liberalen wie vom marxistischen Standpunkt aus dafür eintreten, daß *der Entwicklungsprzeß auf der untersten Ebene, bei den Bedürftigsten*, beginnt — und damit von Anfang an eine höhere Stufe von sozialer Gerechtigkeit und Gleichheit erreicht.

Diese vier Punkte: die sozioökonomische Produktion, die Vielfalt, Gleichheit und die soziale Gerechtigkeit werden als notwendige Bedingungen definiert.

Ihre Berücksichtigung in einer Theorie der Entwicklung ist demnach tautologischer Natur. Nichtsdestotrotz dürfen sie nicht mit dem Ziel von Entwicklung verwechselt werden: Selbst wenn alle vier Kriterien von einer gegebenen Gesellschaft erfüllt würden, kann es gut sein, daß noch irgendwo etwas verkehrt läuft, sodaß das eigentliche Ziel von Entwicklung immer noch nicht erreicht wird. D. h. es sind keine ausreichenden Bedingungen.

Aber wie lautet nun die minimale Aussage über Strukuren? Das ist problematischer; wäre es nicht so, hätte es nie eine liberal-marxistische Kontroverse gegeben. Der Leser hat sicher bereits bemerkt, daß das bisher Gesagte (Ziele/Güter/Systeme), wenn nicht ein Teil der liberalen Theorie, so doch mit ihr vereinbar ist, während das folgende eher der marxistischen Tradition entspricht. Im großen und ganzen erachten wir die marxistische Strukturanalyse als zutreffend, auch wenn sie eher auf notwendige, als auf hinreichende Bedingungen aufmerksam macht und zumindest in einigen Spielarten in ihrem Ökonomismus und Determininismus zu begrenzt ist.

Im allgemeinen sind wir der Ansicht, daß die notwendigen Bedingungen für Entwicklung eine Verminderung, wenn nicht sogar die völlige Abschaffung des Zentrum-Peripherie-Gefälles ist. Diesem Gefälle scheinen vier Merkmale immanent zu sein: *Ausbeutung* im Sinne einer vertikalen Arbeitsteilung zwischen Zentrum und Peripherie (ökonomische Arbeitsteilung, wie sie durch den Kapitalismus entstanden ist und die politische Arbeitsteilung durch die Herausbildung von Staaten – wobei beide Hand in Hand gehen); *Penetration* im Sinne einer Prägung (framing and moulding) der Ansichten und Handlungen der Peripherie durch das Zentrum, zum Teil durch lokale Brückenköpfe (der Zentrum in der Peripherie); *Fragmentierung* der Peripherie (der Länder der Dritten Welt; von Distrikten innerhalb der Länder; von einzelnen Sektoren der Wirtschaft, die nicht lokal miteinander verbunden sind, sondern mit gutintegrierten Sektoren zentraler Ökonomien – entsprechend Samir Amins wichtiger These) und *marginalisierung*, die die internen und externen Peripherien als zweitrangig definiert und sie nur teilweise am Entwicklungsprozeß beteiligt – sie vor allem als Reserve benutzt (z. B. als Reservearmee von Arbeitern unter dem Kapitalismus).

Die entgegengesetzten Begriffe dieser vier strukturellen Formationen, und somit die Instrumente der Entwicklung, wären *Gleichheit* (oder horizontale Arbeitsteilung), *Autonomie* (oder Autarkie, der gegenwärtig wohl deutlichste wirtschaftliche Ausdruck dieser Idee), *Solidarität* (in Form von Gewerkschaften ausgebeuteter Arbeiter, ausgebeuteter Distrikte und Länder, die für eine Verbesserung ihrer Tauschbedingungen und „terms of trade" kämpfen, ebenso wie für einen allgemeinen Strukturwandel) und *Partizipation* aller Menschen,

Völker, Distrikte und Länder unter gleichen Bedingungen. All dies steht im Gegensatz zum Kapitalismus, wie wir ihn oben beschrieben haben (mit seinen vier Merkmalen, besonders den letzten drei); die Anerkennung von Gleichheit, Autonomie, Solidarität und Partizipation als Instrumente von Entwicklung scheint besonders dem allumfassenden Privat- und Staatskapitalismus in der uns heute bekannten Form zu widersprechen.

Vielleicht ließen sich diese Forderungen mit einem begrenzten lokalen Kapitalismus auf einer unabhängigen kommunalen Ebene durchaus vereinbaren — dem wäre aber entgegenzuhalten, daß ein solcher nicht existiert, daß es in der Natur des Kapitalismus liegt, groß zu werden, sich bei der ersten Gelegenheit geopolitisch, mittels Nationalstaaten, auszudehnen, und sobald diese als Zwangsjacke empfunden werden, in einem zweiten Anlauf zu „spill overs" internationalen Charakters zu neigen (41).

Wie auch immer, die hier angeführten strukturellen Dimensionen bleiben keineswegs auf die Analyse ökonomischer Beziehungen beschränkt. Es herrscht auch zwischen Führern und Geführten, Herrschern und Beherrschten, Lehrern und Schülern, Sendern und Empfängern etc. eine vertikale Arbeitsteilung. Wir haben in unseren übrigen Arbeiten die vier Dimensionen Ausbeutung, Penetration, Fragmentierung und Marginalisierung als Mechanismen struktureller Gewalt bezeichnet, die sich auf der transnationalen Ebene in den strukturellen Mechanismen des Imperialismus widerspiegeln, unabhängig davon, ob dieser primär ökonomischer, militärischer, politischer, kultureller, sozialer oder kommunikativer Natur ist (42). In der heutigen Welt kommt dem Sozialimperialismus, wie ihn der Chinese gern bezeichnet, besondere Bedeutung zu. Dieser Begriff dient der Charakterisierung einer zwangsweisen Übertragung der vertikalen Struktur einer Gesellschaft auf eine andere, wobei jene, die an der Spitze der lokalen Hierarchie stehen, als „Brückenköpfe" zur Durchsetzung einiger ihrer Pläne dienen — nicht nur notwendigerweise des ökonomischen Profits wegen (43).

Die vertikale Struktur dieser Beziehung drückt sich im Verhältnis zwischen dem Zentrum als einer totalen Gesellschaftsformation, z. B. einem Modell einer post-kapitalistischen Gesellschaft, und dem Empfänger dieses Modells aus. Die imperialistische Natur (wie sie implizit in dem Begriff der „zwangsweisen Übertragung" (imposition) zum Ausdruck kommt) tritt immer dann hervor, wenn die Pripherie einen Versuch unternimmt, diese Struktur zu verändern. Wird das Konzept der strukturellen Gewalt und des strukturellen Imperialismus auch auf nicht-ökonomische Bereiche ausgedehnt, führt das automatisch zu einer Sensibilisierung des Forschers gegenüber anderen nicht-ökonomischen Formen der Ausbeutung und zu einer schrittweisen Erweiterung des Entwicklungsbegriffs, der zunächst im wesentlichen die Beseitigung der Armut umfaßt und über die Befreiung, primär aus der ökonomischen, dann aus der allgemeinen Abhängigkeit führt, hin zur Autonomie, zur Unabhängigkeit, bis man endlich Herr seiner eigenen sozialen Dialektik wird, und somit nicht mehr die Folge von Ursachen ist, die außerhalb, in einem oder mehreren zentralen Ländern, zu suchen sind.

Abschließend möchten wir uns dem äußeren Kreis zuwenden – der Natur. Sie ist offensichtlich Bestandteil einer jeden ernstzunehmenden Theorie und Praxis der Entwicklung. Wenn der Sinn und Zweck dieses Prozesses die Entwicklung des Menschen ist, dann ist die Produktion zumindest *einiger* Güter eine der notwendigsten Bedingungen; eine weitere notwendige Bedingung wäre ihre Verteilung (44). Zudem gibt es Zwänge in Form der soeben erwähnten internen und globalen Strukturen, die der Mensch selbst verschuldet hat, und jene, nicht vom Menschen geschaffenen natürlichen Zwänge, die heutzutage gewöhnlich mit „Grenzen" der Natur bezeichnet werden. Dafür wäre es vielleicht ratsamer, die Probleme mit einer Theorie des *ökologischen Gleichgewichts* anzugehen; der Mensch wäre danach nur ein Teil und nicht Herr dieses verallgemeinerten Öko-Konzepts. Wenn das ökologische Gleichgewicht zusammenbricht, zeigt sich dies u. a. in einer Erschöpfung der Ressourcen wie auch in der Zerstörung von Mensch und Natur. Es ist nicht das erste Mal, daß dieses Phänomen in der Geschichte der Menschheit auftaucht, aber es versteht sich von selbst, daß heutzutage die expansionistischen Produktionsprozesse, basierend auf ökonomischen Zyklen, die so weltumspannend sind, daß spontane Kontrollprozesse, die auf einer mehr lokalen Ebene wirksam werden sollten (weil der Produzent das Ausmaß seiner Ausbeutung und Produzent wie Konsument die Auswirkung ihrer Zerstörung spüren werden) zu vielen ökologischen Zusammenbrüchen führen. Daher wird künftig der Entwicklungsprozeß davon bestimmt, bis zu welchem Ausmaß dieses ökologische Gleichgewicht erhalten bleibt, nicht nur auf einer allgemeinen, globalen oder einer regionalen oder nationalen, sondern auch auf einer lokalen Ebene – besonders, wenn man der Überzeugung ist, daß Entwicklungsziele am besten durch die Förderung lokaler Self-Reliance verwirklicht werden können (45).

Diese Art des Denkens hat die entwicklungspolitische Theorie und Praxis um eine neue, äußerst wichtige Dimension erweitert: um das Konzept eines *Maximums*, einer obersten Grenze der Entwicklung – wie sie beispielsweise im Titel der ersten Studie des Club of Rome *Grenzen des Wachstums* zum Ausdruck kommt. Produktion ist demnach notwendig, um ein *Minimum* an Bedürfnisbefriedigung zu garantieren, niemand sollte, was die Konsumtion von

Nahrung, medizinischer Versorgung, Ausbildung, den Transport und die Kommunikation angeht, unterhalb dieser Grenze existieren müssen. Es versteht sich aber von selbst, daß es angesichts der Grenzen der Natur und der Empfindlichkeit des ökologischen Gleichgewichts auch Grenzen gibt, wieviel produziert werden kann: *und*, da der Mensch ein Teil der Natur ist: wieweit die Bevölkerung auf der Erde noch anwachsen kann. Vielleicht wird es eines Tages möglich sein, dieses Maximum auf eine dynamische Weise zubestimmten, wenn durch neue Erkenntnisse sein statischer Charakter verloren geht. Die Frage wäre dann, wo das Maximum im Verhältnis zum Minimum lokalisiert werden kann, und ob eine positive oder negative Aussicht besteht, bei der das Maximum unter das Minimum sinkt – was eine drohende Katastrophe andeuten würde. Die Meinungen der sogenannten Experten gehen darüber auseinander (wir vermuten, daß für eine Weile noch positive Aussichten bestehen); das wirft jedoch die Frage auf, ob wir nicht bereits heute beginnen müssen, in Kategorien sozialer Maxima zu denken, d. h. Einschränkung der Reichen bei der Nahrungsmittel-Konsumtion, bei der Konsumtion von Kleidung und Unterkunft etc. Zudem dürfen wir Entwicklung nicht länger nur mit einer Anhebung der unteren Grenze für die Armen gleichsetzen.

Sicher sprechen auch zwei weitere Gründe für das Schlußfolgerung: Die Konsumtionsraten der reichen Länder (und die vollen Taschen in den armen Ländern) stellen nicht nur eine Bedrohung der Grenzen, die durch die Natur gesetzt sind dar, sondern auch jener Grenzen, die dem Menschen immanent sind – denn beide haben nur eine begrenzte Kapazität. Offensichtlich hat die Überversorgung mit Nahrung, Kleidung, Unterkunft, Medizin, Bildung, Transport, Kommunikation etc. auf der individuellen Ebene konterproduktiven Effektiv zur Folge. Die zu große Ungleicheit an Besitz, über den Individuen und Länder durchschnittlich verfügen, hat zu einem bedeutenden Machtgefälle geführt: Ungleichheit kann zu Machtmißbrauch, und folglich zur Ausbildung eines neuen Zentrum-Peripherie-Gefälles führen. Die alte Debatte über Gleichheit erhält hierdurch bis zu einem gewissen Grade eine neue Perspektive; Gleichheit wird nicht länger als eine fixe Größe angesehen, sondern umfaßt nun die ganze Breite möglicher Variationen zwischen sozialen Minimal- und Maximalforderungen. Zudem wird diese nicht durch Experten, sondern durch die Bevölkerung in irgendeiner Weise festgesetzt. Es erübrigt sich zu erwähnen, daß wir diesbezüglich von jeglicher Insitutionalisierung noch weit entfernt sind.

Zusammenfassend ist festzustellen, daß wir versucht haben, eine Vorstellung von einer relativ *reichhaltigen* Entwicklungstheorie zu geben, die vielleicht, wenn es um das Verständnis von Gesellschaft, der Produktion von Gütern, ihrer Verteilung und um den Strukturwandel geht, auf westliches Denken und divergierende liberale und marxistische Theorieansätze zurückgreift; wenn es aber darum geht, ein Bild des Menschen, besonders des „inneren Menschen" zu gewinnen (dies betrifft vor allem die letzten 10 in der Liste aufgeführten Bedürfnisse) sowie das Verhältnis des Menschen zur Natur zu bestimmen, greifen wir eher implizit als explizit auf östliches Denken zurück. Gleichzeitig öffnet die Theorie Wege zu einem umfassenderen Denken über Entwicklung, nicht nur, wenn es um Unterentwicklung geht, bei der *gesellschaftliche Minima* nicht befriedigt werden, sondern auch dort, wo es sich um Überentwicklung handelt, die über *gesellschaftliche Maxima* hinausgeht. Demzufolge kann man von zwei Formen der Fehlentwicklung reden: nämlich einerseits von Unterentwicklung, d. h. wo zuwenig produziert wird, um die Bedürfnisse zu befriedigen, und andererseits von Überentwicklung, d. h. wo zuviel produziert wird, so daß einige Bedürfnisse im Übermaß befriedigt werden und andere, insbesondere die am Ende der Liste aufgeführten kurzlebigeren Bedürfnisse dagegen vollkommen unbefriedigt bleiben. Es besteht folglich Grund zu der Annahme, daß alle Gesellschaften fehlentwickelt sind – nur auf verschiedene Weise, und daß wir alle Teil der gleichen weltumspannenden Dialektik sind, und da die Zeit gekommen ist, das Zentrum-Peripherie-Denken, wie es implizit in der Dichotomie „entwickelt/sich entwickelnd" zum Ausdruck kommt, zugunsten eines Denkens zu überwinden, wonach wir alle auf die eine oder andere Weise fehlentwickelt sind.

Anhang

Auf der Suche nach neuen Indikatoren der Entwicklung

Die Veränderungen, die gegenwärtig in der Entwicklungstheorie und -praxis stattfinden, müssen von einem entsprechenden Wandel der Entwicklungsindikatoren begleitet werden. Die herkömmlichen Indikatoren, wie das Pro-Kopf-Einkommen und damit verwandte Maße dienten diesem Zweck so lange Entwicklung mit ökonomischen Wachstum gleichgesetzt wurde, und letzteres vor allem wiederum mit Verarbeitung und Handel. Wird Entwicklung jedoch identifiziert mit solchen Komponenten wie:
— Befriedigung der menschlichen Bedürfnisse für alle;
— Gleichheit und soziale Gerechtigkeit;
— Grad der Autonomie, der Self-Reliance, der Partizipation aller Menschen und
— ökologisches Gleichgewicht,
dann müssen die Entwicklungsindikatoren diese möglichst direkt widerspiegeln. Ein irreführender Indikator war nicht nur das Pro-Kopf-Einkommen, sondern darüberhinaus wies die ganze Tradition weitere erhebliche Mängel auf. So wurde dieses Maß, das auf einem Kalkulationsprozeß basiert, der von den meisten Menschen gar nicht verstanden wird, von Experten für Experten entwickelt — ohne eine Beteiligung des Volkes. Ein Indikator, der etwas so Grundlegendes wie den Stand der Entwicklung reflektierren soll, sollte aber schließlich von jedem mit einer geringen Schulbildung verstanden und berechnet werden können — anders ausgedrückt, von den meisten Betroffenen. Er darf nicht dazu beitragen, daß eine Klassenschranke zwischen Wissenden und Nicht-Wissenden entsteht. Ideal gesehen sollte er auch Gegenstand einer kontinuierlichen Diskussion und Neubewertung sein, und zwar nicht nur unter Experten. Entwicklungsindikatoren sollten sich zumindest als so dynamisch erweisen wie der Entwicklungsprozeß selbst, und nicht wie das BSP (Pro Kopf), das trotz gewaltiger Fortschritte der Entwicklungstheorie und -praxis im Grunde unverändert geblieben ist.

Entwicklung, was immer man darunter versteht, ist ein komplexer Prozeß, der statt von einem einzigen Indikator von einem *Bündel* Indikatoren erfaßt werden muß. Dieses erhält man nur, wenn man mindestens zwei Linien verfolgt, und zwar durch die Definition der:
— Bereiche der menschlichen Bedürfnisse sowie
— Aspekte der Befriedigung menschlicher Bedürfnisse.
Folgendes enthält einige Vorschläge entsprechend der hier vorgetragenen Auffassung über Entwicklungsindikatoren.
Einige *Bereiche* menschlicher Bedürfnisse, die wahrscheinlich auf den meisten Listen dieser Art erscheinen (nicht notwendigerweise nach ihrer Priorität geordnet) sind:
— Nahrung und Wasser
— Unterkunft und Kleidung
— Gesundheit
— Erziehung.
Sie werden gewöhnlich als grundlegende oder fundamentale Bedürfnisse angesehen, aber der Entwicklungsprozeß endet nicht mit ihrer Befriedigung: Es gibt auch andere Bedürfnisse, wie:
— Arbeit
— Gedankenfreiheit (freedom of impression) und Ausdrucksfreiheit (von Ideen)
— Bewegungsfreiheit (von Personen)
— Politik
Und es ließen sich noch viele andere aufführen (z. B. das Bedürfnis nach Freundschaft, Liebe, das Bedürfnis nach Anerkennung, nach Freude und danach anderen Freude zu geben, nach Glück, Selbstverwirklichung und Lebenssinn). Wir legen hier übrigens keinen Wert auf die herkömmliche Untersuchung in ökonomische, politische und soziale Indikatoren, denn die Menschen leben nicht in abgetrennten Bereichen, wie sie die mehr als unglückliche Arbeitsteilung bei den Sozialwissenschaftlern widerspiegelt.
Beide Listen sind problematisch. Für jeden Punkt auf der Liste existiert bereits ein enger, manchmal sogar pervertierter Begriff, dem nur teilweise ein reicheres und zutiefst menschlicheres Konzept zugrunde liegt.
Somit kann *Nahrung* wirklich auf Proteine und Kalorien etc. beschränkt bleiben, oder beinhaltet Nahrung nicht auch Qualität und kann sogar als ein Akt gesellschaftlicher Kommunikation verstanden werden?
Kann *Unterkunft* auf die Anzahl der Quadratmeter reduziert werden, die ein Mensch bewohnt, oder muß nicht den ganzen Lebensumständen eines Individuums Rechnung getragen werden?

Kann *Gesundheit* mit hoher Lebenserwartung und dem Zugang zu medizinischer Versorgung identifiziert werden, oder müssen nicht auch Lebensqualität und die Fähigkeit, sich selbst und andere zu heilen, berücksichtigt werden?
Kann *Erziehung* nur mit Schuldbildung, mit der Anzahl der Jahre (und Stufen), die man auf einer Schule verbracht hat, gleichgesetzt werden, oder muß man nicht auch die Fähigkeit zum kritischen und konstruktiven Dialog sowie das Verständnis für die menschliche und nicht-menschliche Umwelt, das gemeinsam mit anderen Menschen zu einer Beteiligung am Entwicklungsprozeß führt, dazurechnen?

Kann *Arbeit* auf eine entfremdete Tätigkeit und Anstellung reduziert werden, oder spielen nicht auch der in ihr enthaltene Grad der Herausforderung und die Möglichkeit zu Kreativität und Selbstausdruck eine Rolle? Und was die Zeit, die auf dem Weg zu einem weit von zuhause entfernten Arbeitsplatz verlorengeht betrifft, sollte diese nicht auch mit berücksichtigt werden?
Kann *Gedankenfreiheit und Freiheit des Ausdrucks* auf den Zugang zu Massenmedien und auf Kommunikation im allgemeinen reduziert werden, oder muß nicht auch Qualität und Wahrheit im weitesten Sinne von Kultur vermittelt werden? Jedenfalls sollte nicht nur Konsumtion, sondern auch kulturelle Kreativität in diesem Bereich entwickelt werden.
Kann *Bewegungsfreiheit* auf den Zugang zu Beförderungsmitteln reduziert werden, was lediglich einen Wechsel des Wohnorts, entsprechend den Arbeitsbedingungen zur Folge hätte, oder muß man nicht auch die Qualität der Erfahrung in Erwägung ziehen?
Kann *Politik* lediglich auf Parlamentarismus reduziert werden, oder ist sie nicht eher ein tiefgreifender Prozeß der Bewußtseinsbildung – der seinerseits auf Erziehung und Kommunikation basiert – und der Mobilisierung, die ihrerseits wahrscheinlich auf Kommunikation und Beförderung angewiesen ist – sowie einigen Elementen, die die Konfrontation und den Kampf suchen, sich aber durch gewisse Regeln in Grenzen halten?
Es handelt sich hier nicht darum, vereinfachende Lösungen wie Proteine, Kalorien, Quadratmeter pro Person, hohe Lebenserwartung, Grad der Schuldbildung, berufliche Position, Zugang zu Kommunikation, Transport und eine gewisse Institutionalisierung des politischen Kampfes abzulehnen – all das ist wichtig. Sie sollten jedoch eher als Annäherung und nicht als *die* Lösungen der Probleme gesehen werden, die sich aus einem Bedürfnis nach einer allgemeineren

Formulierung ergeben. Hinter der ganzen Vorstellung von Vielfalt der Entwicklung verbirgt sich die Idee, daß es viele Wege gibt, die menschlichen Bedürfnisse zu befriedigen, und zwar nicht nur diejenigen, die gewöhnlich in der nationalen und internationalen Statistik erscheinen.

Unter dem *Aspekt* der Befriedigung der menschlichen Bedürfnisse sollte der Schwerpunkt der gegenwärtigen Entwicklungstheorie und -praxis auf folgendes gelegt werden:
— Grad der Befriedigung;
— Verteilung der Befriedigung;
— Struktur der Befriedigung;
— Ökologie der Befriedigung.

Für jeden Bereich menschlicher Bedürfnisse sollten all diese Aspekte (die den vier oben erwähnten „Komponenten" entsprechen) berücksichtigt werden.

Es folgen nun einige Vorschläge, wie dies zu verwirklichen ist.

Zum Grad der Bedürfnisbefriedigung: Die konventionelle Methode, Durchschnittswerte zu errechnen, sollte zugunsten einer Methode aufgegeben werden, die einfach den *Prozentsatz der Bevölkerung, die über einem allgemein anerkannten sozialen Minimum lebt,* herausfindet. Dieses soziale Minimum sollte nicht mit Grenzen der Armut oder der Subsistenz verwechselt werden: man sollte sie höher ansetzen. Es erübrigt sich die Feststellung, daß derartige Minima sich von Ort zu Ort und mit der Zeit verändern — und auch Unterschiede in bezug auf Alter, Geschlecht und andere Merkmale aufweisen können. Hier universale Kriterien anzulegen, wäre ein Akt der Gewalt. Mit dieser Methode vermeidet man ein altes leidiges Problem: die Überernährten für die Unterernährten, und die Villenbesitzer für die Obdachlosen etc. in der Statistik aufkommenzulassen. Auch ließe sich das Konzept und der Vorgang sehr einfach mitteilen; doch die Daten sind nicht leicht zugänglich — und zwar aus offensichtlichen Gründen: sie sind politisch zu aufschlußreich. Übrigens sollte darauf hingewiesen werden, daß das Konzept der Befriedigung, wie es hier verwendet wird, hinsichtlich eines sozialen Minimums „objektiv" ist, d. h. nicht unbedingt die subjektive Auffassung von Befriedigung widerspiegelt.

Zur Verteilung der Bedürfnisbefriedigung: Die konventionellen Methoden *Gleichheits*indikatoren mit Hilfe von Abweichungen und Gini-Indexen zu errechnen, sollte aufgegeben werden, da sie zu kompliziert sind, und außerdem nicht genügend Auskunft über den *absoluten* Unterschied zwischen oben und unten in einer Gesellschaft geben. Stattdessen könnte man einfach den *Prozentsatz der Bevölkerung über einem sozialen Minimum, wie oben erwähnt, und unterhalb eines wohl-definierten (wenn auch nicht notwendigerweise akzep-*

tierten) sozialen Maximums bestimmen. Zusammen mit der Information darüber, wo diese Minima und Maxima liegen, gäbe dies eine brauchbare Vorstellung von der sozialen Verteilung, z. B. von Unterkunft, Zugang zu medizinischer und schulischer Versorgung sowie allem weiteren. So wäre die Vorstellung von Gleichheit nicht, daß jeder genau das gleiche besitzt, sondern daß das Ausmaß des Unterschiedes zwischen oben und unten, oder zwischen Minimum und Maximum begrenzt ist.

Es gibt noch einen anderen Aspekt der Verteilung: *soziale Gerechtigkeit*. Eine Möglichkeit, soziale Gerechtigkeit zu definieren, ist einfach folgende: der Grad der Bedürfnisbefriedigung sollte nicht von Geschlecht, Rasse, Alter abhängen und auch nicht davon, ob man in einer Großstadt, einer Kleinstadt oder auf dem Dorf lebt, ob man Arbeitgeber oder Arbeitnehmer ist, welche Eltern man hatte usw. Die Methode ist wieder sehr einfach: Es gilt *den Prozentsatz von Männern und Frauen herauszufinden, die über dem Minimum, z. B. im Bildungsbereich liegen, und beide miteinander zu vergleichen.* Wenn es soziale Gerechtigkeit gibt, sollten sie gleich sein, was bedeuten kann, daß Männer und Frauen entweder in gleicher Weise gebildet oder in gleicher Weise unzulänglich gebildet sind – daher in Bezug auf Gleichheit oder Ungleichheit vergleichbar sind. Soziale Gerechtigkeit spiegelt zwar nicht den Grad der Befriedigung oder Gleichheit in der Bevölkerung wider, stellt jedoch eine sehr wichtige Dimension dar, weil sich der Grad des Rassismus, des Sexismus und des „agism" (Unterdrückung der Jugend und der Alten durch die mittlere Generation) in der Bevölkerung ausdrückt. Was Gleichheit für den Unterschied zwischen Individuen ist, ist soziale Gerechtigkeit für den Unterschied zwischen Gruppen.

Zur Struktur der Bedürfnisbefriedigung: Indikatoren auf diesem Gebiet sind problematischer, aber *im allgemeinen sollten sie den Grad der Self-Reliance widerspiegeln*. Je nach Gebiet wird die *Einheit der Self-Reliance* manchmal *lokal*, manchmal *national* und manchmal *regional*, d. h. sub-regional oder regional sein. In einigen Fällen wird es auch sehr sinnvoll sein, das Individuum als Einheit von Self-Reliance zu thematisieren: z. B. was seine Fähigkeit angeht, sich selbst zu heilen und selbst zu bilden.

Die Frage, die sich allgemein aufdrängt, wäre: *in welchem Maße ist die Einheit fähig, sich selbst zu versorgen, d. h. fähig, selbst Produzent dessen zu sein, was an Nahrungsmitteln, Wohnung, für Gesundheit und Bildung, Bereitstellung von Arbeit, Kultur, Mobilität und Politik benötigt wird, und in welchem Maße ist sie von anderen Einheiten abhängig?* Im wesentlichen wäre dies ein Maßstab dafür, bis zu welchem Grad ein Teil der Welt eine Peripherie bildet, die von einem anderweitigen Zentrum abhängt, bzw. ein Zentrum, das von einer Peripherie abhängt oder ein eigenständiges Zentrum. Viele solcher Gradmesser existieren bereits, einige sind institutionell lokalisiert, andere ergeben sich in Form von Zuteilungen aus dem Staatshaushalt. Im Bereich der Massenmedien, Übersetzungen usw., sind Informationen darüber zu erlangen, wieviel an vermitteltem Kultur- und Gedankengut lokal produziert wird.

Es sollte festgehalten werden, daß der Gedanke der ‚Self-Reliance' nicht der der Selbstversorgung ist, sondern der der Fähigkeit, sich selbst zu versorgen – der Fähigkeit, sich auf seine eigenen Kräfte zu verlassen, so daß man im Fall einer Krise, einer Notsituation, tatsächlich autark ist. Zu normalen Zeiten schließt Self-Reliance Handel und Austausch insgesamt nicht aus, sie schließt aber die Abhängigkeit von solchen Austausch aus, da er die Einheit für Erpressung anfällig machen könnte. Es sollte auch festgehalten werden, daß der Gegensatz zu Self-Reliance nicht nur die Abhängigkeit von einem Zentrum ist, sondern auch die Ausbeutung einer Peripherie. Eine unabhängige (self-reliant) Einheit beutet nicht aus und wird nicht ausgebeutet.

Es gibt noch einen weiteren Aspekt der Struktur der Bedürfnisbefriedigung: *Massenpartizipation*. Entwicklung ist *für* das Volk da, und bis zu welchem Grad dies zutrifft, wird anhand der obengenannten Indikatoren gemessen. Aber sie muß *durch* das Volk stattfinden, und damit dies geschieht, ist nationale oder sogar lokale Self-Reliance lediglich eine notwendige, nicht aber hinreichende Bedingung, weil Entwicklung immer noch von lokalen Kräften, die über die Produktionsmittel, das Wissen und das Expertenwissen verfügen, bestimmt werden kann. Partizipation bedeutet, daß nicht nur Entscheidungsprozesse, sondern auch Produktionsprozesse in einer Weise organisiert werden, daß jeder stimmberechtigt ist; nicht nur in Versammlungen, wo Entscheidungen getroffen werden; und nicht nur da, wo es um Bedingungen des Produktionsprozesses geht, oder bei Fragen, die die Technologie und die Produktionsmittel im allgemeinen betreffen. Das Gegenteil von Partizipation ist nicht nur zentralisierte und/oder autokratische Herrschaft, sondern auch Herrschaft der Experten und Professionellen allgemein. Zur Zeit ist auf diesem wichtigen Gebiet noch kein Indikator bekannt.

Zur Ökologie der Bedürfnisbefriedigung: der Schlüssel hierzu liegt darin, in welchem Ausmaß unsere „einzige Welt" imstande sein wird, nicht nur die jetzige, sondern auch zukünftige Generationen (ein vernünftiges Bevölkerungswachstum vorausgesetzt), zu erhalten. Indikatoren spiegeln gewöhnlich innerhalb der Einheit der Self-Reliance (die allgemein gesehen *nicht* die Welt als Ganzes darstellt) das Ausmaß wider, in dem die Prozesse, die die erneuerungsfähigen Ressourcen hervorbringen, intakt sind, und nicht erneuerungsfähige Ressourcen entweder nicht angegriffen werden, oder dafür ein entsprechender erneuerungsfähiger Ersatz gefunden wurde. Früher oder später muß das Nachdenken über solche Indikatoren wahrscheinlich dazu führen, so äußerst schwierige Probleme anzugehen, wie: was stellt für die verschiedenen Einheiten der Self-Reliance ein Minimum, Optimum und Maximum an Bevölkerung dar?

Partizipation bei der Indikator-Bildung: alles, was oben angeführt wurde, ist nichts anderes als ein Aufzeigen von Möglichkeiten, die die Indikatoren stärker mit neuen Trends in der Theorie und Praxis der Entwicklung in Einklang bringen. Gemäß den Vorstellungen von Self-Reliance und Massenpartizipation könnte und sollte man sogar im Idealfall Massendiskussionen in der ganzen Welt veranstalten, zumindest über die nachfolgenden Themen, die dem gesamten Konzept zugrunde liegen:

— Was sind tatsächlich „menschliche Bedürfnisse";
— Was sind im Konfliktfall die Prioritäten;
— Was sind die „trade-offs";
— Wo sind die Schnittpunkte:
   das soziale Minimum für unten
   das soziale Maximum für oben
— Was würde ein vernüftiges Maß an Gleichheit, an sozialer Gerechtigkeit erzeugen — in welcher Dimension
— Welche Einheiten der Self-Reliance entsprechen den verschiedenen menschlichen Bedürfnissen
— welche Bedeutung kommt der Partizipation zu
— wo liegt die minimale und wo die maximale Grenze unserer Verantwortung für zukünftige Generationen.

Die Antwort wird wieder von Ort zu Ort und im Laufe der Zeit grundverschieden ausfallen; diese Tatsache könnte eine Standardisierung und Uniformierung von Entwicklung durch den Gebrauch von bedürfnisorientierten Indikatoren verhindern — denn Experten, die die gleiche Ausbildung durchlaufen haben, sind einander oft ähnlicher als andere Menschen. Jeder, der Indikatoren entwickelt, sollte darum in der Lage sein, verschiedene Berechnungen mit variablen Schnittpunkten und „Rechnungseinheiten" (in diesem Kontext sind dies die Einheiten der Self-Reliance) durchzuführen.

Die Notwendigkeit neuer Statistiken: Eine grundlegende Aussage über die oben vorgeschlagenen Indikatoren wäre, daß sie zielorientiert sind, in dem Sinne, daß sie messen, bis zu welchem Grad Entwicklungsziele erreicht wurden. Daher gibt es keinen Indikator für „Industrialisierung" und „Urbanisierung", da nicht klar ist, daß dies Entwicklungsziele sind; bestenfalls sind es Methoden, und

vielleicht sind sie noch nicht einmal das. Um die Entwicklung eines Landes, oder eines Distrikts innerhalb eines Landes oder eine Region mit mehreres Ländern zu beurteilen, bedarf es der Daten, die so präsentiert werden sollten, daß sie direkt widerspiegeln, *wieviele (oder wiewenige) sich oberhalb welchen Minimums befinden, wieviele sich innerhalb welcher Minimum/Maximum-Grenzen bewegen; welcher Grad der sozialen Gerechtigkeit erreicht wurde; bis zu welchem Grad Self-Reliance durchgesetzt wurde und wie die ökologischen Parameter aussehen.* Die Vereinigten Nationen, ihre Behörden sowie die Statistischen Ämter ihrer Mitgliedsländer sollten angehalten werden, diese Daten in einer Weise zu sammeln und zu präsentieren, die den gegenwärtigen Stand entwicklungspolitischen Denkens klar zum Ausruck bringt — und wird dies als zu kostspielig angesehen, sollten repräsentative Untersuchungen herangezogen werden und/oder es sollten Mittel und Wege gefunden werden, die den Menschen erlauben, die Daten selbständig zu sammeln und vorzulegen.
Jedenfalls sollte der Bestimmung von Entwicklungsindikatoren mehr Aufmerksamkeit geschenkt werden. In der Vergangenheit waren die führenden Indikatoren diejenigen, die von den führenden Ländern, d. h. denjenigen, die an der Spitze der internationalen Arbeitsteilung stehen, am höchsten eingestuft wurden (genau das wird vom BSP gemessen). In Zukunft sollten Indikatoren den Lebensstandard der Durchschnitts-Männer und -Frauen in einem sozialen Rahmen wiedergeben sowie die äußeren Grenzen, wie sie unsere Natur setzt ein Spiegel sein, in dem die Leute sehen und beurteilen können, wie diese Gesellschaft auf der lokalen, nationalen und kollektiven Ebene funktioniert; im Vergleich mit dem Stand, den sie noch vor kurzem inne hatte, und wenn es angemessen erscheint, sogar im Verhältnis zu anderen Ländern. Und an dieser Stelle würden wir sogar die *Idee des Wachstums* wieder einführen, nicht als Akkumulation von Werkzeugen, der Produktion und verkäuflichen Gütern, sondern im Sinne einer Dynamik des Fortschritts, entlang den vielfältigen Dimensionen *wirklicher Entwicklung: der Entwicklung der Menschen!*

Anmerkungen

Dieses Papier ist das Resultat vieler Diskussionen mit sehr unterschiedlichen Gruppen.
Zuerst möchte ich die innerhalb der Sektion „Methode und Analyse" arbeitende Projektgruppe „Indikatoren menschlicher Ressourcen" erwähnen. Sie wurde von der (damaligen) Abteilung für Sozialwissenschaften der UNESCO ins Leben gerufen. Sie tagte vor allem in den Jahren 1967 - 73 und wurde mit einer Reihe von Expertentreffen zu den Problemen des wirtschaftlichen und sozialen Wandels und seiner Indikatoren fortgesetzt.
Serge Fanchette, unter dessen Leitung diese Studie entstanden ist, hat gemeinsam mit Erwin Solomon und R. Iyer die Diskussion darüber außerordentlich befruchtet.

Dieses Papier verdankt seine Entstehung auch dem an dem Lehrstuhl für Friedens- und Konfliktforschung durchgeführten Programm über Weltindikatoren; einige der in dem Grundsatzprogramm dieses Projektes enthaltenen Ideen wurden hier weiter verfolgt. (siehe dazu: „*Measuring World Development*", in: „*Alternatives*" Vol. 1, 1975, Nr. 1 u. 4).

Drittens halfen die vielen Diskussionen der in dem Zentrum für Postgraduiertenstudien der Universität Dubrovnik durchgeführten Seminare, besonders das im Jan. 1975 stattgefundene Seminar über 'Zukünftige Weltmodelle'.

Viertens möchte ich hier die anregenden Diskussionen innerhalb des Instituts für Entwicklungsfragen an der Universität Genf erwähnen. Auch die im Rahmen der Konferenz in Algier, vom 24. - 27. Juni 1975, die von der algerischen Regierung in Zusammenarbeit mit dem Zentrum für Internationale Entwicklung in Paris durchgeführt wurde. Dieser Appendix wurde dort zum ersten Mal vorgestellt.
Die zentrale Frage dieser Arbeit wurde von Fanchette – übrigens auch von Michel Debeauvais – folgendermaßen formuliert: „Können wir Indikatoren entwickeln, ohne eine allgemeine Theorie sozialen Wandels verbindlich vorauszusetzen?" Unsere Antwort ist – wie aus dem Text hervorgeht – „Ja, aber nicht ohne eine Theorie menschlicher Entwicklung", die hier als Elemente einer Theorie menschlicher Bedürfnisse vorgestellt wird. Ist der Maßstab für Entwicklung die menschliche Entwicklung, dann müssen die Maßstäbe auf dieser Ebene entwickelt werden – wenn überhaupt gemessen werden soll.

1) Venezuela ist dafür ein gutes Beispiel. Die Erdöleinnahmen der venezolanischen Regierung beliefen sich im Jahre 1972 auf 8 Mia Bs, 1973 betrugen sie 13 Mia und (nach der OPEC-Aktion) 1974 etwa 45 Mia. Dagegen sank die Zahl der in der Landwirtschaft aktiven Bevölkerung beträchtlich; ebenso die Zahl der Beschäftigten in der Öl-Industrie und im Bergbau (wahrscheinlich wegen hoher Produktivität von 2,8 % im Jahre 1950 auf 1,3 % im Jahre 1974); in der tertiären Industrie nahm sie gegenüber 1950 zu (1950: 37,8%, im Jahre 1974 dagegen 48 %). Die Zahl der Arbeitslosen stieg von 6,3 % auf 7,3 %; Daten aus lateinamerikanischen und venezolanischen Quellen, in der Sondernummer von *Kontakt* Nr. 6, 1975/76, Kopenhagen.
2) Dies zeigt sich im Fall der Volksrepublik China – sie steht mit der Verwirklichung der nicht-materiellen Werte in der 'Identitäts'-Skala ganz oben,

während sie in der 'Freiheits'-Skala ziemlich unten auftaucht. (siehe dazu im Text Abschnitt 4)

3) In der Geschichte der Philosophie scheint die „Wiederentdeckung des Menschen" als Zielvorstellung periodisch wiederzukehren. Wir sind der Ansicht, daß der wissenschaftliche Trend, Indikatoren zu suchen, mehr von der Philosophie als von den Sozialwissenschaften zu erwarten hat, was viel über den inter- und transdisziplinären Charakter dieser Forschung aussagt. Aristoteles gab in seiner *Politik* Beispiele dafür, wie sehr Politiker seiner Zeit nach dem 'Nützlichsten' und Gewinnbringenden getrachtet haben. Auch sie verwechselten die Mittel − ökonomischer Reichtum − mit den Zielen: menschliches Wohlergehen (Works of Aristoteles, II, 9 1269 bis 34-35)

Die jüngste Neuformulierung des *homo mensura*-Prinzips des Protagoras ist die Cocoyoc-Erklärung; sie zirkuliert als Dokument A/C. 2/292 der Generalversammlung (Deutsch in: Jonas, R./Tietzel, M.: Die Neuordnung der Weltwirtschaft. Bonn-Bad-Godesberg 1976. S. 207 - 214).

4) Dieses Problem wird heute zwar häufig diskutiert, steht jedoch nicht immer der 'Mensch' im Mittelpunkt der Entwicklung. Der norwegische Philosoph Arne Naess argumentiert z. B. in seinem Buch *Økologi, samfunn og livsstil* (Oslo 1974), daß die *Natur als Ganzes* Ziel aller Aktivitäten sein soll und räumt dem Menschen darin nur eine bedeutende, nicht aber die wichtigste Rolle ein. Wir stellen aus vielen Gründen den Menschen ins Zentrum unserer Diskussion und führen hier zwei Gründe an: Erstens vertreten wir hier eine positive Ansicht über den Menschen als dem Wesen nach „gut". Das schließt den Glauben an eine mit der Natur übereinstimmende Entwicklung ein, sofern dem Menschen wirklich *erlaubt wird, Mensch zu sein*. Zweitens sind wir der Ansicht, daß wir einen demokratischeren Weg einschlagen, wenn wir den Menschen so zentrale Bedeutung beimessen, da viele Menschen eine bestimmte Vorstellung von sich selbst und ihren Bedürfnissen haben, auch wenn sie ein 'falsches' Bewußtsein haben. Dieses Gefühl, das allen Menschen innewohnt, dient uns als Ausgangspunkt, nicht irgendeine soziale und/oder ökonomische Theorie, die zudem dogmatische Anwendung findet. Als problematischer erweist sich die Beschreibung eines idealen Naturzustandes, da wir sie unter anderem nicht befragen können und daher geneigt sind, sie nach unseren Vorstellungen zu formen, ob sie es will oder nicht. Daher erscheint uns ein Ansatz, der die Natur zum Maßstab für Entwicklung erhebt, äußerst problematisch. Wir folgen eher der Tradition Dürkheims, die ein Maximum an Zusammenhalt und Geselligkeit unter den Mitgliedern einer Gesellschaft als Ziel setzt; das ist ein weit höheres Ziel als ökonomisches Wachstum oder Entwicklung im allgemeinen. Aus diesem Grund hat er sowohl den Liberalismus wie den Marxismus (Reformsozialismus) abgelehnt. Seiner Meinung nach war materielles Wachstum beiden als Zielsetzung gemein; sie unterscheiden sich nur in den Mitteln.

5) Dieser Ausdruck findet sich bei dem Senior der Autoren der *'The True Worlds': A Transnational Perspective*, New York, 1977; er stellt im Weltindikatorenprogramm der Universität Oslo einen autotelischen Wert dar.

6) „Zerstörung" steht in einer Theorie der Bedürfnisse für viele Dinge. Wir denken dabei an die Diskussion über die Hierarchie der Bedürfnisse, die

einigen einen höheren Rang als anderen einräumt. In der bisherigen Literatur zu dem Bedürfnisproblem lassen sich folgende Kriterien herauskristallisieren:
a) notwendige Voraussetzungen zum Überleben in rein physiologischer Hinsicht
b) notwendige Voraussetzungen zum Erhalt mentaler Gesundheit, wie es Maslow in: *Motivation and Personality*, New York, Harper & Row, 1970, darstellt.
c) „*Grundbedürfnisse*" bedeutet nach Roos (*Welfare Theory and Social Policy*, Helsinki 1973, S. 65) „der Imperativ, durch den die Menschen in die Lage versetzt werden, zu leben und sich zu entwickeln".
d) Ahmavaara legt seiner Liste von Grundbedürfnissen *unkonditionierte Reflexe* zugrunde. (Ahmavaara, Yhteiskuntatieteen kyberneettinen metodologia jy metodologiseb posotivismin kritiki, Helsinki, 1970, pp 134 - 36)
e) für Amitai Etzioni sind menschliche Grundbedürfnisse, diejenigen, die für den Menschen spezifisch sind — *The Active Society, A Theory of Societal and Political Processes*, New York, Free Press, 1968, pp 624 - 26)
7) In diesem Zusammenhang ist die Beobachtung interessant, wie sehr die Grundbegriffe und Ideen liberaler Theorieproduktion Eingang in die marxistische Theorie gefunden haben und umgekehrt — jedenfalls soweit diese Begriffe sich auf Produktionserweiterung und Profiterhöhung beziehen (in Osteuropa wird statt des Begriffs 'Profit' häufig 'ökonomische Produktionsweise' verwandt)
8) Die Alternative wäre eine holistischere Betrachtung der menschlichen Kondition. Das Ergebnis wären wahrscheinlich so komplexe Formen des Verstehens, daß die daraus resultierenden Aktionen leicht vernachlässigt werden können. Die westliche Art zu verstehen, gibt dem im Umgang mit einer begrenzten Anzahl von Variablen geübten Forscher den Vorrang vor einer kontemplativen Persönlichkeit, die intuitiv die komplexen Verknüpfungen von Einheiten und Variablen erfaßt. Der Marxismus hat eine mittlere Position eingenommen: während er, was die Grundvariablen angeht, sehr simplizistisch verfährt, ist er äußerst komplex in der Wahrnehmung der diese Variablen umgebenden Totalität.
9) Jede dieser Perspektiven vernachlässigt die inneren Grenzen des Menschen wie auch die äußeren Grenzen der Natur oder räumt ihnen jedenfalls keine Priorität ein. Ökonomischer Wettbewerb (durch private oder kollektive Unternehmer) und Klassenkonflikte (Klassen individueller oder kollektiver Autoren) spielen eine größere Rolle.
10) Ein bekanntes Beispiel dafür — von großer theoretischer und praktischer Bedeutung, da es bereits zu Anfang des vergangenen Jahrhunderts geschrieben wurde — findet sich in Adam Smith, *An Inquiry into the Nature and Causes of the Wealth of Nations*, London, Mc Culloch, 1836, ch. 6, p.22
11) Dies führt zu der eigenartigen Auffassung, daß der Kapitalismus ein notwendiges Durchgangsstadium sei — trotz all seiner unmenschlichen Eigenschaften. Dazu Miklos Molnar, *Marx, Engels et la politique internationale*, Paris, Gallimard, 1975, pp 192, 193, 197, 198, 205, 268

12) Vgl. dazu zum Beispiel, R. Barnet und R.E. Muller, Global Research, N.Y., Simon & Cluster, 1974. Mit dieser exzellenten Studie weisen die Autoren nach, wie multinationale Unternehmen in den Entwicklungsländern darauf hinarbeiten, Bedürfnisse für ihre Produkte zu wecken. Ethnographen und Soziologen tragen mit ihrer Arbeit zur „höchsten Rentabilität" des Unternehmens bei. Barnet und Muller beziehen sich dabei auf die Entwicklungsstrukturen lateinamerikanischer Länder (K. 9, pp 213 - 54)
13) Dazu Johan Galtung, „A Structural Theory of Imperialism", *Essays in Peace Research*, Vol. IV, 13, Kopenhagen, Ejlers, 1977 (Deutsch: Eine strukturelle Theorie des Imperialismus. In: Senghaas, Dieter (Hg.): Imperialismus und strukturelle Gewalt. Frankfurt a. M. 1973, S. 29 - 105)
14) So lautet die Hauptthese einer Untersuchung über 'Trends westlicher Zivilisationen', die der Lehrstuhl für Friedens- und Konfliktforschung der Universität Oslo durchführt.
15) Heute nimmt dagegen die Reihe der Imitatoren zunehmend ab und nicht nur innerhalb des kapitalistischen Lagers: Das Treffen der Kommunistischen Parteien in Berlin, im Juni 1976, führte sogar zu einer Absage an das Vorbild des sowjetischen Entwicklungsmodells.
16) Die erste systematische Darbietung erschien 1951 in: *The Social System*, Glencoe, The Free Press. Zu einer kritischen Auseinandersetzung siehe Johan Galtung, *Members of Two Worlds*, Oslo 1971, K. 1.2
17) Auswechselbarkeit ist ein Merkmal des allgemeinen Trends zunehmender Zersplitterung der individuellen Persönlichkeit. In der Praxis wird dies sichtbar in der Auffassung des Individuums als ein Rollenbündel, mit entsprechenden Rollenerwartungen, und nur *eine* dieser Rollen ist überhaupt für das herrschende ökonomische System von Interesse. Dieses Muster läßt sich deutlich an der Beziehung reicher Länder zu ihren importierten ausländischen Arbeitskräften ablesen: man interessiert sich nur für den 'produktiven Teil' dieser Arbeiter und korrigiert Bedingungen nur soweit es dieser Bereich erfordert. Der einzelne Gastarbeiter entwickelt sowohl ein Gefühl, in einem Vakuum zu leben, wie auch der Hoffnungslosigkeit, sobald er versucht, seine ganze Persönlichkeit, und nicht nur den für die ökonomische Reproduktion des Gesamtsystems erforderlichen Teil, einzubringen.
18) Nach Marx unterscheidet sich der Mensch vom Tier in folgendem: der Unterschied zwischen einem weniger geschicktem Baumeister und der besten Biene ist, daß der Meister die Zelle zunächst in seinem Kopf konstruiert, bevor er sie in Wachs formt – Kapital, K. 5, 1. Teil
19) Ein Grund dafür, daß diese Studien noch immer durchgeführt werden, ist sicherlich die Leichtigkeit, mit der sie gehandhabt werden, so in Russel et. al., *Handbook of Social and Political Indicators*; hier wird die Analyse nach der Datensammlung zu einer rein mechanischen Angelegenheit.
20) Ein Beispiel für die Anwendung einer diachronischen Analyse ist: J. Galtung, „On the Relationship beetween Human Resources and Development: Theory, Methods and Data", in: N. Baster, Hrsg., *Measuring Development: The Role and Adequacy of Development Indicators*, London, Frank Cass, 1972, pp. 137 - 153

21) Die japanische Spielart eines ökonomischen Imperialismus analysiert J. Galtung in: „Japan and Future World Politics", Essay in Peace Research, Vol. V,6, Kopenhagen, Ejlers, 1977
22) Dies trifft auf den tschechoslowakischen Fall zu. Als ehemaliger Teil des österreich-ungarischen Reiches zählte sie weder zur Peripherie noch zum Zentrum. Von allen osteuropäischen Ländern wurde hier die sowjetische Erfahrung am wenigsten übertragen und so konnte sich eine Sozialismusprägung entwickeln, die in mancher Hinsicht selbst der Sowjetunion als Modell hätte dienen können. Die Ereignisse im August 1968 machten eine derartige Erfahrung zunichte. Was dann geschah, war dem kapitalistischen Westen durchaus nicht unwillkommen, denn „ein Kommunismus mit menschlichem Antlitz" wäre zu einer echten Bedrohung geworden, da sie in ihrer Presse ja gerade die terroristischen Elemente herausstellen. Ähnliches kann über Italien und Frankreich gesagt werden. Was die übrigen westlichen Staaten hier fürchten, ist kein Terror-Regime, sondern ein grundlegender Wandel der ökonomischen Struktur auch hinsichtlich der Menschenrechte und der Freiheit.
23) Dies betrifft natürlich die Volksrepublik China. Die Frage, die hier gestellt wird, ist, inwieweit sie wirklich von marxistischem Denken beeinflußt ist. Einige Überlegungen dieser Art finden sich in J. Galtung und Fumiko Nishimura, *Learning from the Chinese People*, Oslo 1975 (Deutsch: Von China lernen? Opladen 1978) besonders Kapitel 2 und 8.
24) Welche Auswirkungen dies in den osteuropäischen Ländern zeitigt, bringt J. Galtung, „Social Imperialism and Subimperialism: Continuities in the Structural Theory of Imperialism", in: *World Development*, Nr. 1, 1976
25) Bis zum 30. April 1975 war ein Vergleich der Länder wie Nord- und Südkorea, Nord- und Südvietnam etc. üblich – heute wählt man eher Vietnam oder das ganze frühere Indochina gegen alle ASEAN Länder; China vs. India, Cuba vs. Venezuela oder die Dominikanische Republik.
26) Es kann nicht deutlich genug herausgestellt werden, daß hier eine grundsätzliche Entscheidung getroffen wurde: man identifiziert Entwicklung mit dem oberen, mittleren oder unteren Teil der Gesellschaft. Ohne Zweifel ist das statistische Mittel eine Konzession an die allgemeine Bevölkerung und stellt einen Schritt vorwärts dar, ähnlich der Idee, gesellschaftlichen Reichtum mit den Maßstäben eines königlichen Hofes oder der oberen Klasse zu messen. Doch es geht uns hier nicht so sehr um die statistisch nachweisbare Tatsache, daß dieses Instrument wenig über die gesellschaftliche Verteilung aussagt, sondern vielmehr um den für die betroffenen Menschen so entscheidenden Punkt, daß sich die Grenze zwischen Reichtum und Elend ganz unten in der Gesellschaft befindet. Darum lautet unser Hauptargument, daß die Forderung nach einer Aufhebung dieser Grenze zum Maßstab für Entwicklung erhoben werden soll.
27) Man könnte den Ausgangspunkt Marx'scher Sozialkritik und -analyse in der Idee suchen, den Menschen in den Mittelpunkt zu stellen: Er hat den Unterschied zwischen der menschlichen Natur und menschlicher Existenz klar erkannt. Das ideale Wesen des Menschen wird für Marx durch strukturelle Bedingungen unterdrückt. Der Mensch, wie ihn das kapitalistische System hervorbringt, verkörpert nur die menschliche *Existenz*, die an einer Verwirkli-

chung ihrer wahren Natur gehindert wird. Vgl. dazu z.B. die *Ökonomischen-Philosophischen Manuskripte*, p. 24 der Erstausgabe Paris 1844, in Marx/ Engels *Historisch-kritische Gesamtausgabe*, Frankfurt, Berlin, Moskau 1927 - 35.

28) Die verschiedenen Sichtweisen des Menschen lassen sich in drei Gruppen unterteilen: die Vorstellung vom Menschen, wie er wirklich ist; ihr liegt ein bestimmter Begriff der menschlichen Natur zugrunde; Vorstellungen vom Menschen, wie er in bestimmten Situationen und in einer bestimmten Gesellschaft empirisch nachweisbar existiert und Vorstellungen, die ein Idealbild des Menschen entwerfen, wie er sein soll. Zur Illustration dieser drei Aspekte greifen wir hier auf das marxistische Konzept der Entfremdung zurück, das eine positive Sicht des Menschen, der wahren menschlichen Natur und seiner Entwicklung beinhaltet. Der empirisch vorfindbare Mensch ist jedoch ein entfremdeter. Freuds Sicht ist hingegen wesentlich pessimistischer. Er geht davon aus: könnten sich die Menschen wirklich voll in ihrer Natur entfalten, dann würde eine wirklich gute Gesellschaft auf einer entsprechend hohen Kulturstufe kaum verwirklichen. W. Reich dagegen vertritt eine gänzlich andere Position: Menschen sind nicht nur in der Lage, ihre Bedürfnisse zu befriedigen, sondern ihre Befriedigung ist notwendige Voraussetzung für eine gute Gesellschaft. (Reich, W.: *The Sexual Revolution*, London, 1969). So wird deutlich, daß Ideologien und Sichtweisen mit einer negativen Grundeinstellung gegenüber dem Menschen den Aufstieg eines autoritären Systems fördern, das seine Macht dazu mißbraucht, die menschliche Natur, zumindest was als ihr wahrer und zugleich furchterregender Teil angesehen wird, zu domestizieren, kontrollieren und zu unterdrücken.

29) In der Charakterisierung eines genialen Menschen kommen unterschiedliche Sichtweisen zum Ausdruck: homo faber, homo sapiens, homo ludens, homo negans, homo desperans – so bei Fromm in: *The Revolutions of Hope*, New York 1968, World Perspectives Nr. 38, Teil 4 – What does it mean to be human?

30) Wir denken dabei an die Psychologen, die vor einigen Jahren die „menschlichen Instinkte" erforschten und schließlich davon überzeugt waren, daß sie nicht weniger als 6000 von ihnen lokalisiert haben; dabei fügte jeder Theoretiker seine eigenen Vorschläge an. In der Mehrzahl traten sie für eine sehr kurze, auf die wichtigsten beschränkte Aufstellung menschlicher Bedürfnisse ein. Wir sind jedoch der Auffassung, daß es interessant wäre, unsere Aufmerksamkeit einmal auf die vorgeschlagenen Instinkte zu lenken, für die bereits ein gewisser Konsens hergestellt war, um den Grad der Übereinstimmung zu überprüfen. Zudem ergibt sich daraus der Vorteil einer wesentlich längeren Liste von Bedürfnissen, durch die die Gesamtpersönlichkeit eines Menschen viel eher erfaßt wird. Zu dem Problem der Instinkte und ihrer Entwicklung in einige tausend verschiedene Formen vgl. u.a. E. Murray, *Motivation and Emotion*, New York, Englewood Cliffs 1964

31) Die Idee, daß menschliche Bedürfnisse sich mit der Zeit ändern, soll hier anhand einer klaren Unterscheidung von quantitativem Wandel (Menschen benötigen zu ihrer Befriedigung mehr von der gleichen Sache) und qualitativem Wandel (nicht nur neue Ebenen, sondern vor allem neue Arten der Befriedigung werden notwendig) qualifiziert werden. Die Frage, inwieweit sich

Bedürfnisse mit dem Alter voneinander unterscheiden, ist im übrigen ein weiterer Aspekt der Zeit. Kleinkinder, Kinder, Jugendliche, Erwachsene und die Alten vertreten jeweils andere Bedürfnisstrukturen. In diesem Zusammenhang läßt sich eine interessante These formulieren: wenn man eine Liste der relativ spezifischen Bedürfnisse, die für das Alter zwischen 20 und 60 Jahre charakteristisch sind, aufstellt, dann erhält man auch einen Überblick über die Prozesse, die zu einer Befriedigung eben dieser Bedürfnisse führen. Eine Hypothese würde dann lauten, daß in den überindustrialisierten Ländern gerade diesen Prozessen hohe Priorität eingeräumt wird, da sie die Bedürfnisse derjenigen Altersgruppen befriedigen, die an der Macht sind. Vor allem die des männlichen Teils mittleren Alters.

32) In der Literatur über 'Bedürfnisse' werden jeweils unterschiedliche Akzente gesetzt, siehe dazu Anm. 6.

33) Wir betonen den Teil „wenigstens bis zu einem gewissen Grad", da es unserer Meinung nach nicht vertretbar ist, eine spezifisch hierarchische Gliederung der Bedürfnisse in allen Fällen, wie bei Maslow, anzunehmen. Vgl. Maslow, *Towards a Psychology of Being*, New York, D. Van Nostrand, 1968.

34) Die einzigen Bedürfnisse, über deren grundlegende Bedeutung Konsens herrscht, sind diejenigen, die das psychische Überleben sichern.

35) Grund für diese Behauptung gibt uns die gegenwärtige Weltsituation, in der in weiten Teilen der Welt die Grundbedürfnisse vieler Menschen nicht befriedigt werden. Spiegelt sich diese besondere Situation in der Welt nicht auch in den unterschiedlichen Erklärungen der Menschenrechte wieder? Wir sind nicht dieser Ansicht, oder jedenfalls finden wir es recht dürftig, wenn man auch in den UN-Erklärungen der Menschenrechte einige Paragraphen entdecken kann, die sich darauf beziehen:
Par. 3:   Jedermann hat das Recht auf Leben, Freiheit und Sicherheit der Person
Par. 23.3: Jedermann, der arbeitet, hat ein Recht auf gerechten und adäquaten Lohn, der ihm und seiner Familie eine menschenwürdige Existenz sichert, und die im Notfall mit Hilfe sozialstaatlicher Maßnahmen ergänzt wird.
Darauf weisen auch die Paragraphen 24, 25 und 26.1 hin. Jedoch fehlt eine nähere Definition der materiellen Seite dieser Bedürfnisse: „Menschenwürde" ist ein Konzept ganz anderer Art als Nahrung, Kleidung, Wohnung, Gesundheit und Erziehung.

36) Man muß sich nur die französische Erklärung von 1789 in Erinnerung rufen. Es scheint übrigens einfacher zu sein, auf die Schwächen vergangener Erklärungen hinzuweisen, als auf die der Gegenwart, die wir in ihrer Fehlerhaftigkeit nicht so deutlich erkennen, aber darum keineswegs besser sind. In seinem Buch *Quatre-vingt-neuf*, (Paris 1939), weist George Lefebre darauf hin, daß diese Deklaration Normen für die mächtigste Gesellschaft aufstellte, die sich im krassen Gegensatz zu der französischen Realität jener Tage befanden, in der hunderttausende am Rande des Existenzminimums oder gar darunter ihr Leben fristeten: ihren vitalen Grundbedürfnissen und Rechten wurde wenig Beachtung geschenkt. „Bedürfnisse und Rechte": Unser Vorschlag lautet: Bedürfnisse werden ebenso institutionalisiert wie

Unser Vorschlag lautet: Bedürfnisse werden ebenso institutionalisiert wie Rechte, und nur die Rechte finden Anerkennung, die Bedürfnisse ausdrücklich anerkennen.
37) Tatsächlich werden in Kriegszeiten die Menschenrechte überall auf der Welt verletzt. Was Unfälle betrifft: in entwickelten und überentwickelten Ländern hat es sich gezeigt, daß das Recht auf Leben nicht zufriedenstellend beschützt wird — besonders im Bereich des Verkehrswesens, in dem in vielen Ländern vor allem die Kinder die betroffenen Opfer sind.
38) Natürlich deckt das Argument, daß Menschen für diese Rechte immer schon gekämpft haben, nicht alles ab. Denen, die am stärksten unterdrückt werden, fehlt es am nötigen Material, an geistigen und menschlichen Resourcen um den Kampf um ein allgemein anerkanntes Menschenrecht zu führen — es mangelt ihnen zum Beispiel an Information.
39) Maslow stellt eine Hierachie der Bedürfnisse auf.
Zuerst die *somatischen* Bedürfnisse, wie
1. Physiologische Bedürfnisse
2. Sicherheitsbedürfnis, dann
3. Bedürfnis nach Solidarität, Zusammenhang und Anerkennung
4. Bedürfnis nach Selbstachtung und Status
5. Bedürfnis nach Selbstverwirklichung
6. Bedürfnis nach Wissen, Lernen, Entdeckung
7. Bedürfnis nach Symmetrie, Schönheit, Ästhetik
(zit. nach Roos, a.a.O., p. 68). Das „Bedürfnis nach Symmetrie" ist kulturell sehr spezifisch entwickelt: vergleicht man z.B. einen westlichen mit einem japanischen Garten, ist ersterer oft sehr symmetrisch angelegt (Versailles), während letzterer sich um einen zentralen Punkt ordnet, der sich nicht immer innerhalb des Gartens selbst befinden muß.
40) Gerade in dem *Unvollendeten* warten eine Reihe wichtiger Aufgaben auf ihre Lösung. Ob individuell oder kollektiv, es läßt sich eine unabdingbare Voraussetzung für menschliches Wohlergehen finden. In seinem Vorwort zu der zweiten Ausgabe seines Buches *„Motivation and Personality"* stellt Maslow gerade dieses Bedürfnis nach Unvollständigem und Unvollendetem heraus. Er sagt zum Beispiel: „Die Forderung nach dem 'Nirwana jetzt und hier!' ist, wie ich finde, bereits eine Hauptquelle allen Übels." (p. XXII — Harper & Row. 1970)
41) Kann der Kapitalismus überhaupt nicht-expansionistische Züge entwickeln? Kann er sich auf ein bestimmtes Gleichgewicht einspielen und dort verweilen? Oder, wird er immer weiter getrieben werden durch die vereinte Ideologie komperativer Kostenvorteile und eines balancierten Wachstums, bis hin zu sich grenzenlos ausdehnenden Systemen? Wir müssen jedoch feststellen, daß *in casu* kapitalistischer Wirtschaftssysteme nicht von den „Gesetzen" der Wirtschaft allein bestimmt wird; kulturelle und zivilisatorische Variablen spielen auch eine bedeutende Rolle. Daher besteht die Möglichkeit, daß in einer weniger expansionistischen Zivilisation, wie es der Westen ist, kapitalistische Sozial- und Wirtschaftstransformationen sich in gewissen Grenzen, d.h. innerhalb der Grenzen einer lokalen oder nationalen Ökonomie bewegen, sowie in einem Zustand stabilen Gleichgewichts verharren. Stabilität

läßt sich ebenso wie Expansion institutionalisieren; es läßt sich nur schwer festmachen, warum entweder diese oder jene Form notwendig aus dem Kapitalismus resultiert. Vielleicht besteht sogar die Möglichkeit, daß diejenigen, die so argumentieren, einen schweren Fehler begehen, weil sie zivilisatorischen Variablen so wenig Aufmerksamkeit schenken.

42) vgl. Anmerkung 13
43) vgl. Anmerkung 24
44) In einer allgemeinen Theorie der Bedürfnisse ließe sich eine Unterscheidung treffen zwischen einem Bedürfnis*subjekt* — das menschliche Individuum — und einem Bedürfnis*objekt*, nicht materielle oder materielle Bedingungen, die zur Befriedigung der Grundbedürfnisse genutzt werden *können*. Von diesem Gesichtspunkt her läßt sich ein konkretes Werkzeug in mindestens zwei Kategorien einteilen: ein Werkzeug zur Herstellung von Bedürfnisobjekten, z.B. Nahrung, oder das Werkzeug ist selbst ein Bedürfnisobjekt, mit dem das Bedürfnis zu arbeiten befriedigt wird, wenn das Werkzeug genutzt wird. Zu einer Unterscheidung von Bedürfnissubjekt und Bedürfnisobjekt siehe J.P. Roos (a.a.O., p. 65) oder Anders Wirak, „Human Needs as a Basis for Indicator Formation", *Arbeitspapier*, Lehrstuhl für Friedens- und Konfliktforschung der Universität Oslo, 1976
45) Dieses Problem wurde jüngst in vielen hervorragenden Studien und Ausstellungen zur Diskussion gestellt. Ein gutes Beispiel ist die „Ararat"-Ausstellung in Stockholm, im Sommer 1976 (im Modernen Museum). Hier wurde die Theorie in konkrete Praxis umgesetzt, insofern als konkrete Produkte (Bedürfnisobjekte) geschaffen wurden, die ein unendlich harmonischeres Verhältnis zur Natur hergestellt haben. Das Angebot reichte von neuen Formen städtebaulicher Entwicklung, bis hin zu menschlicheren, umweltfreundlicheren Energie- und Produktionssystemen.

Quellenhinweise

Kapitel I. ist dem Part. I. des Bandes J. Galtung: Toward Self-Reliance and Global interdependenz — Joint Project on Environment and Development 3, Ottawa, 1978, entnommen.

Die drei Kapitel II., III und IV sind in dem Band „J. Galtung/P. O'Brien und R. Preiswerk (ed.): Self-Reliance — A Strategy for Development, Geneva/London 1980 erschienen.

Kapitel V ist 1976 als Papers No. 37, Chair in Conflikt and Peace Research der University of Oslo erschienen.